AKADEMIE DEUTSCH B2⁺

Intensivlehrwerk mit Audios online
Band 4
Deutsch als Fremdsprache

Autorenteam:
Sabrina Schmohl
Britta Schenk
Jana Glaser
Michaela Wirtz
Anette Wempe-Birk
Michael Stetter
Christina Kirschbaum
Sara Morrhad
Thorsten Heinz
Carolin Renn
Helmut Sosnitza

Fachliche Beratung:
Sprachenakademie Aachen

Hueber Verlag

Impressum und Quellenverzeichnis ab Seite 182

IN DIESEM KAPITEL LERNEN SIE:

- Wortschatz: Gefühle / Psychologie
- Passivfähigkeit
- Umgang mit dem einsprachigen Wörterbuch

1 WORTFELD GEFÜHLE

a) Notieren Sie alle Gefühle, die Ihnen spontan einfallen.

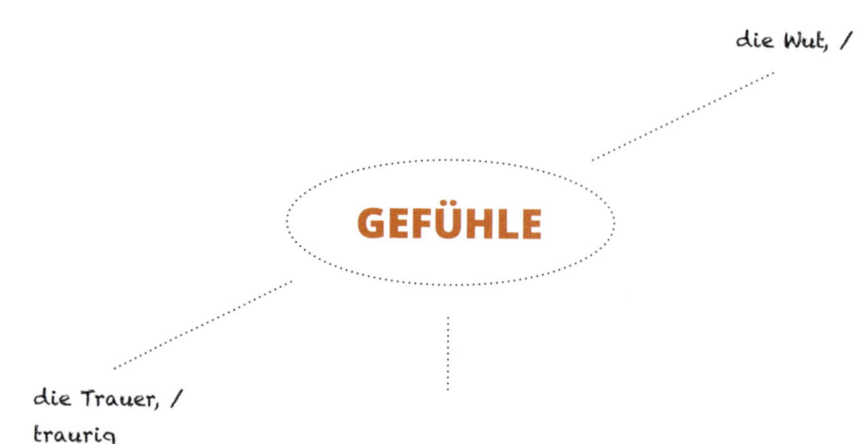

b) Wählen Sie ein Bild und beschreiben Sie die Situation. Wie fühlen sich die Personen? Schreiben Sie einen kurzen Text wie im Beispiel.

1

2

3

4

Das Bild zeigt eine Frau mit einer Tasse Kaffee in der Hand. Insgesamt wirkt die Frau entspannt. Sie schaut auf ihr Smartphone, während sie trinkt. Dabei sieht oder liest sie wohl plötzlich etwas, was sie nicht erwartet hatte. Sie ist überrascht und wirkt sogar ein wenig schockiert. Sie kann nicht glauben, was sie dort sieht. Möglicherweise ist es ein Foto eines Freundes, der etwas Unglaubliches tut.

2 ERINNERUNGEN

a) Drei Personen berichten, welche Erinnerungen sich besonders in ihr Gedächtnis eingeprägt haben. Hören Sie die Texte und ergänzen Sie die Tabelle stichwortartig und kreuzen Sie an.

	Erinnerungen an:	Emotionen im Hörtext:	
Person 1	______	Angst	Orientierungslosigkeit
	in Madrid	Ekel	Traurigkeit
		Freude/Glück	Überforderung
		Stress	Begeisterung
Person 2	______	Angst	Orientierungslosigkeit
	bei ______	Ekel	Traurigkeit
	in ______	Freude/Glück	Überforderung
		Stress	Begeisterung
Person 3	Einbruch in ______	Angst	Orientierungslosigkeit
		Ekel	Traurigkeit
		Freude/Glück	Überforderung
		Stress	Begeisterung

b) Hören Sie die Hörtexte noch einmal. Richtig oder falsch? Kreuzen Sie an.

R	F	1	Person 1 hat nicht nur positive Erinnerungen an ihre Zeit in Madrid.
R	F	2	Person 1 hatte nur einen spanischen Mitbewohner.
R	F	3	Person 2 ist in einem Dorf in Deutschland aufgewachsen.
R	F	4	Person 2 reist auch heute noch jeden Sommer nach Griechenland.
R	F	5	Von Person 3 wurden Wertgegenstände gestohlen.
R	F	6	Beide Mitbewohnerinnen von Person 3 sind nach dem Einbruch ausgezogen.
R	F	7	Bei Person 3 wurde noch einmal in einer anderen Wohnung eingebrochen.

c) Schreiben Sie einen Text über ein wichtiges Erlebnis in Ihrem Leben und darüber, was Sie dabei gefühlt haben. Beschreiben Sie dabei auch möglichst viele Details, die mit der Erinnerung verbunden sind, z. B. Bilder, Geräusche oder Gerüche.

3 GEFÜHLE AUS SICHT VON DICHTERN UND DENKERN

a) Besprechen Sie zu zweit, was die folgenden Zitate zum Thema Gefühle bedeuten könnten.

1 WAS MAN SO HEFTIG[1] FÜHLT, FÜHLT MAN NICHT ALLZU LANG.
Johann Wolfgang von Goethe (1749–1832)

2 WO MAN AM MEISTEN FÜHLT, WEIß MAN NICHT VIEL ZU SAGEN.
Annette von Droste-Hülshoff (1797–1848)

3 WAS DEM HERZEN WIDERSTREBT[2], LÄSST DER KOPF NICHT EIN.
Arthur Schopenhauer (1788–1860)

4 DIE GEFÜHLE OFFENBAREN[3] SICH UMSO WENIGER, JE TIEFER SIE SIND.
Honoré de Balzac (1799–1850)

5 ERST MIT DER REFLEXION[4] FÄNGT DER IRRTUM[5] AN.
Friedrich von Schiller (1759–1805)

6 IM LEBEN VERBIRGT[6] MAN SEINE GEFÜHLE SO LANGE, BIS DIE LEUTE GLAUBEN, MAN HABE GAR KEINE, DENN DAS IST DIE GUTE ERZIEHUNG.
Kurt Tucholsky (1890–1935)

[1]heftig = stark
[2]jmdm. widerstreben = dagegen sein
[3]offenbaren = enthüllen / zeigen
[4]die Reflexion, -en = das Nachdenken
[5]der Irrtum, ¨-er = falsche Vorstellung, Fehler
[6]etw. verbergen = etw. verstecken

b) Welches Zitat ist für Sie am interessantesten? Begründen Sie, warum.

4 EMOTIONEN EINMAL GANZ NÜCHTERN BETRACHTET

a) Ordnen Sie den Wörtern die passende Erklärung zu.

1	ausgehen von	A	einen Gedanken sprachlich ausdrücken
2	die Ausschüttung, -en	B	die Seele/Psyche betreffend, im Gegensatz zu *körperlich*
3	etw. bewerten	C	hier: das Wichtigste aus einer Information herausziehen
4	etw. filtern	D	annehmen, vermuten
5	die Gestik, /	E	so, dass es Angst macht
6	die Mimik, /	F	hier: Produktion und Abgabe von Substanzen/Wirkstoffen
7	psychisch	G	den Körper betreffend, körperlich
8	taub	H	Bewegungen (vor allem der Hände) während der Kommunikation
9	unheimlich	I	etwas beurteilen/einschätzen
10	physisch	J	Gesichtsausdrücke
11	die Versprachlichung, -en	K	ein schlechtes Gefühl, etwas ist einem peinlich oder unangenehm
12	die Scham, /	L	ohne die Fähigkeit zu hören

1	2	3	4	5	6	7	8	9	10	11	12

b) Lesen Sie den folgenden Text und fassen Sie die Themen jedes Abschnitts in Stichwörtern zusammen.

EMOTIONEN

Es gibt wohl nichts, was unser Verhalten so sehr beeinflusst wie Emotionen. Dichter, Philosophen und Psychologen versuchen deshalb seit Jahrhunderten, Emotionen zu beschreiben und zu analysieren. Aus biologisch-psychologischer Sicht sind Emotionen Verhaltensmuster, die in bestimmten Situationen physische und psychische Veränderungen auslösen. Zu den körperlichen Reaktionen zählen zum Beispiel Veränderung der Atmung, Schwitzen, die Anspannung der Muskeln und die Ausschüttung von Hormonen. All diese Reaktionen werden durch das vegetative Nervensystem[1] kontrolliert.

Unser Gehirn bewertet in kürzester Zeit jede Situation, in der wir uns befinden, z. B. als bedrohlich, unheimlich, angenehm etc. Darauf folgt eine Reaktion in Form von Gestik, Mimik und Körperhaltung. Dies wird als *expressives Verhalten* bezeichnet. Auf den körperlichen Ausdruck der Emotion können dann noch weitere Handlungen folgen, beispielsweise Weglaufen oder eine Umarmung.

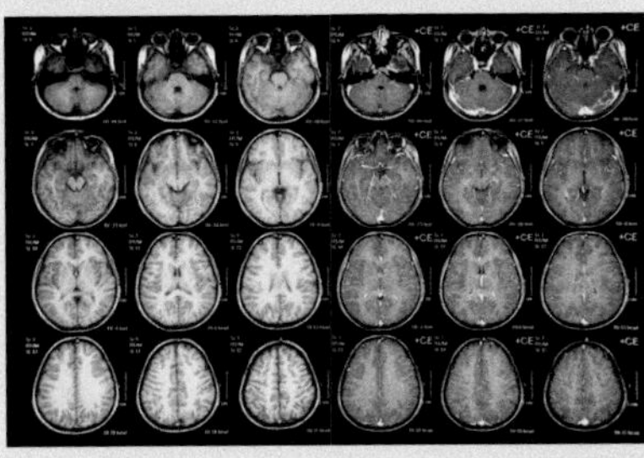

Ein Grundproblem der Psychologie ist, dass es sehr schwierig – wenn nicht sogar unmöglich – ist, Emotionen zu messen. Natürlich können die körperlichen Reaktionen gemessen und Mimik und Gestik beobachtet werden. Dank moderner Technologien wie der Computertomografie (CT)[2] kann man auch sehr genaue Bilder von Aktivitäten im Gehirn machen. Dadurch lässt sich sehr genau sagen, welche Hirnregionen bei einer bestimmten Emotion aktiv sind. Aber wie eine Person eine Emotion persönlich erlebt, weiß niemand. Sie kann zwar versuchen, ihr Empfinden sprachlich auszudrücken. Dies ist jedoch problematisch, da von der Empfindung der Emotion bis zur Versprachlichung einige Sekunden vergehen und die Information gefiltert wird. Am Ende weiß dann nicht einmal mehr die Person selbst, was sie tatsächlich empfunden hat.

Oft wird die Frage diskutiert, ob Emotionen angeboren – also bei allen Menschen gleich – oder kulturell verschieden sind. Man nimmt an, dass es eine begrenzte Zahl angeborener *Basisemotionen* gibt, die auch als *primäre Emotionen* bezeichnet werden. Bei der Frage, welche Emotionen Basisemotionen sind, gehen allerdings die Meinungen auseinander. Manche Autoren gehen von drei, andere von acht Basisemotionen aus. Die Emotionen Furcht, Freude und Ärger finden sich aber in allen Theorien. Neben den Basisemotionen gibt es auch komplexere Emotionen. Diese sogenannten *sekundären Emotionen* sind Mischungen mehrerer Basisemotionen. Ein Beispiel hierfür wäre Scham.

Basisemotionen sind, wie gesagt, angeborene Reaktionsmuster, die bereits Säuglinge zeigen. So lächeln Babys schon kurz nach der Geburt – ein Zeichen von Zufriedenheit oder Freude, d. h. Ausdruck einer Basisemotion. Dass diese Reaktionen nicht durch Beobachten und Imitieren[3] erworben werden, erkennt man auch daran, dass blinde und taube Kinder sich in der entsprechenden Gestik und Mimik nicht von Kindern unterscheiden, die sehen und hören können. Das sogenannte *soziale Lächeln* tritt hingegen erst nach circa drei Monaten auf. Dann lächeln Babys auch, um Aufmerksamkeit zu bekommen oder Kontakt zu anderen Menschen aufzubauen. Dieses Lächeln hat somit andere Funktionen. Dass auch blinde Babys das soziale Lächeln entwickeln, lässt zwar vermuten, es sei angeboren. Allerdings ist das soziale Lächeln blinder Babys weniger stark bzw. intensiv als dasjenige sehender Säuglinge – was darauf hinweist, dass es sich zumindest teilweise um ein erlerntes Verhalten handelt.

Da Basisemotionen angeboren sind, sind sie auch *interkulturell invariant*[4]. Das bedeutet, dass der Ausdruck einer Basisemotion universell und kulturunabhängig ist. Demnach sollten alle Menschen – unabhängig von Geschlecht, Alter oder Kultur – eine solche Emotion bei anderen Menschen, ja sogar bei Primaten, d. h. Affen und Halbaffen, richtig erkennen können. Ein Mensch müsste also z. B. die Emotion Furcht im Gesicht eines Gorillas lesen können. In verschiedenen Studien haben Wissenschaftler nachgewiesen, dass Menschen mit Trefferquoten[5] von 80 bis 95 Prozent, anhand von Fotos typischer Gesichtsausdrücke Basisemotionen erkennen können. Man hat diese Versuche sogar mit Menschen durchgeführt, die kurz vorher noch isoliert vom Rest der Welt gelebt und keinen Kontakt zu Menschen aus anderen Kulturen hatten. Auch hier waren die Trefferquoten ähnlich hoch.

Bei den sekundären Emotionen ist ein eindeutiges Verstehen deutlich schwieriger als bei den primären. Da es sich um eine Mischung verschiedener – und oft auch gegensätzlicher Emotionen – handelt, lässt sich aus der Mimik auch Verschiedenes herauslesen. Am Ende braucht man dann vielleicht doch die Dichter, um komplexe Emotionen wie z. B. die Liebe zu beschreiben.

[1]das vegetative Nervensystem = körpereigenes System, das wichtige Funktionen wie die Atmung steuert
[2]die Computertomografie = Technik, mit der man das Innere des Körpers darstellen kann
[3]etw. imitieren = etw. nachahmen, nachmachen
[4]invariant = unverändert
[5]die Trefferquote, -n = (Prozent)anteil der richtigen Antworten

c) Bearbeiten Sie die folgenden Aufgaben zum Text.

Achten Sie bei offenen Aufgaben zu Lese- und Hörverstehen darauf, dass die Antwort sprachlich korrekt ist und sich wirklich auf die Fragestellung bezieht!

1 Definieren Sie den Begriff *Emotion*.

2 Welche Beispiele werden für körperliche Reaktionen genannt?

3 Welche Rolle spielt das vegetative Nervensystem bei Emotionen?

4 Welcher Prozess läuft bei Emotionen ab? Ergänzen Sie die Informationen.

durch das Gehirn

↓

(, Gestik,)

↓

(z. B. ,)

5 Was kann man mit einer Computertomografie feststellen?

6 Was ist das Problem dabei, wenn Leute versuchen, ihre Emotion mit Worten zu beschreiben?

7 Was versteht man unter *sekundären Emotionen*?

8 Was spricht dafür, dass Basisemotionen angeboren sind?

9 Was ist das *soziale Lächeln*?

10 Warum geht man davon aus, dass es sich beim sozialen Lächeln teilweise um erworbenes, also erlerntes Verhalten handelt?

11 Richtig oder falsch? Kreuzen Sie an.

R	F	1	Basisemotionen werden je nach Kultur unterschiedlich ausgedrückt.
R	F	2	Tiere können Basisemotionen im Gesicht von Menschen erkennen.
R	F	3	Menschen können mit Fehlerquoten von 5–20 % Basisemotionen bei anderen Menschen richtig erkennen.
R	F	4	Im Fall sekundärer Emotionen können Gesichtsausdrücke unterschiedlich interpretiert werden.

12 Zusammenfassend: Basisemotionen unterscheiden sich von anderen Emotionen dadurch, dass sie angeboren und damit ______ sind.

5 EMOTIONEN ERKENNEN

a) Um welche Emotion handelt es sich jeweils? Notieren Sie.

b) Suchen Sie sich ein Bild aus und beschreiben Sie es Ihrer Partnerin / Ihrem Partner. Sie/Er schließt das Buch und versucht, das Gesicht mithilfe Ihrer Beschreibung zu zeichnen. Vergleichen Sie die Zeichnung mit dem Original und wechseln Sie danach die Rollen.

6 PASSIVFÄHIGKEIT

a) Formen Sie die Aktivsätze in Passivsätze um.

1 Emotionen lösen körperliche Veränderungen aus.

Körperliche Veränderungen werden

2 Emotionen kann man schlecht messen.

*Das Pronomen *man* hat im Akkusativ (A) und Dativ (D) besondere Formen:

N	man
A	einen
D	einem

3 Emotionen beeinflussen einen*.

4 Psychologen haben versucht, Emotionen zu beschreiben.

5 Forscher gehen von drei bis acht Basisemotionen aus.

6 Säuglinge lächeln schon kurz nach der Geburt.

7 Es wäre besser, wenn man die Beschreibung von Emotionen den Dichtern überlässt.

b) Lesen Sie die folgenden Sätze im Passiv. Welche Formulierungen ergeben keinen Sinn? Welche Sätze sind grammatikalisch und semantisch fehlerhaft? Streichen Sie die falschen Sätze durch. Markieren Sie anschließend alle Verben.

1 Nach einem langen Arbeitstag wird großer Hunger gehabt.
2 Im Klassenraum wurden Temperaturen von über 35 Grad Celsius gemessen.
3 Die Schüler wurden Konzentrationsschwierigkeiten bekommen.
4 Die Prüfung wird einen ganzen Tag gedauert.
5 Die Fenster wurden durch den Wind geschlossen.
6 Ein Pool mit Meerblick wird es gegeben.
7 Im Badezimmer werden die Handtücher gelegen.
8 Der Hund wird durch eine spanische Tierhilfsorganisation gerettet.
9 An dieser Pandemie wurden viele Menschen gestorben.
10 Täglich werden viele Unfälle im Straßenverkehr passiert.
11 Gestern wurde es so stark geregnet, dass Wasser in unseren Keller gelaufen wurde.
12 Vor Millionen von Jahren wurde Leben auf dem Planeten Erde entstanden.

c) Sehen Sie sich die Sätze aus b) an und überlegen Sie, welche Verben das Passiv bilden können, und welche nicht. Vergleichen Sie Ihre Ideen mit den Erklärungen im folgenden Kasten. Welcher Satz aus Aufgabe b) passt zu welcher Erklärung? Bei manchen Sätzen passen mehrere Erklärungen. Sprechen Sie im Kurs.

Passivfähigkeit von Verben

Wie in anderen Sprachen können nicht alle Verben das Passiv bilden. Bei **Verben, die keine aktive Tätigkeit ausdrücken bzw. kein aktives Subjekt haben**, ist **kein Passiv möglich**. Dazu zählen:

1 Verben, die Zustände ausdrücken
sein, liegen, sich befinden, ...

2 Verben der Zustandsveränderung
sterben, explodieren, wachsen, entstehen, ...

3 Verben des Wissens
wissen, erfahren, kennen, kennenlernen, ...

4 Verben, die Besitz oder Besitzänderungen anzeigen
besitzen, bekommen, kriegen, erhalten, ...

5 transitive Verben mit Mengenangabe als Akkusativobjekt
kosten, enthalten, umfassen, dauern, ...

6 unpersönliche Verben
es gibt, es handelt sich um, es regnet, ...

7 Hilfsverben (auch als Vollverben)
haben, sein, werden

8 Modalverben

Daneben ist Passiv außerdem meistens nicht möglich bei **reflexiven Verben*** (*sich freuen, sich aufregen, sich erholen, ...*) **(9)**. Das gilt auch für die **intransitiven Verben, die das Perfekt mit *sein*** bilden (*gelingen, passieren, geschehen, ...*) **(10)**. Hier gibt es jedoch Ausnahmen (*kommen, gehen, ...*).

→ *Ich wandere. ~~Ich werde gewandert~~.* Aber: *In den Alpen wird viel gewandert.*

transitiv =
mit Akkusativobjekt
intransitiv =
ohne Akkusativobjekt

*In seltenen Fällen auch Passiv möglich: *Im Kurs wird sich manchmal zu viel mit Grammatik beschäftigt.*

d) Lesen Sie den folgenden Text zum Thema Angst und formen Sie die Sätze oder Teilsätze, wenn möglich, in Passivsätze um. Unterstreichen Sie dazu zuerst das, was man ins Passiv umformulieren kann. Welche Sätze oder Teilsätze lassen sich nicht umformen? Begründen Sie, warum manche Verben nicht passivfähig sind.

Angst

1 Angst ist eine Basisemotion <u>und löst im Körper verschiedene Reaktionen aus</u>.

Angst ist eine Basisemotion und durch sie

2 Zu diesen physischen Veränderungen gehört, dass man die Muskeln anspannt.

3 Außerdem wird die Atmung schneller und dadurch kommt mehr Sauerstoff ins Blut.

4 Wenn man schwitzt, verringert sich die Körpertemperatur, weil das Wasser auf der Haut den Körper kühlt.

5 All diese Veränderungen bereiten den Körper auf einen möglichen Kampf vor.

6 Eventuell muss man auch vor einer Gefahr fliehen.

7 Bei Angst handelt es sich also um einen Schutzmechanismus, der den Menschen retten soll.

8 Wenn Angst allerdings zu stark wächst, spricht man von *Panik*.

9 Die extreme Angst vor einer bestimmten Sache, z. B. vor Höhe oder vor Spinnen, nennt man hingegen *Phobie*.

10 In solchen Fällen von Angststörungen sollte man einen Arzt bzw. Psychologen aufsuchen.

7 WAS DU HEUTE KANNST BESORGEN, DAS VERSCHIEBE (NICHT) AUF MORGEN

a) Sehen Sie sich die Bilder an und sprechen Sie zu zweit. Worum geht es hier? Wie nennt man dieses Phänomen?

b) Lesen Sie die Erfahrungsberichte aus der Uni-Zeitung und ergänzen Sie die Tabelle auf der nächsten Seite.

1 Kenan (27 J.)

Nach dem Abitur wollte ich unbedingt Maschinenbau studieren. Am Anfang war ich sehr motiviert, doch als ich die ersten schlechten Noten bekam, hatte ich plötzlich große Zweifel an meinen Fähigkeiten. Ich begann, mich immer häufiger zu fragen, ob ich nicht doch das falsche Studium gewählt hatte. Vor einigen Prüfungen hatte ich so große Angst, dass ich zum Arzt gegangen bin, um mich krankschreiben zu lassen. Dadurch habe ich zwei bis drei Monate Zeit gewonnen bis zum neuen Prüfungstermin. Nach acht statt sechs Semestern war ich dann fast fertig, aber ich musste noch meine Bachelorarbeit schreiben. Da wurde dann alles richtig schlimm. Insgesamt hatte ich für die Bachelorarbeit vier Monate Zeit. Nach der ersten Woche hat mich der Mut verlassen und ich fühlte mich wie gelähmt und wollte mich nicht weiter mit dem Thema beschäftigen. Nach zwei Monaten habe ich den inneren Schweinehund[1] zwar überwunden, aber schnell gemerkt, dass mir die Zeit davonlief. Drei Wochen vor dem Abgabetermin saß ich heulend vor meinem Computer. Ich konnte gar nicht mehr aufhören zu weinen. Mein Mitbewohner hat zum Glück gut reagiert und mich am nächsten Tag zum Arzt geschickt. Der hat mich zum Psychotherapeuten überwiesen. Obwohl es mir sehr peinlich war, habe ich dann mit meiner Professorin gesprochen und ihr von meinem Problem erzählt. Sie hat mir zwei Monate Verlängerung gegeben. In der Therapie habe ich gelernt, mir klare und kleine Ziele zu setzen und mich mit etwas Schönem zu belohnen, wenn ich ein Ziel erreicht habe, z. B. ein Eis zu essen, nachdem ich einen Artikel gelesen hatte, oder einen Film zu sehen, wenn ich eine Seite am Computer geschrieben hatte. Heute habe ich meine Prokrastination unter Kontrolle. Letzten Monat habe ich meinen Master abgeschlossen und freue mich schon auf meine erste Arbeitsstelle.

[1]der innere Schweinehund = Willensschwäche, die einen daran hindert, unangenehme Dinge zu tun

Sarah (29 J.)

Ich habe schon mein ganzes Leben lang immer alles im letzten Moment gemacht: die Hausaufgaben in der Pause auf dem Schulhof, die Hausarbeiten an der Uni zwei Wochen vor dem Abgabetermin angefangen und die Masterarbeit einen Monat vor der Abgabefrist begonnen. Trotzdem war immer alles pünktlich fertig. Lange dachte ich, dass ich einfach einen gewissen Zeitdruck zum Arbeiten bräuchte. Parallel zu meinem Job habe ich dann eine Promotion begonnen. Mein anfänglicher Zeitplan war viel zu optimistisch, denn ich hatte die Doppelbelastung von Job und Studium unterschätzt. Immer häufiger blieb die Doktorarbeit liegen, weil ich dringend etwas für die Arbeit machen musste. Eine Zeit lang habe ich dann versucht, am Abend und an den Wochenenden an der Dissertation zu arbeiten. Das hat dann ein paar Monate gut funktioniert, aber dann habe ich gemerkt, dass ich dabei war, mich sozial zu isolieren. Meine Freundschaften und meine Beziehung begannen, darunter zu leiden. Irgendwann war ich auch kurz vor einem Burn-out. Da habe ich die Notbremse gezogen und mit anderen Doktoranden, die in einer ähnlichen Situation waren, zusammen eine Selbsthilfegruppe gegründet. Wir treffen uns alle zwei Wochen und sprechen über den Fortschritt unserer Dissertationen und über unsere Prokrastinationsversuche. Die Doppelbelastung ist dadurch zwar nicht geringer geworden, aber es hilft, sich mit anderen auszutauschen. Geteiltes Leid ist halbes Leid, wie man so schön sagt.

Elias (29 J.)

Ich war eigentlich immer ein zielstrebiger Mensch. Mein Abitur habe ich mit Bestnoten bestanden und meinen Bachelor in Rekordzeit abgeschlossen. Danach habe ich einen BWL-Master in Maastricht begonnen. Alles lief gut bis zur Masterarbeit. An meiner Uni gab es keine festen Abgabefristen für die Masterarbeit, das Zeitmanagement lag in der Verantwortung der Studierenden, und die Professoren haben keinen Druck gemacht. Zwei Jahre habe ich die Abgabe immer wieder aufgeschoben[2]. Schließlich ist mir bewusst geworden, dass ein Bürojob in einer Firma mich eigentlich gar nicht interessiert. Es folgten lange Diskussionen mit meinen Eltern. Am Ende habe ich mein Studium abgebrochen, wofür viele Freunde mich stark kritisiert haben. Aber ich glaube, dass dies die beste Entscheidung

[2]etw. aufschieben = planen, etw. nicht jetzt, sondern zu einem späteren Zeitpunkt zu tun

[3]erfüllen = hier: glücklich machen

meines Lebens war. Ich habe dann eine Ausbildung als Erzieher gemacht – eigentlich ein klassischer Frauenberuf. Leider verdiene ich nicht so viel, aber ich bin glücklich und die Arbeit mit Kindern erfüllt[3] mich.

	Studium	Problem	Lösung
Kenan		• → Selbstzweifel → Prüfungsangst • Bachelorarbeit → Nervenzusammenbruch	
Sarah	Promotion	• : Job + Promotion • →	
Elias		• ständiges Aufschieben der • kein Interesse an	• → Ausbildung zum

c) Hören Sie nun ein Interview zum Thema Prokrastination. Hören Sie das Interview einmal und bringen Sie die Gliederung des Interviews in die richtige Reihenfolge.

- Reaktionen des Umfelds
- Ursachen von Prokrastination
- Definition
- Strategien gegen Prokrastination
- Folgen von Prokrastination

d) Lesen Sie das Glossar zum Hörtext und hören Sie das Interview ein zweites Mal. Bearbeiten Sie die Aufgaben.

Glossar zum Hörtext

- in weiter Ferne = weit weg, in nächster Zeit nicht erreichbar
- sich ablenken lassen = sich mit anderen Dingen beschäftigen als mit denen, die wichtig sind
- minderwertig = von geringem Wert, nicht wertvoll
- die Versagensangst, ¨e = Angst zu versagen / etw. nicht zu schaffen
- jmdm. etw. vorwerfen = einer Person sagen, dass sie etwas Schlechtes getan hat
- ehrgeizig sein = Erfolg wollen
- sich hohe Ziele setzen = sich viel vornehmen
- an etw. (D) scheitern = etw. nicht schaffen, ein Ziel nicht erreichen

1 Richtig oder falsch? Kreuzen Sie an.

R	F	1	Prokrastination betrifft nicht nur berufliche und studienbezogene Aufgaben.
R	F	2	Alle Menschen prokrastinieren.
R	F	3	Als Ablenkung dienen nur Aktivitäten, die Spaß machen.
R	F	4	Die meisten Prokrastinierer sind depressiv.
R	F	5	Eine Therapie bietet sich an, wenn die Prokrastination sehr stark ausgeprägt ist.

2 Ergänzen Sie die fehlenden Informationen. Tragen Sie die Gliederungspunkte aus Aufgabe c) passend in die Tabelle ein (linke Spalte).

Definition	Prokrastination =
	als Belohnung für erledigte ______ wird Dopamin ______ → Menschen suchen nach Aufgaben, die sie ______ erledigen können
	mögliche Reaktionen auf Zeitdruck: • • Ablenkung → • • Betroffene ______ minderwertig • Versagensängste
	Vorwurf:
	• Hilfe: Zeitmanagementseminare, Psychotherapie • ______ Ziele • ______ für kleine Erfolge

e) Erarbeiten Sie in Gruppen von 3–4 Personen Strategien, mit denen man sein Zeitmanagement verbessern kann. Präsentieren Sie Ihre Vorschläge im Kurs.

8 STRESS

a) Lesen Sie die Überschrift des folgenden Lesetextes und sehen Sie sich das Bild an. Wovon handelt der Text wahrscheinlich? Was wissen Sie darüber? Sammeln Sie im Kurs.

b) Lesen Sie den Text abschnittsweise und notieren Sie beim ersten Lesen das Hauptthema für jeden Abschnitt.

STRESS – MODETHEMA ODER TABU?

Obwohl das Wort *Stress* erst 1936 vom österreichisch-kanadischen Biochemiker H. Selye geprägt wurde und erst 1961 ins Wörterbuch aufgenommen wurde, ist es heute in aller Munde[1]. Es vergeht fast kein Tag, an welchem* die Medien keinen Beitrag zum Thema Stress veröffentlichen.

Unter Stress versteht man eine erhöhte **Belastung**. Stress kann einerseits positiv wirken und den Gestressten zu einer größeren Aktivität anregen. Diese Art von Stress wird dann als *Eustress* bezeichnet. Das Gegenteil von *Eustress* ist *Disstress* (auch *Dysstress* geschrieben). Die griechischen Präfixe *eu-* (*gut*) und *dys-* (*krankhaft / schlecht*) signalisieren hier den großen Bedeutungsunterschied. In unserer Vorstellung ist Stress allerdings normalerweise negativ, d. h. wir verwenden das Wort in der Bedeutung *Disstress*.

Stress wird durch äußere oder innere **Reize** ausgelöst, die sogenannten Stressoren. Zu den Stressoren gehören persönliche Erlebnisse, wie z. B. der Tod von Verwandten und Freunden, Scheidung oder Trennung vom Partner oder häufiger Streit innerhalb der Familie. Gesundheitliche Aspekte wie Krankheiten oder Schmerzen sowie berufliche Probleme wie Arbeitslosigkeit oder Streit mit Kollegen und finanzielle Schwierigkeiten oder hohe Belastung durch Kredite können auch zu Stressoren werden. Als Stressfaktoren sind allerdings nicht nur negative Erlebnisse zu nennen, sondern auch positive Veränderungen wie z. B. Heirat, Schwangerschaft oder die Geburt eines Kindes.

Normalerweise ist Stress nicht gefährlich. Wenn eine Stresssituation jedoch lange anhält oder mehrere Stressoren kurz hintereinander während eines längeren Zeitraums auftreten, kann Stress die psychische und physische Gesundheit schädigen. Die seelischen Folgen von chronischem[2] Stress reichen von innerer Unruhe über Aggression bis zu Depression. Als körperliche Folgen können z. B. starke Kopfschmerzen auftreten.

Wie viel Stress wir empfinden, hängt besonders von unserer individuellen **Bewertung** der Situation ab. Generell gilt: je größer die Bedeutung für das eigene Leben, desto größer der Stress. Wenn wir das Gefühl haben, den Stressor nicht beeinflussen oder kontrollieren zu können, empfinden wir die Situation als **belastend**. Ein Beispiel für eine potentielle Stresssituation wäre z. B. eine Abschlussprüfung in einem Seminar an der Universität. Obwohl die Situation für alle Studierenden gleich ist, nimmt jeder die Situation anders wahr. Die einen nehmen die Prüfung als mögliche **Bedrohung** wahr und ihre Gedanken kreisen um die möglichen negativen Konsequenzen, welche* eintreten könnten, wenn sie die Prüfung nicht bestehen, z. B. Wiederholung des Seminars, Studienabbruch oder Ärger mit den Eltern. Andere bewerten die Prüfung als **Beeinträchtigung**. Für sie steht im Vordergrund, was sie durch das Lernen alles nicht machen können, z. B. nicht feiern oder ins Kino gehen, sich nicht mit Freunden treffen. Für diese Studierenden bedeutet die Prüfung also einen Verlust ihrer Freizeit. Wieder andere betrachten die Prüfung allerdings als **Herausforderung**, die zwar schwierig ist, die sie aber einen Schritt näher an ihr Ziel, z. B. den Studienabschluss, bringt. Während die ersten beiden Gruppen die Prüfung wahrscheinlich als belastende Stresssituation empfinden, hat die letzte Gruppe vermutlich weniger negative Reaktionen.

Neben der individuellen Bewertung der Situation spielt allerdings auch noch die **Einschätzung** der eigenen **Fähigkeiten** eine wichtige Rolle beim Stressempfinden. Studierende, deren Selbstbild negativ ist, sehen sich oft nicht in der Lage[3], die Prüfung zu bestehen. Studierende mit einem positiven Selbstbild hingegen können vielleicht eher abschätzen[4], welche Dinge sie bereits wissen und welche sie vor der Prüfung noch wiederholen müssen. Basierend auf dieser Einschätzung können sie sich dann realistische Zeitpläne erstellen und durch die Einhaltung dieser Pläne ihr Stressgefühl minimieren.

**welcher / welches / welche* kann in der Schriftsprache anstelle der Relativpronomen *der / das / die* benutzt werden.

Interessanterweise scheint das Empfinden von Stress auch eine kulturelle Komponente zu haben. Während heutzutage in Europa alle ständig klagen, wie viel Stress sie haben, hört man dies in anderen Regionen eher selten. In internationalen Studien zum Thema Glücksempfinden stehen oft Entwicklungsländer[5] auf den ersten Plätzen. Doch es ist fraglich, ob die Menschen dort wirklich glücklicher sind und weniger Stress empfinden. Wenn man sich die Liste der möglichen Stressoren ansieht, wird schnell klar, dass die Realität eigentlich anders aussehen müsste. In Ländern mit starker Umweltverschmutzung, hoher Arbeitslosigkeit, Armut, Hunger, schlechter medizinischer Versorgung und vielleicht sogar politischen Unruhen oder Kriegen sollte die Bevölkerung eigentlich gestresster sein als z. B. in Deutschland, wo viele dieser Stressoren fehlen.

Ein Grund für das unterschiedliche Stressempfinden könnte die gesellschaftliche Bewertung von Stress sein. Wird Stress als Zeichen für persönliche **Schwäche**, Überforderung oder aber **Niederlage** angesehen, werden vermutlich wenige offen zugeben, gestresst zu sein. Wird Stress aber als Folge eines modernen Lebensstils und beruflichen Erfolges angesehen, wird es leichter, darüber zu sprechen.

Die Rolle der Medien ist in diesem Zusammenhang von zentraler Bedeutung. Wird in den Medien nicht über mögliche Stressoren wie z. B. Lärm, Luftverschmutzung oder Überstunden berichtet, kann sich auch keine Diskussion über mögliche Probleme und Lösungen entwickeln.

[1]in aller Munde sein = bekannt sein, beliebtes Gesprächsthema sein
[2]chronisch = lange dauernd
[3]in der Lage sein = etw. können; sich in der Lage sehen, etwas zu tun = meinen, etwas tun zu können
[4]etw. abschätzen = etw. beurteilen
[5]das Entwicklungsland, ¨er = gebräuchlicher, aber problematischer Begriff für arme Länder mit wenig Industrie

c) Arbeiten Sie mit den markierten Wörtern aus dem Text. Ergänzen Sie dazu die Tabelle und ordnen Sie zu.

		Schlüsselwort		Erklärung	verwandte Wörter
1	die	Belastung, -en	A	↔ Sieg	belasten, belastend, die Last, der Lastwagen (LKW)
2		Reiz, -e	B	Kompetenz, Können	
3		Bewertung, -en	C	↔ Stärke	
4		Bedrohung, -en	D	Beurteilung/Einschätzung	
5		Beeinträchtigung, -en	E	Gefahr	
6		Herausforderung, -en	F	äußerer Einfluss, den eine Person als schwer wahrnimmt	
7		Einschätzung, -en	G	eine Einschränkung oder Behinderung	
8		Fähigkeit, -en	H	Meinung/Bewertung	
9		Schwäche, -n	I	etwas, was eine körperliche Reaktion auslöst	
10		Niederlage, -n	J	eine schwierige, aber interessante Aufgabe	

1	2	3	4	5	6	7	8	9	10
F									

d) Ergänzen Sie die Gliederung des Textes in Stichworten.

1 Einleitung: Einführung ins Thema Stress

2 Definition von Stress: ______ vs. ______

3 ______ (= Auslöser von Stress): äußere/ ______

a negative ______ Erlebnisse

b ______ Probleme

c ______ Probleme

d ______ Probleme

e positive Veränderungen

4 gesundheitliche ______ von Stress:

a normalerweise: keine

b ______ Stress:

1 seelische Folgen: innere ______, ______, ______

2 ______ Folgen: z. B. ______

5 Faktoren für Stressempfinden:

a individuelle ______ der Situation

b ______ der eigenen ______

c ______ Bewertung von Stress

d ______

6 Schluss

e) Bearbeiten Sie die weiteren Aufgaben zum Text.

1 In welchen Situationen ist das Stressempfinden grundsätzlich am größten?

In Situationen, ______

______

2 Ergänzen Sie die Zusammenfassung des Beispiels aus dem Text (Z. 28–36) mit den Wörtern.

bedroht | beeinträchtigt | Herausforderung | obwohl | Situation | unterschiedlich | Verlust

______ (1) alle Studierenden sich in der gleichen ______ (2) befinden, nehmen sie die Abschlussprüfung ______ (3) wahr. Während die einen sich durch die Prüfung ______ (4) sehen, fühlen sich andere durch den ______ (5) ihrer Freizeit ______ (6). Wieder andere Studierende nehmen die Prüfung als ______ (7) wahr.

3 Welchen Einfluss hat ein positives Selbstbild auf das Stressempfinden?

______

______

4 Warum müssten Menschen in Entwicklungsländern theoretisch gestresster sein als Menschen in wohlhabenden Industrieländern?

5 Auf welche Wörter bzw. Textstellen beziehen sich die folgenden im Text unterstrichenen Wörter?

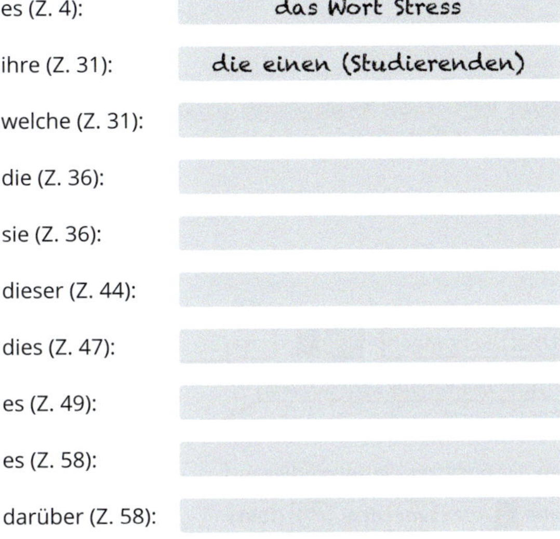

es (Z. 4): das Wort Stress

ihre (Z. 31): die einen (Studierenden)

welche (Z. 31):

die (Z. 36):

sie (Z. 36):

dieser (Z. 44):

dies (Z. 47):

es (Z. 49):

es (Z. 58):

darüber (Z. 58):

f) Arbeiten Sie in Gruppen und diskutieren Sie folgende Fragen:

1 Wie wird Stress in Ihrer Heimat bewertet?
2 Findet in den Medien eine Diskussion über Stressoren statt?
3 Wird in der Familie oder im Freundes- oder Bekanntenkreis offen über Stress gesprochen?

g) Schreiben Sie einen kurzen Text für eine Uni-Zeitung zum Thema Stress. Erklären Sie dabei, wie in Ihrer Heimat mit Stress umgegangen wird. Beschreiben Sie außerdem, was Sie persönlich als stressig empfinden und was Sie dagegen unternehmen.

9 EINSPRACHIGES WÖRTERBUCH

a) Welches Wörterbuch benutzen Sie? Ist Ihr Wörterbuch einsprachig oder zweisprachig? Welche Vorteile (und Nachteile) haben einsprachige Wörterbücher? Sammeln Sie im Kurs.

b) Lesen Sie die folgenden Wörterbucheinträge aus einem einsprachigen Wörterbuch. Welche Informationen liefert das Wörterbuch? Ergänzen Sie die Lücken mit den vorgegebenen Wörtern.

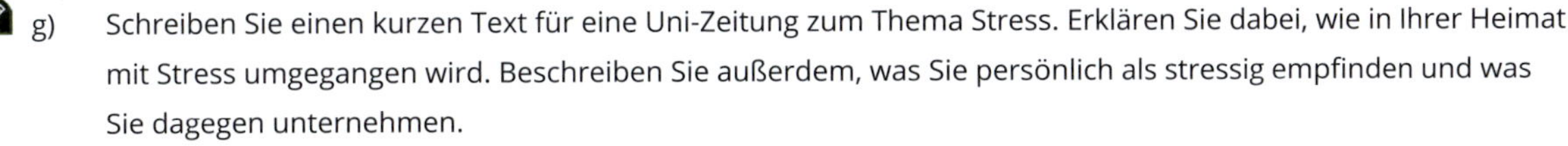

Beispielsatz | Erklärung | Genitiv | idiomatische Wendung | Komposita | Plural | weitere Bedeutung

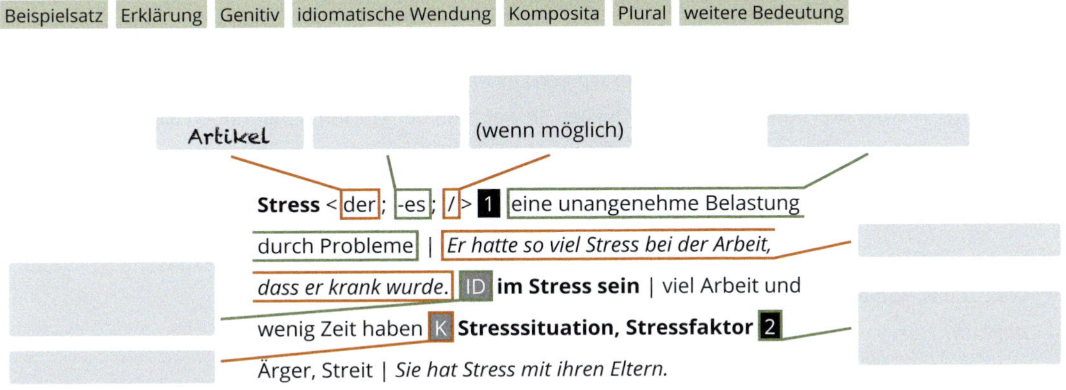

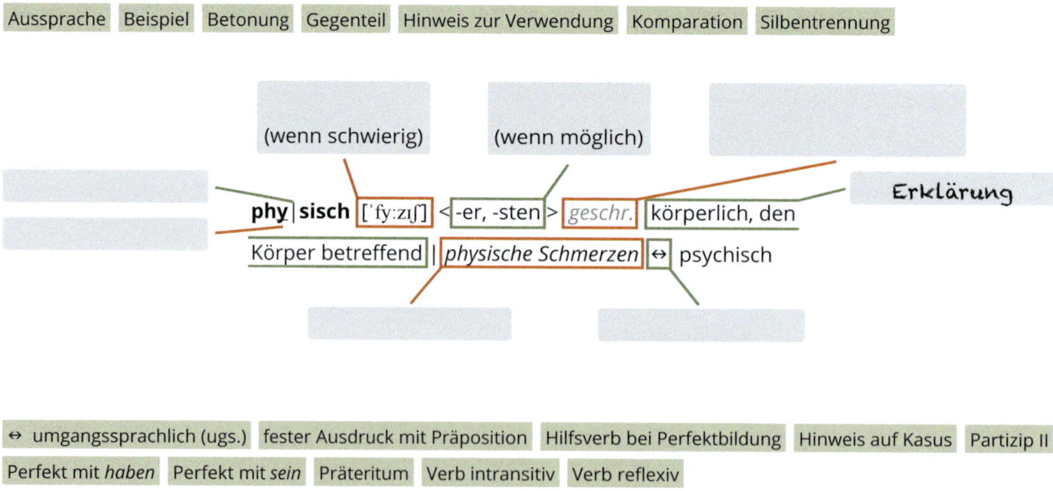

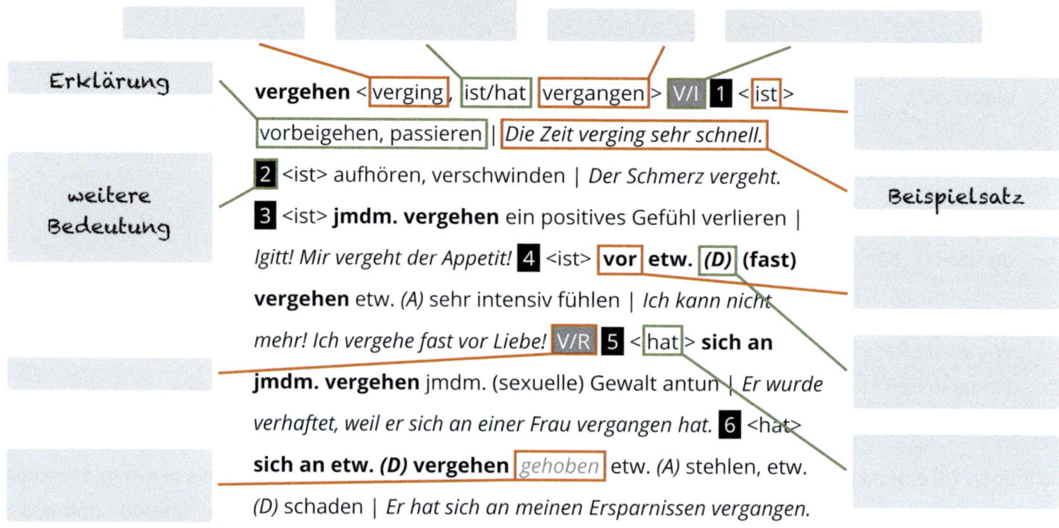

Nicht jedes Wörterbuch enthält die Information, ob ein Verb transitiv, intransitiv, reflexiv oder unpersönlich ist. Wenn Sie diese Information wünschen, achten Sie beim Kauf darauf!

c) Ergänzen Sie das Verb *vergehen* in der richtigen Form. Welche Bedeutung aus dem Wörterbucheintrag aus Aufgabe b) hat *vergehen* jeweils?

1 Ich habe seit Tagen weder gegessen noch geschlafen. Ich ______ vor Liebeskummer.
2 Hab Geduld, das vergeht! Außerdem verstehe ich gar nicht, warum du ihr noch hinterhertrauerst, nachdem sie sich an deinem Konto ______ hat.
3 Ja, aber es war so schön mit ihr! Nie war es langweilig. Jeder gemeinsame Tag ______ wie im Flug!
4 Du bist ja blind vor Liebe! Ich hoffe, das ______ bald.

d) Bilden Sie Gruppen von 3 Personen. Arbeiten Sie pro Gruppe mit einem einsprachigen und mit einem zweisprachigen Wörterbuch sowie mit einem einsprachigen Online-Wörterbuch. Bearbeiten Sie die folgenden Aufgaben mithilfe der drei unterschiedlichen Quellen. In welchem der Wörterbücher finden Sie die meisten Informationen? Machen Sie einen Strich, wenn Sie keine Information finden.

	einsprachiges Wörterbuch	zweisprachiges Wörterbuch	einsprachiges Online-Wörterbuch
1 Was ist das Nomen zu *physisch*?			

2 Was bedeutet *das höchste der Gefühle*?			
3 Wie viele verschiedene Bedeutungen für *Belastung* unterscheidet das Wörterbuch?			
4 Welche Bedeutung hat *Depression* im Bereich Gefühle?			
5 Um welche Wortart handelt es sich bei *verlegen*? Wo finden Sie diese Information im Wörterbuch?			
6 Wie viele Komposita mit dem Bestimmungswort *Stress-* enthält das Wörterbuch?			
7 Wie viele Komposita mit dem Grundwort *-gefühl* enthält das Wörterbuch?			
8 Wie lautet der Plural von *Stress*? Wie zeigt das Wörterbuch, ob ein Nomen eine Pluralform hat und ob diese häufig verwendet wird?			

e) Welche Bedeutung haben die folgenden Wörter im Leseverstehen „Stress – Modethema oder Tabu?". Notieren Sie die Nummer der passenden Bedeutung aus den Wörterbucheinträgen in Aufgabe b).

- vergehen (Z. 5):
- Stress (Z. 7):

10 EMOTIONEN IN FILM UND LITERATUR

a) Bereiten Sie eine Präsentation über einen Film oder ein Buch vor. Beschreiben Sie z. B. das Thema, den Inhalt, die Figuren. Sprechen Sie auch über die Gefühle der Figuren oder darüber, wie Sie sich gefühlt haben, als Sie das Buch gelesen bzw. den Film gesehen haben. Die Präsentation soll ca. zwei Minuten dauern.

b) Arbeiten Sie zu zweit oder in Kleingruppen. Eine Person hält ihre Präsentation, die anderen hören zu. Im Anschluss stellen alle eine Frage zur Präsentation.

11 LIEBE

a) Ergänzen Sie den Text mit den vorgegebenen Wörtern in der passenden Form. Nicht alle Wörter passen.

angeboren | auslösen | ausschütten | bewerten | empfinden | die Fähigkeit, -en | filtern | das Gehirn, -e | gesellschaftlich | die Komplexität, / | nachweisen | physisch | psychisch | reagieren | der Reiz, -e | das Umfeld, -er | wirken | der Zweifel, -

Was ist Liebe?

Was die Liebe sei, glaubt fast jeder irgendwie zu wissen: Man fühlt sich stark zu einem Menschen hingezogen – manche Menschen ______ (1) auch starke Zuneigung gegenüber ihrem Land, dem eigenen Haustier oder einem Fußballverein. Wodurch auch immer das Gefühl von Liebe ______ (2), eines scheint den Liebenden größtenteils gemein zu sein: Sie ______ (3) das Objekt ihrer Liebe ausschließlich positiv, sodass manche Entscheidung, welche sie treffen, auf ihr ______ (4) eher irrational wirkt. Sie lassen ihr Herz sprechen, wie es im Deutschen heißt; jeglicher ______ (5) wird beiseitegeschoben. Dabei, so bestätigen zahlreiche Experimente, ist es tatsächlich der Kopf, genauer gesagt, das ______ (6), das für den nicht selten obsessiven Zustand verantwortlich ist, der das Verliebtsein kennzeichnet.
Durch wissenschaftliche Untersuchungen konnte ______ (7), dass bei Menschen durch den Anblick der geliebten Person eine Hirnregion ______ (8), welche das Gefühl der Belohnung und der Euphorie steuert, das sog. limbische System. Andere Hirnregionen, welche für die ______ (9) zum analytischen Denken zuständig sind, bleiben dagegen inaktiv. Das hat Folgen.
Von besonderer Bedeutung sind hier zwei Hormone, die vom Gehirn ______ (10) werden. Auf das limbische System wirkt zum einen das Hormon Dopamin, welches den Menschen euphorisch werden lässt. Gleichzeitig wird ein zweites Hormon abgebaut, das u. a. im zentralen Nervensystem und im Herz-Kreislauf-System ______ (11): das Serotonin. Liegt ein Mangel an Serotonin vor, zeigt der Mensch Symptome, die denen eines neurotisch Erkrankten ähneln. Oder anders gesagt: Die Liebe gleicht in vielem einer ______ (12) Störung.

b) Bilden Sie Sätze mit den Wörtern aus a), die Sie nicht verwendet haben.

Passivfähigkeit

Wie in anderen Sprachen können nicht alle Verben das Passiv bilden. Bei **Verben, die keine aktive Tätigkeit ausdrücken bzw. kein aktives Subjekt haben**, ist **kein Passiv möglich**. Dazu zählen:

1 Verben, die Zustände ausdrücken
sein, liegen, sich befinden, ...

2 Verben der Zustandsveränderung
sterben, explodieren, wachsen, entstehen, ...

3 Verben des Wissens
wissen, erfahren, kennen, kennenlernen, ...

4 Verben, die Besitz oder Besitzänderungen anzeigen
besitzen, bekommen, kriegen, erhalten, ...

5 transitive Verben mit Mengenangabe als Akkusativobjekt
kosten, enthalten, umfassen, dauern, ...

6 unpersönliche Verben
es gibt, es handelt sich um, es regnet, ...

7 Hilfsverben (auch als Vollverben)
haben, sein, werden

8 Modalverben

Daneben ist Passiv außerdem meistens nicht möglich bei **reflexiven Verben** (*sich freuen, sich aufregen, sich erholen, ...*) **(9)**. Das gilt auch für die **intransitiven Verben, die das Perfekt mit *sein*** bilden (*gelingen, passieren, geschehen, ...*) **(10)**. Hier gibt es jedoch Ausnahmen (*kommen, gehen, ...*).

→ *Ich wandere. ~~Ich werde gewandert~~.* Aber: *In den Alpen wird viel gewandert.*

1 SO NICHT!

a) Was sehen Sie auf den Bildern? Beschreiben Sie die Bilder in wenigen Sätzen. Schreiben Sie in Ihr Heft.

IN DIESEM KAPITEL LERNEN SIE:
- Wortschatz: Kommunikation / Tabus
- sich auf einen Text beziehen
- eigene Meinung äußern und auf Meinungen reagieren
- Appositionen
- Passiversatz
- Attribute
- globales Verstehen
- argumentativ schreiben: Einleitung

1

2

3

4

b) Die Bilder aus Aufgabe a) zeigen Tabubrüche. Was bedeuten die Wörter aus der Wortfamilie *Tabu*? Schreiben Sie je eine Definition. Nutzen Sie Ihr einsprachiges Wörterbuch, wenn nötig.

das Tabu, -s:

tabu sein:

etw. tabuisieren:

ein Tabu brechen:

c) Worin bestehen die Tabubrüche in den Bildern aus Aufgabe a)? Welche anderen Beispiele für Tabus fallen Ihnen ein? Sammeln Sie im Kurs.

2 GLOBAL VS. GENAU

a) Welche Arbeitsschritte bei Hör- und Leseverstehen gehören zum globalen und welche zum genauen Verstehen? Ordnen Sie zu. Einen Arbeitsschritt können Sie zweimal zuordnen.

1 globales Lesen/Hören
2 genaues Lesen/Hören

A den ganzen Text oder Textabschnitt genau verstehen
B einen allgemeinen Überblick bekommen
C den ganzen Text grob lesen/hören
D nur eine bestimmte Information im Text suchen
E auf Schlüsselwörter* achten

1	2

*Schlüsselwörter sind Wörter, die das Thema eines Textes oder Textabschnitts anzeigen und für das Textverständnis notwendig sind.

b) Diskutieren Sie zu zweit, in welchen Situationen Sie die folgenden Textsorten global und wann Sie sie genau lesen bzw. hören.

- Zeitungsartikel
- Kochrezept
- Arbeitsvertrag
- wissenschaftlicher Podcast
- Dokumentarfilm
- Buch
- Werbeprospekt
- Gedicht
- Kriminalhörspiel
- Stellenausschreibung
- Aufbauanleitung für Möbel
- Nachrichten im Radio

3 TABUS UND TABUBRÜCHE

a) Zu einem Online-Artikel über die Rolle von Tabus in unserer heutigen Welt gibt es verschiedene Leserkommentare. Teilen Sie die vier Leserkommentare im Kurs so auf, dass jede Person nur einen der Texte liest. Lesen Sie zunächst die Aussagen (A–D) und dann den Text. Welche der Aussagen passt zu Ihrem Text?

A Diese Person begeht aus beruflichen Gründen häufiger Tabubrüche, da sie mit Familien aus verschiedenen Kulturkreisen zusammenarbeitet. Für sie sind diese Situationen nicht unangenehm, da sie mit ihren Mitmenschen offen darüber spricht. Diese Person empfindet Tabubrüche sogar als positiv, denn sie bieten eine Chance, andere Kulturen und Welten kennenzulernen.

B Diese Person hat einmal erlebt, wie eine andere Person einen Tabubruch begangen hat. Statt die andere Person in der Situation aufzuklären, hat diese Person geschwiegen. Das bereut sie heute. Nur durch ein offenes Gespräch könne man für die Verhaltensregeln anderer Kulturen Verständnis wecken, was dieser Person wichtig ist.

C Diese Person stellt kulturelle Tabus angesichts der Globalisierung generell infrage und hält sie für altmodisch. Sie betrachtet fremdes Verhalten grundsätzlich als Denkanstoß und wünscht sich einen freien Umgang mit Tabus, auch wenn das nicht überall möglich sei.

D Diese Person hat vor vielen Jahren einmal einen Tabubruch begangen, der ihr sehr leidgetan hat, da sie damit eine andere Person verärgert hat. Von der jungen Generation werde der unangenehme Vorfall von damals heute nicht mehr als Tabubruch wahrgenommen. Die Person fragt sich, wie sich Tabus im Laufe der Zeit wandeln.

Franz	Jonghyun	Leo	Maren

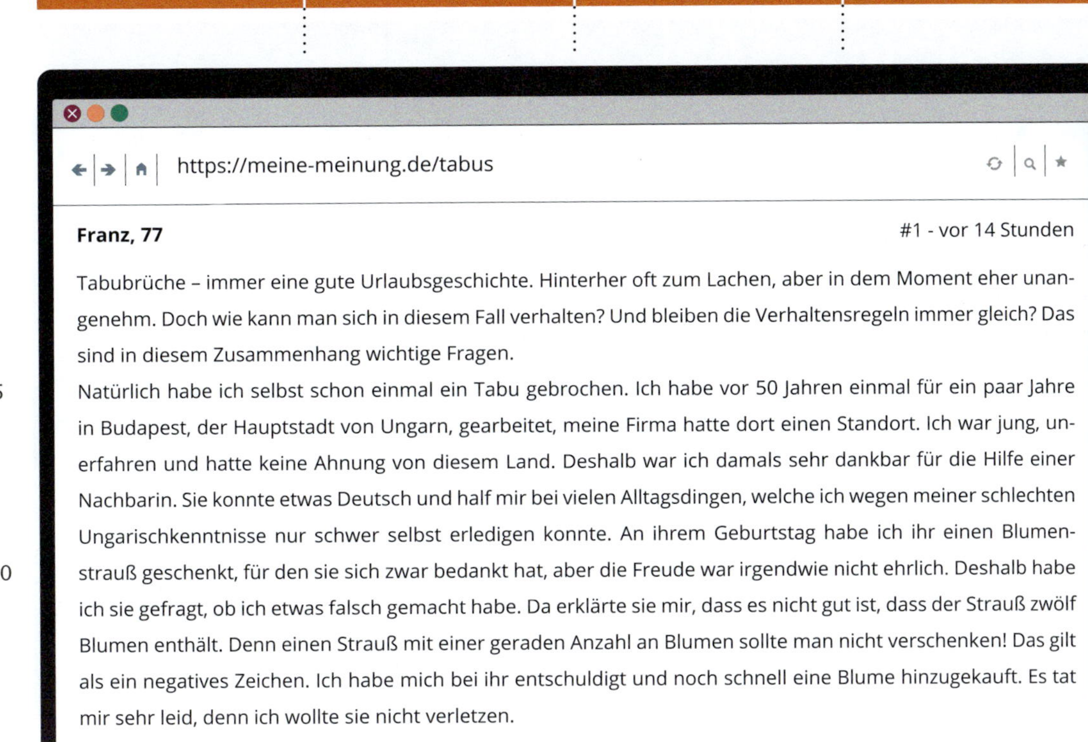

https://meine-meinung.de/tabus

Franz, 77 #1 - vor 14 Stunden

Tabubrüche – immer eine gute Urlaubsgeschichte. Hinterher oft zum Lachen, aber in dem Moment eher unangenehm. Doch wie kann man sich in diesem Fall verhalten? Und bleiben die Verhaltensregeln immer gleich? Das sind in diesem Zusammenhang wichtige Fragen.

Natürlich habe ich selbst schon einmal ein Tabu gebrochen. Ich habe vor 50 Jahren einmal für ein paar Jahre in Budapest, der Hauptstadt von Ungarn, gearbeitet, meine Firma hatte dort einen Standort. Ich war jung, unerfahren und hatte keine Ahnung von diesem Land. Deshalb war ich damals sehr dankbar für die Hilfe einer Nachbarin. Sie konnte etwas Deutsch und half mir bei vielen Alltagsdingen, welche ich wegen meiner schlechten Ungarischkenntnisse nur schwer selbst erledigen konnte. An ihrem Geburtstag habe ich ihr einen Blumenstrauß geschenkt, für den sie sich zwar bedankt hat, aber die Freude war irgendwie nicht ehrlich. Deshalb habe ich sie gefragt, ob ich etwas falsch gemacht habe. Da erklärte sie mir, dass es nicht gut ist, dass der Strauß zwölf Blumen enthält. Denn einen Strauß mit einer geraden Anzahl an Blumen sollte man nicht verschenken! Das gilt als ein negatives Zeichen. Ich habe mich bei ihr entschuldigt und noch schnell eine Blume hinzugekauft. Es tat mir sehr leid, denn ich wollte sie nicht verletzen.

Ein offenes Gespräch ist meiner Ansicht nach das Wichtigste, wenn man einen Tabubruch begeht – vorausgesetzt natürlich, dass man den Tabubruch bemerkt. Nur so **sind** Konflikte **lösbar**. Ich besuche meine ehemalige Nachbarin immer noch. Bei jedem Treffen lachen wir über diese alte Geschichte. Ihre Kinder können es kaum glauben, dass sie damals wirklich verärgert war. Heute ist das zwar schon noch eine Tradition in Ungarn, aber kein wirkliches Tabu. Ich finde sehr interessant, wie sich die Kulturen und ihre Verhaltensregeln im Laufe der Zeit wandeln. Ich bin nur nicht sicher, worin der Wandel besteht: Ändern sich die Tabus oder fallen nur Tabus weg, ohne dass neue hinzukommen?

Jonghyun, 44

#2 - vor 11 Stunden

Ein Tabu ist ein ungeschriebenes Gesetz eines Kulturkreises, das seinen Mitgliedern bestimmte Handlungen verbietet. Diese Worterklärung habe ich gelesen und ich finde sie auch passend. Trotzdem weiß ich natürlich, dass Tabubrüche nicht immer vermeidbar sind. Aber wie schlimm ist es, wenn man einen Tabubruch begeht? Ich habe einmal folgende Situation erlebt: Ein Kollege aus Deutschland, ein vornehmer älterer Herr, war auf Geschäftsreise in Südkorea und ich habe ihn zu mir nach Hause zum Essen eingeladen. Er war durch das andere Klima etwas erkältet und hatte Schnupfen. Wie es die Deutschen so machen, schnäuzte er immer wieder während des Essens in ein Taschentuch. Meine Familie war ziemlich geschockt und besonders meine Eltern ekelten sich. Das Schnäuzen **ist** in Südkorea fast **inakzeptabel** und **unerträglich** – ein absolutes Tabu. Doch anstatt über diesen kulturellen Unterschied offen zu sprechen, herrschte während des ganzen Essens betretenes Schweigen, weil ihn niemand bloßstellen wollte – ein typisch asiatisches Verhalten.
Heute denke ich, dass das falsch war. Ich hätte das aufklären sollen, nur so können wir mehr über andere Kulturen lernen. Ich denke, Tabus sind Verhaltensregeln und für das Zusammenleben schon wichtig. Ich halte mich an die Tabus meiner Kultur und erwarte es auch von den anderen. Wenn jemand sich nicht an die Regeln hält, fällt mir das auf. Aber zu wichtig sollte man Tabubrüche auch nicht nehmen, besonders nicht bei Ausländern – das geschieht ja oft unbewusst.

https://meine-meinung.de/tabus

Leo, 25

#3 - vor 10 Stunden

Heutzutage gehen viele junge Menschen zum Studieren oder zum Arbeiten ins Ausland, was Menschen unterschiedlicher Kulturkreise immer näher zusammenbringt und Teil der Globalisierung ist. Dies birgt immer auch die Gefahr, unbewusst Tabus des fremden Kulturkreises zu brechen. In diesem Kontext stellt sich die Frage, ob Tabus überhaupt noch zeitgemäß sind.
Die Kulturen werden sich immer ähnlicher, und Leute in meinem Alter sind offen, neugierig und überschreiten auch gerne mal eine Grenze. Ich finde es nicht taktlos, wenn jemand sich anders verhält, als ich es gewohnt bin, sondern ich finde das interessant. Ich frage nach und denke dann: „Aha, das ist ein anderer Denkansatz“. Dabei gibt es meiner Ansicht nach kein Richtig oder Falsch, sondern nur ein Verschieden. Manchmal habe ich nach einer Begegnung mit einer fremden Verhaltensweise mein bisheriges Verhalten reflektiert und es geändert. Ich sehe mich als Individuum, ich brauche keine Konventionen oder kulturellen Regeln. Ich tue das, was ich richtig finde. Doch anderes Verhalten kann ich problemlos tolerieren. „Leben und leben lassen“ und „Voneinander lernen“ – das sind meine Mottos. Mit dieser offenen Art habe ich bisher nur gute Erfahrungen gemacht. Natür-

lich ist dieser freie Umgang mit Tabus nicht überall möglich. Man sagt, dass beispielsweise in vielen asiatischen Ländern bestimmte Tabus einfach respektiert und eingehalten werden müssen. Kritik und Konfrontationen gelten in diesen Ländern zum Beispiel als Tabu und **sind** am besten **zu vermeiden**. Doch ich habe an der Uni, einem Ort der interkulturellen Begegnung, auch viel Offenheit erlebt. Und ich habe von chinesischen Kommilitonen Erklärungen bekommen, wenn ich mich über ein Verhalten gewundert habe und wissen wollte, was das bedeutete.

Also, meiner Meinung nach sind Tabus altmodisch und spielen eher in der älteren Generation noch eine Rolle. Ich hoffe auch, dass dieses Thema zukünftig nicht mehr so stark diskutiert wird. Oder bei der Diskussion nicht das Negative und die Verbote so stark im Vordergrund stehen, sondern eher die Chance, wie viel man voneinander lernen kann.

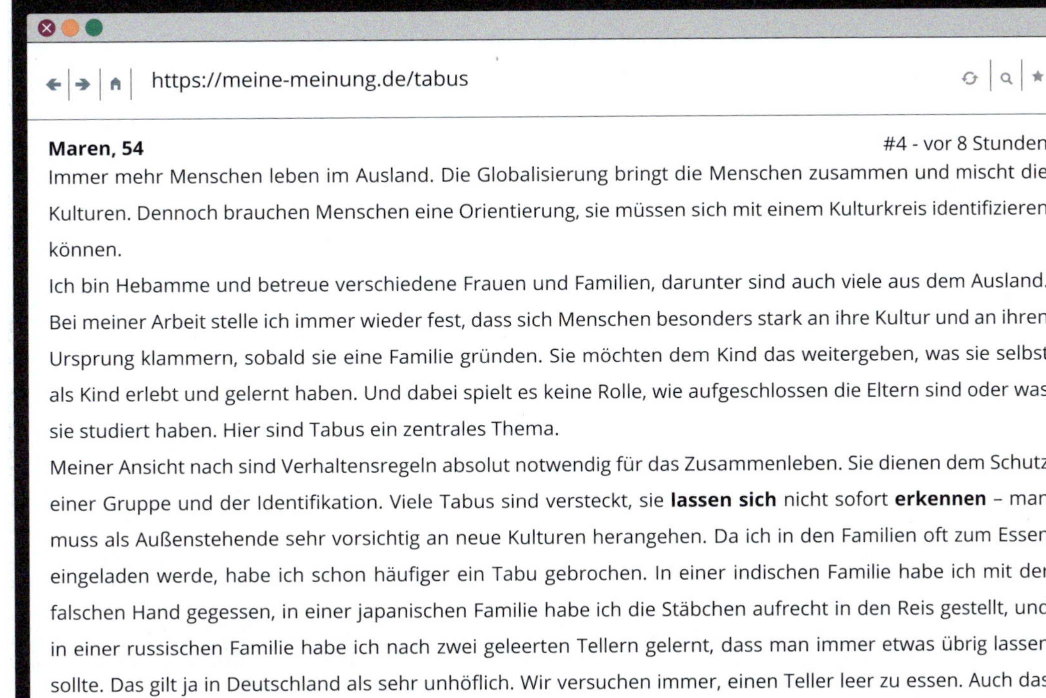

https://meine-meinung.de/tabus

Maren, 54 #4 - vor 8 Stunden

Immer mehr Menschen leben im Ausland. Die Globalisierung bringt die Menschen zusammen und mischt die Kulturen. Dennoch brauchen Menschen eine Orientierung, sie müssen sich mit einem Kulturkreis identifizieren können.

Ich bin Hebamme und betreue verschiedene Frauen und Familien, darunter sind auch viele aus dem Ausland. Bei meiner Arbeit stelle ich immer wieder fest, dass sich Menschen besonders stark an ihre Kultur und an ihren Ursprung klammern, sobald sie eine Familie gründen. Sie möchten dem Kind das weitergeben, was sie selbst als Kind erlebt und gelernt haben. Und dabei spielt es keine Rolle, wie aufgeschlossen die Eltern sind oder was sie studiert haben. Hier sind Tabus ein zentrales Thema.

Meiner Ansicht nach sind Verhaltensregeln absolut notwendig für das Zusammenleben. Sie dienen dem Schutz einer Gruppe und der Identifikation. Viele Tabus sind versteckt, sie **lassen sich** nicht sofort **erkennen** – man muss als Außenstehende sehr vorsichtig an neue Kulturen herangehen. Da ich in den Familien oft zum Essen eingeladen werde, habe ich schon häufiger ein Tabu gebrochen. In einer indischen Familie habe ich mit der falschen Hand gegessen, in einer japanischen Familie habe ich die Stäbchen aufrecht in den Reis gestellt, und in einer russischen Familie habe ich nach zwei geleerten Tellern gelernt, dass man immer etwas übrig lassen sollte. Das gilt ja in Deutschland als sehr unhöflich. Wir versuchen immer, einen Teller leer zu essen. Auch das laute Schlürfen einer Suppe zählt in Deutschland zu schlechtem Benehmen – wer in Japan, einem Land mit ganz anderer Esskultur, hingegen laut schlürft, lobt damit nur den Koch. Doch es waren nie unangenehme oder verletzende Situationen, da die Familien und ich immer offen darüber gesprochen haben.

Achtsamkeit und Toleranz sind bei interkulturellen Zusammentreffen wichtig. Diese Begegnungen und Erfahrungen empfinde ich als großes Geschenk und sie sind unbezahlbar. So reise ich um die ganze Welt! Ich wünschte, alle Menschen hätten diese Möglichkeit, denn so gäbe es mehr Verständnis anstatt Ablehnung und Verurteilung anderer Kulturen.

b) Lesen Sie die Regel und finden Sie in Ihrem Text aus a) die Apposition. In welchem Kasus steht sie?

*Bonn, **die ehemalige Hauptstadt der BRD,** ist immer noch der Sitz vieler Institutionen.*
*In der Schweiz, **einem kleinen Land in Mitteleuropa,** werden vier Sprachen gesprochen.*

Die **Apposition** ist ein Rechtsattribut, das aus einer Nomengruppe besteht und durch zwei Kommas vom Satz abgetrennt wird. Das zentrale Nomen der Apposition steht im selben Kasus wie das Bezugswort.

c) Lesen Sie Ihren Text erneut und markieren Sie die wichtigsten Kernaussagen. Bilden Sie dann Gruppen. In jeder Gruppe muss mindestens ein Vertreter / eine Vertreterin eines Textes sitzen. Fassen Sie in Ihrer Gruppe die wichtigsten Inhalte Ihres Lesetextes mündlich zusammen. Achten Sie bei Ihrer Zusammenfassung darauf, dass Sie nur die wichtigsten Punkte wiedergeben, dazu gehören:

- Meinung der Person zum Thema Tabus
- Erfahrungen der Person mit Tabus

d) Lesen Sie nun auch die restlichen drei Texte und bearbeiten Sie die Aufgaben. Richtig oder falsch? Kreuzen Sie an. Markieren Sie dabei die Stellen im Text, in denen Sie die Antworten auf die Fragen finden.

R	F	1	Die ungarische Nachbarin hat sich sehr über den Blumenstrauß gefreut.
R	F	2	Tabus verändern sich mit der Zeit.
R	F	3	Franz ist überzeugt, dass die Tabus im Laufe der Zeit wegfallen.
R	F	4	Jonghyun wünscht sich, dass seine Mitmenschen den Verhaltensregeln folgen.
R	F	5	Ein Tabubruch fällt Jonghyun besonders bei Ausländern auf.
R	F	6	Anderes, ungewohntes Verhalten bewertet Leo eher positiv als negativ.
R	F	7	Leo hofft, dass die Diskussionen über Tabus in Zukunft zunehmen.
R	F	8	Globalisierung arbeitet gegen Tabus, schreibt Maren.
R	F	9	Viele Eltern überlegen, ob sie alle Tabus aus ihrem Kulturkreis an ihr Kind vermitteln möchten.
R	F	10	Wenn die Menschen mehr reisen würden, hätten sie mehr Verständnis füreinander.

e) Schreiben Sie nun selbst zwei Aussagen wie in d) zu den Leserkommentaren. Sie können richtig oder falsch sein. Bilden Sie anschließend Gruppen. Lesen Sie Ihre Aussagen vor und die anderen Gruppenmitglieder sagen, ob die Aussagen richtig oder falsch sind. Arbeiten Sie bei der Begründung mit den Texten.

f) Arbeiten Sie zu zweit. Sprechen Sie über die folgenden Punkte oder beantworten Sie sie abwechselnd.

- Vergleichen Sie die Meinungen von Leo und Maren. Welcher Meinung stimmen Sie eher zu? Begründen Sie Ihre Meinung und nehmen Sie dabei auch Bezug auf bestimmte Textstellen.
- Welche Vor- und Nachteile haben Tabus? Beziehen Sie sich auf Beispiele aus den vier Texten.
- Wandeln sich Tabus in Ihrer Heimat? Denken Sie an die Generation Ihrer Großeltern: Welche Verhaltensregeln gab es damals, die es heute vielleicht nicht mehr gibt?
- Wie bewerten Sie den Wandel von Tabus? Beziehen Sie sich dabei auch auf den Text von Franz.
- Sollten sich Ihrer Ansicht nach alle an Tabus halten? Welche Vor- und Nachteile gibt es dabei? Nehmen Sie auch Bezug auf den Text von Jonghyun.
- Nach dem Gespräch: Welche Information Ihres Partners war neu für Sie? Welche Meinung Ihres Partners hat Sie überrascht? Welche Information fanden Sie besonders interessant? Warum?

SICH AUF EINEN TEXT BEZIEHEN

- *Obwohl der Text / der Autor sagt, dass ..., denke ich ...*
- *Der Text / Autor nennt bereits ..., aber ich möchte noch etwas ergänzen.*
- *Im Unterschied zum Text / Autor bin ich der Meinung, ...*
- *Das passt zu dem, was auch der Text / Autor sagt.*
- *... wie auch der Text / Autor sagt ...*
- *Ich möchte / muss dem Text / Autor widersprechen.*

4 PASSIVERSATZ

a) Welche Bedeutung haben die folgenden Sätze aus den Leserkommentaren aus Aufgabe 3? Kreuzen Sie an.

1 Nur so **sind** Konflikte **lösbar**. (Franz, Z. 16)

- **A** Konflikte können nur so gelöst werden.
- **B** Konflikte müssen so gelöst werden.
- **C** Konflikte werden so gelöst.

2 Das Schnäuzen **ist** in Südkorea fast **inakzeptabel** und **unerträglich**. (Jonghyun, Z. 9)

- **A** Das Schnäuzen akzeptiert man in Südkorea, damit man es ertragen kann.
- **B** Das Schnäuzen kann in Südkorea fast nicht akzeptiert und kaum ertragen werden.
- **C** Das Schnäuzen kann man in Südkorea nicht akzeptieren, aber man muss es ertragen.

3 Kritik und Konfrontationen **sind** am besten **zu vermeiden**. (Leo, Z. 16)

- **A** Kritik und Konfrontationen sind besser, als wenn man sie vermeidet.
- **B** Am besten sollten Kritik und Konfrontationen vermieden werden.
- **C** Die beste Kritik und die besten Konfrontationen müssen vermieden werden.

4 Viele Tabus **lassen sich** nicht sofort **erkennen**. (Maren, Z. 11)

- **A** Viele können Tabus nicht sofort erkennen.
- **B** Viele Tabus müssen später erkannt werden.
- **C** Viele Tabus können nicht sofort erkannt werden.

b) Ergänzen Sie mithilfe von Aufgabe a) die Modalverben in der passenden Form, ergänzen Sie *nicht*, wo nötig.

Passiversatzformen ersetzen das Passiv mit Modalverb. Sie stehen im Aktiv. Mögliche Formen sind:		
für Passiv mit Modalverb: ______		
sein + Verbstamm + *-bar**	*So **sind** Konflikte **lös<u>bar</u>**.*	*So ______ Konflikte gelöst werden.*
	*Das Geräusch **war <u>un</u>erträg<u>lich</u>**.*	*Das Geräusch ______ ertragen werden.*
	*Sein Verhalten **war <u>in</u>akzept<u>abel</u>**.*	*Sein Verhalten ______ akzeptiert werden.*
sich lassen + Infinitiv	*Tabus **lassen sich** schwer **erkennen**.*	*Tabus ______ schwer erkannt werden.*
für Passiv mit Modalverb: *können, müssen, sollen*		
sein + *zu*-Infinitiv	*Tabus **sind** schwer **zu erkennen**.*	*Tabus ______ schwer erkannt werden.*
	*Gesetze **sind einzuhalten**.*	*Gesetze ______ eingehalten werden.*
	*Kritik **ist zu vermeiden**.*	*Kritik* soll *vermieden werden.*

*meist *-bar*, manchmal *-lich*, wissenschaftssprachlich auch *-abel*, *-ibel*

sein + *zu* + Inf. mit Negation: *nicht können / nicht sollen / nicht dürfen*

c) Erklären Sie die unterstrichenen Adjektive mit einer Passivformulierung wie im Beispiel.

(1) Während der letzten Auslandsreise haben wir tolle Orte gesehen, die einfach unbeschreiblich sind. (2) Der Anblick des königlichen Palasts ist unvergesslich! (3) Er ist sogar aus dem Weltall sichtbar. (4) Aber es gab auch einige Schwierigkeiten mit der Kultur, die unvorhersehbar waren. (5) Einige Verhaltensweisen waren unverständlich.

1 ... tolle Orte, die einfach nicht beschrieben werden können

2 Der Anblick des königlichen Palasts

3 Er/Der Palast

4 ... Schwierigkeiten mit der Kultur,

5 Einige Verhaltensweisen

d) Formulieren Sie die Sätze mit *sich lassen* + Infinitiv.

1 Die Grammatik einer fremden Sprache kann relativ schnell gelernt werden.

2 Aber eine fremde Kultur kann nicht so einfach vermittelt werden.

3 Wenn man freundlich und höflich bleibt, können Auslandsaufenthalte trotzdem genossen werden.

4 Manche Regeln kann man auch in interkulturellen Ratgebern nachlesen.

5 Außerdem sollte man entspannt bleiben – man kann nicht alles im Leben planen.

e) Formulieren Sie die Sätze oder Teilsätze mit einem passenden Modalverb ins Passiv um. Manchmal sind mehrere Lösungen möglich.

1 Das Gespräch war nur schwer zu verstehen.

2 Vorsicht, der Pilz ist nicht zu essen. Er ist giftig.

3 Die Regeln sind nicht zu brechen, sonst gibt es Probleme.

4 Passwörter sind regelmäßig zu ändern.

5 Der Ausweis ist beim Check-in vorzuzeigen.

6 Das Problem ist unbedingt zu lösen.

f) Formulieren Sie die Sätze um. Bilden Sie möglichst viele unterschiedliche Sätze mit Aktiv + Modalverb, Passiv + Modalverb und/oder Passiversatzformen.

1 Der Makler kann das Haus nur schwer verkaufen.

(Passiv + Modalverb)

(Adjektiv auf *-lich*)

(*sich lassen* + Infinitiv)

(*sein* + *zu*-Infinitiv)

2 Das Visum kann nicht verlängert werden.

(Adjektiv auf *-bar*)

(*sich lassen* + Infinitiv)

(*sein* + *zu*-Infinitiv)

(Aktiv + Modalverb)

3 Man muss den Text verbessern.

4 Er wusste, dass sich das Material nicht zerstören ließ.

g) Arbeiten Sie zu zweit. Wählen Sie fünf Adjektive und bilden Sie Fragen damit. Lesen Sie die Fragen dann Ihrer Nachbargruppe vor und diese antwortet mit anderen Passiversatzformen oder Passiv mit Modalverb.

abrufbar erreichbar essbar irreparabel nachvollziehbar reparierbar unerklärlich unersetzlich unvermeidlich unverzichtbar verwendbar

■ *Ist deine Heimatstadt mit dem Flugzeug erreichbar?*

◆ *Ja, meine Heimatstadt kann mit dem Flugzeug erreicht werden. Ich wohne in der Hauptstadt. / Nein, meine Heimatstadt ist leider nicht mit dem Flugzeug zu erreichen. ...*

5 ARGUMENTATIV SCHREIBEN – EINLEITUNG

a) Bei dem folgenden Kommentar handelt es sich um einen argumentativen Text. Sprechen Sie im Kurs: Was zeichnet einen argumentativen Text aus? Wie ist ein solcher Text aufgebaut? Welche Beispiele für argumentative Texte fallen Ihnen ein?

b) Im folgenden Text fehlen die Absätze zwischen Einleitung, Hauptteil und Schluss. Markieren Sie diese im Text und vervollständigen Sie die Klammern in der linken Spalte.

Zu den argumentativen Textsorten zählen z. B. die **Stellungnahme** und die **Erörterung**. Während man in einer Stellungnahme die eigene Meinung darstellt und begründet, wird in einer Erörterung ein Thema von allen Seiten gesehen und behandelt, um zu einem Ergebnis zu kommen. Beide Textsorten sind argumentativ angelegt und zeigen einen ähnlichen Aufbau.

Einleitung

Hauptteil

Schluss

Heutzutage gehen viele junge Menschen zum Studieren oder zum Arbeiten ins Ausland, was Menschen unterschiedlicher Kulturkreise immer näher zusammenbringt und Teil der Globalisierung ist. Dies birgt die Gefahr, unbewusst Tabus des fremden Kulturkreises zu brechen. In diesem Kontext stellt sich die Frage, ob Tabus überhaupt noch zeitgemäß sind. Die Kulturen werden sich immer ähnlicher, und Leute in meinem Alter sind offen, neugierig und überschreiten auch gerne mal eine Grenze. Ich finde es nicht taktlos, wenn jemand sich anders verhält, als ich es gewohnt bin, sondern ich finde das interessant. Ich frage nach und denke dann: „Aha, das ist ein anderer Denkansatz". Dabei gibt es meiner Ansicht nach kein Richtig oder Falsch, sondern nur ein Verschieden. Manchmal habe ich nach einer Begegnung mit einer fremden Verhaltensweise mein bisheriges Verhalten reflektiert und es geändert. Ich sehe mich als Individuum, ich brauche keine Konventionen oder kulturellen Regeln. Ich tue das, was ich richtig finde. Doch anderes Verhalten kann ich problemlos tolerieren. „Leben und leben lassen" und „Voneinander lernen" – das sind meine Mottos. Mit dieser offenen Art habe ich bisher nur gute Erfahrungen gemacht. Natürlich ist dieser freie Umgang mit Tabus nicht überall möglich. Man sagt, dass beispielsweise in vielen asiatischen Ländern bestimmte Tabus einfach respektiert und eingehalten werden müssen. Kritik und Konfrontationen gelten in diesen Ländern zum Beispiel als Tabu und sind am besten zu vermeiden. Doch ich habe an der Uni, einem Ort der interkulturellen Begegnung, auch viel Offenheit erlebt, und ich habe von chinesischen Kommilitonen Erklärungen bekommen, wenn ich mich über ein Verhalten gewundert habe und wissen wollte, was das bedeutete. Also, meiner Meinung nach sind Tabus altmodisch und spielen eher in der älteren Generation noch eine Rolle. Ich hoffe auch, dass dieses Thema zukünftig nicht mehr so stark diskutiert wird. Oder bei der Diskussion nicht das Negative, die Verbote, so stark im Vordergrund stehen, sondern eher die Chance, wie viel man voneinander lernen kann.

c) Lesen Sie die Informationen zur Einleitung eines argumentativen Textes und vergleichen Sie sie mit Leos Text aus Aufgabe b). Hat Leo die Tipps befolgt? Was hat Leo in seinem allgemeinen Einleitungssatz geschrieben? Welche Redemittel hat er verwendet?

Einleitung eines argumentativen Textes
Die Bestandteile der Einleitung sind:
- allgemeiner Einleitungssatz
- Thema
- zentrale Frage oder These

Die Einleitung nimmt den Leser an die Hand und führt ihn an das Thema heran. Am Ende der Einleitung steht die zentrale Frage oder These, die Sie in dem Text behandeln möchten. Bei der Formulierung der zentralen Frage oder These sollte man sich Folgendes überlegen:
→ Wozu schreibt man den Text überhaupt?
→ Was ist der Fokus des Textes bzw. der Aufgabenstellung?
Die zentrale Frage wird offen formuliert, häufig als indirekte Frage (... *die Frage, ob / wann / warum* ...).

Der **allgemeine Einleitungssatz** kann eine aktuelle **Situation** oder **Entwicklung** beschreiben. Er bleibt generell bzw. allgemein, um langsam heranzuführen (z. B. *Es gibt* ..., *Immer mehr Menschen* ...). Manchmal können die ersten beiden Punkte – allgemeiner Einleitungssatz und Thema – auch in einem Satz zusammengefasst werden. Zwei bis drei Sätze können also für die Einleitung schon genug sein. Es ist wichtig, die Einleitung allgemein zu halten und noch keine konkreten Details zu nennen.

EINLEITUNG EINES ARGUMENTATIVEN TEXTES

allgemeiner Einleitungssatz
- *Es gibt ...*
- *Viele Menschen ...*
- *Immer mehr Menschen ...*
- *Heutzutage ...*
- *In letzter Zeit ...*

zentrale Frage
- *In diesem Zusammenhang stellt sich die Frage, ...*
- *In diesem Kontext stellt sich die Frage, ...*
- *..., ist in diesem Zusammenhang / Kontext eine wichtige Frage.*
- *Hier* stellt sich die Frage, ...*
- *Deshalb* stellt sich die Frage, ...*

*Achten Sie darauf, dass die Formulierung, die Sie verwenden, zu den Sätzen davor passt. Nicht immer passen *deshalb* und *hier*.

d) Lesen Sie die Aufgabenstellung für eine Stellungnahme und verschiedene Einleitungen dazu. Entscheiden Sie, welche Einleitung am besten ist. Begründen Sie Ihre Wahl mit den Tipps aus c).

Deutschland ist ein Zuwanderungsland. Mit der Flüchtlingsbewegung 2015/2016 musste das Land neue Maßnahmen ergreifen, damit eine Integration gelingen kann. Wie ist der Erfolg dieser Maßnahmen?

Schreiben Sie eine Stellungnahme zum Thema Integration. Bearbeiten Sie dabei folgende Punkte:
- Was bedeutet Integration für Sie persönlich?
- Erläutern Sie Maßnahmen, die Sie für eine Integration sinnvoll finden.
- Ist die Integration in Deutschland gelungen?

A In den letzten Jahren gab es in Deutschland viele Zuwanderer. Hier stellt sich die Frage, ob sie erfolgreich integriert werden konnten. Ich persönlich kann diese Frage mit ja beantworten.

B Viele Menschen wollen oder müssen in ein anderes Land ziehen und Deutschland ist ein attraktives Ziel. Die Regierung hat bereits Maßnahmen ergriffen, um Zuwanderer zu integrieren. In diesem Zusammenhang stellt sich die Frage, ob die Integration auch erfolgreich ist.

C Es gibt in Deutschland viele Zuwanderer. Für ein gutes Zusammenleben muss die Integration funktionieren. Das ist das Thema dieses Textes.

e) Schreiben Sie einen eigenen Text. Achten Sie dabei auf eine klare Gliederung und eine gute Einleitung.

Jeder Kulturkreis hat Regeln, die bestimmte Handlungen verbieten, sogenannte Tabus. Doch diese Tabus sind weder schriftlich fixiert, noch bleiben sie immer gleich. Ganz im Gegenteil: Sie verändern sich ständig. Interessant dabei ist, wie diese Veränderung aussieht.

Schreiben Sie einen argumentativen Text zum Thema *Tabus im Wandel*. Bearbeiten Sie folgende Punkte:

- die Bedeutung von Tabus heutzutage
- die Veränderung der Tabus
- Beispiele aus Ihrer Heimat

6 KOMMUNIKATIONSFORMEN

a) Sehen Sie sich die Bilder an. Was sind die Unterschiede zwischen einem direkten, persönlichen Gespräch und der digitalen Kommunikation? Sprechen Sie über Vor- und Nachteile der Kommunikationsformen.

1

2

3

4

5

6

b) Lesen Sie zunächst die Tipps. Lesen Sie dann den Text global (5 Minuten)* und fassen Sie zusammen, worum es im Text geht. Beschreiben Sie das Thema des Textes in einem Satz.

In dem Text geht es um

*Fahren Sie mit einem Stift die Zeilen entlang, ohne zu stoppen, und lesen Sie mit. Denken Sie nicht über unbekannte Wörter nach!

Tipps zum globalen Verstehen

Beim **globalen Lesen** wird ein Text **schnell** gelesen, ohne sich auf die Details zu konzentrieren. Ziel ist, das **Gesamtthema** und die grobe **Textstruktur (Themen der Abschnitte)** zu erkennen. Dazu sollte man:

- die Überschrift lesen
- Zwischenüberschriften lesen, wenn vorhanden
- den Text nur überfliegen, d. h. grob lesen
- sich bei den Abschnitten auf den ersten und letzten Satz konzentrieren
- auf Schlüsselwörter achten (Schlüsselwörter kommen häufig mehrfach vor, auch als Synonyme oder Umschreibungen.)

Tipps zum **globalen Hören**, das ganz ähnlich funktioniert, finden Sie weiter hinten in diesem Kapitel.

DIE EINEN SAGEN (ES) SO, DIE ANDEREN SO

Nutzen von Kommunikation

Was ist eigentlich Kommunikation? Wozu kommunizieren wir? Und wie? Wir plaudern in der Pause über die Arbeit, das Wetter, die Familie oder wir bitten unseren Gesprächspartner, uns einen Euro für den Getränkeautomaten zu leihen. Wir diskutieren über Nachrichten, wir planen im Team Projekte, wir bewerben uns um eine Stelle oder einen Studienplatz. Wir gratulieren der Mutter zum Geburtstag; wir trösten[1] Freunde, denen Schlimmes passiert ist. Diese Aufzählung ließe sich endlos fortsetzen. Kommunikation ist so vielfältig, wie es Interessen der Gesprächspartner und Ereignisse in der realen und irrealen Welt gibt. Aber man könnte zunächst zwei wesentliche[2] Funktionen von Kommunikation unterscheiden: die Übermittlung[3] von Information einerseits und eine soziale Funktion andererseits: Unsere Gesprächspartner sollen etwas tun oder – sofern möglich – einen bestimmten Gefühlszustand erreichen.

Wie wird kommuniziert?

Vielfältig sind auch die Wege bzw. Mittel der Kommunikation: Man sitzt sich gegenüber und unterhält sich, man ruft jemanden an, man schickt Briefe oder Postkarten – das sind die analogen[4] Wege der Kommunikation. Heute sind natürlich andere Medien hinzugekommen, man kommuniziert digital: Es werden E-Mails geschrieben, Chat-Gruppen gebildet, in sozialen Netzwerken und Kurznachrichtendiensten Mitteilungen gepostet und kommentiert und Online-Nachrichten geteilt. Und ist nicht auch das Hochladen eines Fotos beim Onlinedienst der Wahl eine Art der Kommunikation? Tatsache aber ist: Durch die neuen Medien ist Kommunikation komplexer und vielseitiger geworden.

Falschmeldungen – nicht alles glauben!

Die Möglichkeiten, sich mit Informationen zu versorgen, sind im digitalen Zeitalter so groß wie noch nie, was ein großer Vorteil für eine Wissensgesellschaft[5] ist. Allerdings erweisen sich[6] zahlreiche Informationsquellen immer wieder als nicht vertrauenswürdig[7]. Manches, was im Internet veröffentlicht wird, ist unvollständig, manipuliert oder nicht bewiesen. Behauptungen (und manchmal sogar Lügen) werden als Fakten präsentiert. Das betrifft nicht nur veröffentlichte Texte, sondern auch ins Netz gestellte Fotos und Videos. Da fällt es vielen Internetnutzern schwer, nicht den Überblick zu verlieren[8].

Online: nicht immer ein Zeitgewinn

Oft wird als großer Vorteil der digitalen Medien die Geschwindigkeit genannt. Kommunikation erfolge heute viel schneller als früher, da man wichtige Rückmeldungen oder Antworten auf Fragen oft in kurzer Zeit erhalte. Und sicherlich stimmt das auch in bestimmten Bereichen, sodass heutzutage die digitale Kommunikation insbesondere in der Arbeitswelt bevorzugt wird. Man muss heute nicht mehr tagelang auf einen Brief vom Amt warten; vieles lässt sich online erledigen. Manches Problem, das in mehreren E-Mails diskutiert wurde, hätte sich jedoch oft auch durch ein fünfminütiges Telefonat lösen lassen. Auch Videokonferenzen sind oft zeitaufwendiger[9] als ein altmodisches Meeting im Konferenz-

[1]jmdn. trösten = Leid oder Traurigkeit verringern, für jmdn. da sein
[2]wesentlich = sehr wichtig, bedeutend
[3]die Übermittlung, -en = der Transfer
[4]analog = ↔ digital
[5]die Wissensgesellschaft = Gesellschaft, in der Informationen und Bildung eine zentrale Rolle spielen
[6]sich erweisen als = sich zeigen, sich herausstellen als
[7]vertrauenswürdig = man kann ihnen vertrauen
[8]den Überblick verlieren = die Zusammenhänge nicht mehr sehen
[9]zeitaufwendig = man braucht viel Zeit für eine Sache

saal; langsames Internet und andere technische Probleme ziehen solche Veranstaltungen oft in die Länge. Der Aussage, dass das Internet bzw. digitale Medien die Kommunikation beschleunigt hätten, kann also nur zum Teil zugestimmt werden. Und fraglich bleibt, ob durch eine beschleunigte Kommunikation auch der Arbeitsprozess selbst schneller erledigt wurde. Sicher aber ist, dass innerhalb derselben Zeit heute viel mehr Informationen zu uns gelangen als vor der digitalen Revolution.

Nachteile gegenüber dem persönlichen Gespräch

Da ein Informationsaustausch und sprachliches Handeln wie jemanden um etwas bitten oder zu etwas auffordern auf digitalem Wege in der Regel schriftlich erfolgen, darf man eines nie vergessen: Man kommuniziert über Zeichen: mit Buchstaben und – vor allem in Online-Kontaktnetzwerken – mit Emoticons. In einem persönlichen Gespräch merken wir sofort, ob der Gesprächspartner ruhig, aufgeregt oder verärgert ist. Die Stimme, die Gestik, die Mimik geben wichtige Hinweise auf die Stimmung. Auch ironische oder scherzhafte Kommentare verstehen wir meistens sofort. Und Missverständnisse lassen sich durch direkte Nachfragen klären, was natürlich nicht heißt, dass jedes persönliche Gespräch in bester Stimmung erfolgt. All das fehlt in der schriftlichen Kommunikation und lässt sich durch zwinkernde Smileys nur unzureichend ersetzen. Unbedachte oder ironisch gemeinte Formulierungen können sowohl auf virtuellen Gemeinschaftsportalen als auch im Mailverkehr mit Kollegen zu wütenden Protesten führen, die man gar nicht beabsichtigt hat. Digitale Medien sind also sehr schöne Werkzeuge, welche die Kommunikation vielfältiger, umfassender und sicher interessanter gemacht haben. Diese Werkzeuge müssen jedoch klug eingesetzt werden.

c) Welche der Aussagen passt am ehesten zum Text? Kreuzen Sie an.

- ☐ Durch digitale Medien kann man schneller, effektiver und genauer kommunizieren als in der analogen persönlichen Kommunikation.
- ☐ Digitale Medien erweitern die Kommunikationsmöglichkeiten, ersetzen aber nicht die analoge persönliche Kommunikation.

d) Lesen Sie den Text nun genauer und kreuzen Sie an. Welche Aussage passt?

1 Man kommuniziert, ...

A indem man seinen Gesprächspartnern alle wesentlichen Informationen mitteilt.
B um Informationen auszutauschen und Menschen zu Handlungen zu bewegen.
C auch wenn man manches nur schlecht mit Worten ausdrücken kann.

2 Durch die Digitalisierung ...

A ist Kommunikation heute abwechslungsreicher, aber auch komplizierter als früher.
B sind analoge Kommunikationsformen weitgehend verschwunden.
C wird die Kommunikation wesentlich vereinfacht.

3 Durch die große Menge an Informationsquellen ...

A trauen heute die Menschen einander weniger als früher.
B werden viele Nachrichten nicht mehr als wahr erkannt.
C ist es schwierig, wahre von falschen Mitteilungen zu unterscheiden.

4 Digitale Kommunikationsformen werden heute überwiegend genutzt, ...

- **A** sodass sich viele Arbeitsabläufe beschleunigt haben.
- **B** dennoch sind klassische Wege der Verständigung manchmal effektiver.
- **C** weil sie in der Regel zuverlässiger sind als analoge Verständigungsformen.

5 Das persönliche Gespräch hat den entscheidenden Vorteil, dass ...

- **A** schriftliche Unterlagen nicht notwendig sind.
- **B** durch die Körpersprache zum Verständnis wichtige Hinweise übermittelt werden.
- **C** Ironie oder Scherze die Unterhaltung nicht negativ beeinflussen können.

e) Lesen Sie die Sätze 1–6 sowie die Umschreibungen A–D, die den gleichen Inhalt ausdrücken. Welcher Satz passt zu welcher Umschreibung? Für zwei Sätze gibt es keine Umschreibung. Schreiben Sie diese selbst.

1 Allerdings erweisen sich zahlreiche Informationsquellen immer wieder als nicht vertrauenswürdig.
2 Da fällt es vielen Internetnutzern schwer, nicht den Überblick zu verlieren.
3 Kommunikation erfolge heute viel schneller als früher, da man wichtige Rückmeldungen oder Antworten auf Fragen oft in kurzer Zeit erhalte.
4 Manches Problem, das in mehreren E-Mails diskutiert wurde, hätte sich jedoch oft auch durch ein fünfminütiges Telefonat lösen lassen.
5 ... langsames Internet und andere technische Probleme ziehen solche Veranstaltungen oft in die Länge.
6 Der Aussage, dass das Internet bzw. digitale Medien die Kommunikation beschleunigt hätten, kann also nur zum Teil zugestimmt werden.

A Dass man über das Internet bzw. digitale Medien schneller kommunizieren kann, stimmt nicht immer.
B Allerdings stellt man immer wieder fest, dass man vielen Informationsquellen nicht glauben sollte.
C Videokonferenzen dauern oft länger, weil das Internet langsam ist oder weil es andere technische Probleme gibt.
D Manchmal kann man ein Problem schneller lösen, wenn man nicht E-Mails schreibt, sondern fünf Minuten telefoniert.

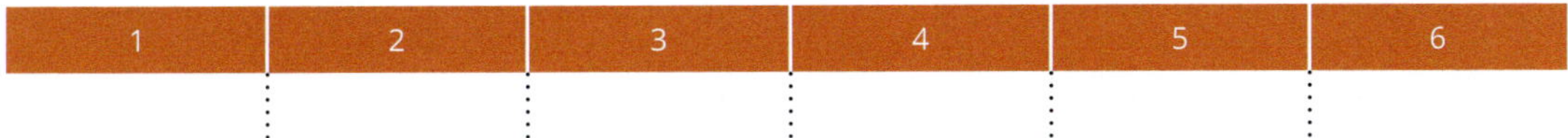

1	2	3	4	5	6

7 ATTRIBUTE

a) Lesen Sie die beiden Texte und vergleichen Sie. Was ist der Unterschied? Sprechen Sie im Kurs.

Text 1

Ist nicht auch das Hochladen eine Art? Tatsache ist: Durch die Medien ist Kommunikation komplexer geworden. Die Möglichkeiten sind im Zeitalter so groß wie noch nie, was ein Vorteil für eine Wissensgesellschaft ist. Allerdings erweisen sich Informationsquellen immer wieder als nicht vertrauenswürdig. Manches ist unvollständig, manipuliert oder nicht bewiesen. Behauptungen (und manchmal sogar Lügen) werden als Fakten präsentiert. Das betrifft nicht nur Texte, sondern auch Fotos und Videos.

Text 2

Ist nicht auch das Hochladen eines Fotos eine Art der Kommunikation? Tatsache ist: Durch die neuen Medien ist Kommunikation komplexer geworden. Die Möglichkeiten, sich mit Informationen zu versorgen, sind im digitalen Zeitalter so groß wie noch nie, was ein großer Vorteil für eine Wissensgesellschaft ist. Allerdings erweisen sich zahlreiche Informationsquellen immer wieder als nicht vertrauenswürdig. Manches, was im Internet veröffentlicht wird, ist unvollständig, manipuliert oder nicht bewiesen. Behauptungen (und manchmal sogar Lügen) werden als Fakten präsentiert. Das betrifft nicht nur veröffentlichte Texte, sondern auch ins Netz gestellte Fotos und Videos.

b) Ergänzen Sie die Attribute aus Text 2. Markieren Sie dann alle weiteren Attribute im Text.

Bezugswort mit Attribut	Attributart
das Hochladen ______	Genitiv
die ______ Medien	Adjektiv
die Möglichkeiten, ______	Infinitivsatz
Manches, ______	Relativsatz
______ Texte	Partizip als Adjektiv (Partizip II)

c) Ergänzen Sie die Übersicht der Links- und Rechtsattribute mit den vorgegebenen Wörtern.

Adjektivattribut | Adverbialattribut | Apposition | *dass*-Satz | Genitivattribut (2x) | indirekter Fragesatz | Infinitivsatz | Partizipialattribut (2x) | Präpositionalattribut | Relativsatz

Linksattribute	*die **lange** E-Mail*	______
	*die **eingehende** E-Mail*	______ (Partizip I)
	*die **geschriebene** E-Mail*	______ (Partizip II)
	*die **zu beantwortende** E-Mail*	Partizipialattribut (mehr zum modalen Partizip in Kapitel 31)
	***Annas** E-Mail*	______ (bei Eigennamen vorangestellt)
Rechtsattribute	*der Wunsch **meiner Kollegen***	______
	*Das Telefonat **morgen** dauert eine Stunde.*	______
	*Das Telefonat **mit meiner Kollegin** dauert eine Stunde.*	______
	*Ich telefoniere oft mit Frau Müller, **der neuen Kollegin,** wenn ich ...*	______
	*Das Telefonat, **das eine Stunde dauerte,** war sehr erfolgreich.*	______
	*Der Wunsch, **dass wir täglich telefonieren,** ist verständlich.*	______ *
	*Der Wunsch, **schneller zu kommunizieren,** ist weit verbreitet.*	______ *
	*Die Frage, **ob das Telefonat geklappt hat,** konnte sie bejahen.*	______ *

**dass*-Sätze, Infinitivsätze und indirekte Fragen sind als Attribut nicht zu jedem Nomen möglich.
~~*der Tisch, dass wir sprechen*~~

d) Suchen Sie zu zweit im folgenden Textabschnitt nach Attributen. Markieren Sie Artikel, Bezugswort und Attribut wie im Beispiel und notieren Sie, um welche Art von Attribut es sich handelt.

Adjektivattribut Adjektivattribut

Oft wird als großer Vorteil der digitalen Medien die Geschwindigkeit genannt. Kommunikation

Genitivattribut

erfolge heute viel schneller als früher, da man wichtige Rückmeldungen oder Antworten auf Fragen oft in kurzer Zeit erhalte. Man muss heute nicht mehr tagelang auf einen Brief vom Amt warten; vieles lässt sich online erledigen. Manches Problem, das in mehreren E-Mails diskutiert wurde, hätte sich jedoch oft auch durch ein fünfminütiges Telefonat lösen lassen. Der Aussage, dass das Internet bzw. digitale Medien die Kommunikation beschleunigt hätten, kann aber nur zum Teil zugestimmt werden.

e) Verlängern Sie die Sätze mit Attributen wie im Beispiel. Beachten Sie dabei die Regel zur Anordnung der Attribute. Wer hat die meisten verschiedenen Attribute in einem sinnvollen Satz?

1 Die Präsentation war sehr interessant.

→ Die Präsentation der Studentin zum Thema Kommunikation, die 10 Minuten gedauert hat, war sehr interessant.

2 Der Mann schreibt seinem Chef eine E-Mail.

→

3 Bei dem Versuch verletzte sich der Sportler schwer.

→

4 Studenten interessieren sich für die Möglichkeit.

→

Bei der **Anordnung der Rechtsattribute** gilt in der Regel diese Reihenfolge:
1. Bezugswort – 2. Genitivattribut – 3. Präpositionalattribut – am Ende: Attributsatz.

8 MEINUNGEN ZUM THEMA KOMMUNIKATION

Arbeiten Sie zu zweit oder in Kleingruppen. Diskutieren Sie die folgenden Aussagen. Was ist mit der Aussage gemeint? Stimmen Sie der Aussage zu oder lehnen Sie sie ab? Bringen Sie auch Beispiele oder eigene Erfahrungen in die Diskussion ein.

1 Heutzutage ist es kein Problem, viele Informationen zu bekommen. Aber die richtigen von den falschen und die wichtigen von den unwichtigen zu unterscheiden, das ist schwierig.
2 Je mehr Zeit man mit digitalen Medien verbringt, desto schlechter wird man in der analogen Kommunikation.
3 Eine erfolgreiche Kommunikation kann nur gelingen, wenn man seinen Gesprächspartner sieht oder zumindest weiß, wie er aussieht.
4 Es nervt, dass erwartet wird, dass man sofort auf eine Nachricht reagiert.
5 Die Anonymität bei der Kommunikation im Internet hat mehr Vor- als Nachteile.
6 Der Körper sagt mehr als 1 000 Worte.

EIGENE MEINUNG ÄUßERN, AUF MEINUNGEN REAGIEREN

- *Meiner Meinung / Ansicht nach ...*
- *Ich bin davon überzeugt, dass ...*
- *Das sehe ich genauso, denn ...*
- *Das sehe ich etwas / ganz / völlig anders, weil ...*
- *Dem stimme ich (nicht) zu, weil ...*
- *Ich denke, man kann das (nicht) so sehen, denn ...*
- *Meiner Meinung nach ist das nicht / absolut wahr, denn ...*
- *Der Meinung bin ich auch, aber ...*
- *Der Aussage kann ich überhaupt nicht / völlig zustimmen, weil ...*
- *Ich bin da geteilter Meinung. Auf der einen Seite ..., auf der anderen Seite ...*
- *Ich finde, dass man zwar einerseits ..., andererseits sollte man auch beachten, dass ...*
- *Meiner Erfahrung nach ... / Ich habe die Erfahrung gemacht, dass ...*

9 MAN KANN NICHT NICHT KOMMUNIZIEREN

a) Hören Sie ein Referat. Hören Sie es einmal global. Was ist das Thema? Über welche Punkte spricht die Rednerin? Ergänzen Sie die Gliederung des Referats.

Einleitung

- Thema: ______

Hauptteil

- Teil 1: ______
- Teil 2: ______

a ______ d ______

b ______ e ______

c ______

- Teil 3: ______

Schluss

Tipps zum globalen Verstehen

Beim **globalen Hören** wird (wie beim globalen Lesen) ein Text einmal komplett gehört, ohne dass man sich auf die Details konzentriert. Ziel ist, das **Gesamtthema** und die grobe **Textstruktur** (Themen der Abschnitte) zu erkennen. Dabei helfen diese **Signalwörter**, die die Gliederung des Textes anzeigen:

Thema:
- *das Thema ist …*
- *in dem Vortrag / Referat geht es um …*
- *der Vortag / das Referat handelt von …*

Aufzählung:
- *erstens …, zweitens …, drittens …*
- *zunächst*
- *anschließend, dann, danach*
- *zuletzt, schließlich*

Überleitungen:
- *nachdem ich …, möchte ich nun …*
- *ein weiterer Punkt / ein weiteres Beispiel*
- *als Nächstes*
- *nun komme ich zu …*
- *außerdem, darüber hinaus, nicht zuletzt*

Gegensätze:
- *zum einen … zum anderen*
- *einerseits … andererseits*
- *auf der einen Seite … auf der anderen Seite*

Beim **globalen Hören** sollte man außerdem achten auf:
- Kontext
- Schlüsselwörter
- Sprechersituation (Wer spricht? Warum? Wie?)

b) Was ist das Gegenteil? Ordnen Sie die Wörter zu Gegensatzpaaren.

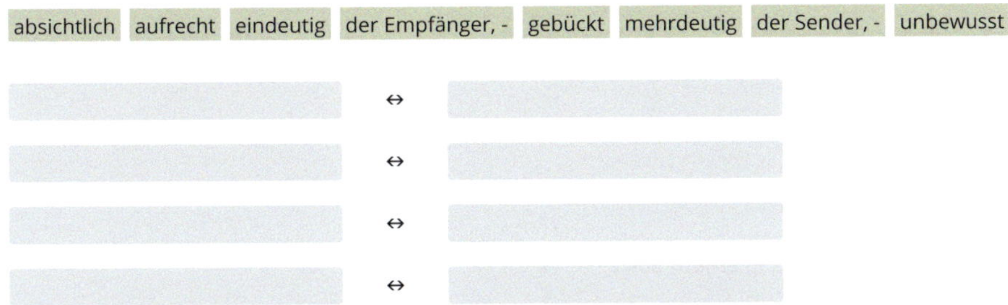

absichtlich | aufrecht | eindeutig | der Empfänger, - | gebückt | mehrdeutig | der Sender, - | unbewusst

	↔	
	↔	
	↔	
	↔	

c) Ordnen Sie die Ausdrücke den Bildern zu. Sprechen Sie dann zu zweit darüber, welche Bedeutung diese Ausdrücke bei der nonverbalen Kommunikation haben. Nutzen Sie Ihr Vorwissen sowie Informationen, die Sie beim ersten Hören schon verstanden haben.

1

2

3

4

5

6

A die Beine übereinanderschlagen
B genervt mit den Augen rollen
C die Stirn in Falten legen
D verschämt zu Boden blicken
E die Arme verschränken
F sich vornehm zurückhalten

1	2	3	4	5	6

*etw. antizipieren = etwas, was erst später folgt, vorher schon vermuten

So können Sie auch in Prüfungen vorgehen: Markieren Sie in der Aufgabenstellung alle Schlüsselwörter.

d) Lesen Sie nun die Aufgaben zum Hörtext. Markieren Sie die Schlüsselwörter. Vergleichen Sie anschließend die Markierungen zu zweit und antizipieren* Sie gemeinsam mögliche Lösungen. Nutzen Sie dafür Ihr Vorwissen.

1 Richtig oder falsch? Kreuzen Sie an.

R	F	1	*nonverbal* ist ein lateinisches Wort.
R	F	2	*nonverbal* bedeutet ohne Verben.
R	F	3	Ein Großteil der Kommunikation verläuft nonverbal.

2 Wie kann man folgende Dinge nonverbal ausdrücken? Ergänzen Sie Stichworte.

Zweifel →

Freundlichkeit →

Schüchternheit →

Langeweile →

3 Welche Bedeutungen hat der Daumen, der nach oben zeigt? Ergänzen Sie Stichworte.

-
-

4 Was gehört zur Körperhaltung?

-
-
-

5 Erklären Sie den Fachbegriff *Habitus* in einem Satz.

6 Welche Aussage ist richtig? Kreuzen Sie an.

1 Die Sprecherin ...

A möchte von ihren Zuhörern ernst genommen werden.

B trägt in ihrer Freizeit Flipflops und Bademantel.

C findet, dass Flipflops auch seriös wirken können.

2 Den Habitus ...

A kann man nicht bewusst beeinflussen.

B beeinflusst man durch Haare, Kleider und Ernährung.

C beeinflusst man nicht durch sein Auto und die Handymarke.

7 Richtig oder falsch? Kreuzen Sie an.

R	F	1	Nonverbale Kommunikation verläuft immer unbewusst ohne die Absicht, zu kommunizieren.
R	F	2	Durch nonverbale Zeichen wie das Verschränken der Arme kann man unbewusst Schwäche zeigen.
R	F	3	Körpersprache wird auch zur Manipulation der Wahrnehmung des Empfängers eingesetzt.
R	F	4	Von Mehrdeutigkeit ist vor allem die verbale Kommunikation betroffen.
R	F	5	Ein Lächeln kann verschiedene Dinge ausdrücken, z. B. Freundlichkeit oder Verlegenheit.
R	F	6	Die Wahrnehmung nonverbaler Zeichen wird durch Kultur, Geschlecht und sozialen Status beeinflusst.

e) Hören Sie das Referat noch einmal und bearbeiten Sie die Aufgaben unter d).

Glossar zum Hörtext
- stumm = hier: still, man sagt nichts
- die Botschaft, -en = eine Nachricht
- das Erscheinungsbild, -er = der Eindruck auf andere
- etw. verraten = jmdm. etw. sagen, was eigentlich geheim war
- etw. interpretieren = einer Sache eine bestimmte Bedeutung geben

f) Im Text wurde *anhalten* als Beispiel für ein mehrdeutiges Wort genutzt. Welche Bedeutungen kann das Wort haben? Nutzen Sie Ihr einsprachiges Wörterbuch. Kennen Sie weitere Beispiele für Wörter, die mehrere Bedeutungen haben?

Bedeutungen von *anhalten*:

Wörter mit mehreren Bedeutungen:

10 OHNE WORTE VERSTEHEN

a) Beschreiben Sie das Foto. Was machen die Personen mit ihren Händen, wie ist ihre Körperhaltung, wie ist ihr Gesichtsausdruck? Was sagt ihre Körpersprache über ihre Gefühle aus? Schreiben Sie einen Text.

Diskutieren Sie, ob das hier abgebildete Verhalten am Arbeitsplatz angemessen ist. Wie könnte man dem Konflikt anders begegnen?

Auf dem Foto sind zwei Personen abgebildet, eine Frau und ein Mann. Die Frau hält ihre Hände vor Nase und Mund. Ihre Augen sind ... Ihr Oberkörper ist ...

b) Wählen Sie eine der Aufgaben und bearbeiten Sie sie.

A Suchen Sie sich zu zweit ein Foto aus und spielen Sie einen Dialog zu der dargestellten Situation. Achten Sie vor allem darauf, Ihre Gedanken und Gefühle zu äußern. Sie können auch das Bild aus a) wählen.

B Suchen Sie sich eine Person auf einem der Fotos aus und schreiben Sie einen inneren Monolog. Was denkt und fühlt die Person gerade? Sie können auch das Bild aus a) wählen.

1

2

3

4

Passiversatz

sein + Verbstamm + *-bar*	*Nur so **sind** Konflikte **lösbar**.*	*Nur so **können** Konflikte gelöst werden.*
sich lassen + Infinitiv	*Tabus **lassen sich** schwer **erkennen**.*	*Tabus **können** schwer erkannt werden.*
sein + *zu*-Infinitiv	*Das Problem **ist zu lösen**.*	*Das Problem **muss / kann / soll** gelöst werden.*

Attribute

Linksattribute	*die **lange** E-Mail*	Adjektivattribut	
	*die **eingehende** E-Mail*	Partizip I als Attribut	
	*die **geschriebene** E-Mail*	Partizip II als Attribut	
	*die **zu beantwortende** E-Mail*	modales Partizip als Attribut	
	***Annas** E-Mail*	Genitiv von Eigennamen	
Rechtsattribute	*der Wunsch **meiner Kollegen***	Genitivattribut	
	*Das Telefonat **morgen** dauert eine Stunde.*	Adverbialattribut	
	*Das Telefonat **mit meiner Kollegin** dauert eine Stunde.*	Präpositionalattribut	
	*Ich telefoniere oft mit Frau Müller**, der neuen Kollegin**.*	Apposition (Kasus wie Bezugswort)	
	*Das Telefonat**, das eine Stunde dauerte,** war sehr erfolgreich.*	Relativsatz	
	*Der Wunsch**, dass wir täglich telefonieren,** ist verständlich.*	*dass*-Satz	nicht zu jedem Nomen möglich
	*Der Wunsch**, schneller zu kommunizieren,** ist weit verbreitet.*	Infinitivsatz	
	*Die Frage**, ob das Telefonat geklappt hat,** konnte sie bejahen.*	indirekter Fragesatz	

Einleitung eines argumentativen Textes

allgemeiner Einleitungssatz

- *Es gibt ...*
- *Viele / Immer mehr Menschen ...*
- *Heutzutage ... / In letzter Zeit ...*

zentrale Frage

- *In diesem Zusammenhang stellt sich die Frage, ...*
- *In diesem Kontext stellt sich die Frage, ...*
- *..., ist in diesem Zusammenhang / Kontext eine wichtige Frage.*

sich auf einen Text beziehen

- *Obwohl der Text / der Autor sagt, dass ..., denke ich ...*
- *Der Text / Autor nennt bereits ..., aber ich möchte noch etwas ergänzen.*
- *Im Unterschied zum Text / Autor bin ich der Meinung, ...*
- *Das passt zu dem, was auch der Text / Autor sagt.*
- *wie auch der Text / Autor sagt ...*
- *Ich möchte / muss dem Text / Autor widersprechen.*

eigene Meinung äußern, auf Meinungen reagieren

- *Meiner Meinung / Ansicht nach ...*
- *Ich bin davon überzeugt, dass ...*
- *Das sehe ich genauso, denn ...*
- *Das sehe ich etwas / ganz / völlig anders, weil ...*
- *Dem stimme ich (nicht) zu, weil ...*
- *Ich denke, man kann das (nicht) so sehen, denn ...*
- *Meiner Meinung nach ist das nicht / absolut wahr, denn ...*
- *Der Aussage kann ich überhaupt nicht / völlig zustimmen, weil ...*
- *Der Meinung bin ich auch, aber ...*
- *Ich bin da geteilter Meinung. Auf der einen Seite ..., auf der anderen Seite ...*
- *Ich finde, dass man zwar einerseits ..., andererseits sollte man auch beachten, dass ...*
- *Meiner Erfahrung nach ... / Ich habe die Erfahrung gemacht, dass ...*

IN DIESEM KAPITEL LERNEN SIE:

- Wortschatz: Neue Medien / Digitalisierung
- einen Text mündlich zusammenfassen
- Partizip II als Adjektiv
- Alternativen für *können* und *dürfen*
- Konjunktiv II der Vergangenheit
- genaues Verstehen
- argumentativ schreiben: Hauptteil

1 MEIN TAG MIT NEUEN MEDIEN

a) Sehen Sie sich die Bilder an. Welche Medien nutzt Lara morgens, mittags und abends? Wozu nutzt sie sie? Schreiben Sie einen kurzen Text über ihren Tag.

b) Erweitern Sie die Mindmap zum Thema Neue Medien und ordnen Sie dabei den Wortschatz sinnvoll an. Übernehmen Sie alle wichtigen Vokabeln aus a). Welche Medien nutzen Sie? Und wozu? Ergänzen Sie alle wichtigen Vokabeln rund um Ihren eigenen Mediengebrauch.

Verben aus dem Englischen konjugiert man regelmäßig.

Er postete, …

Moment, ich goog(e)le das kurz.

Warum hast du mein Selfie nicht gelikt?

Verben mit *up-* oder *down-* werden fast ausschließlich im Infinitiv verwendet.

Ich muss meinen Rechner updaten.

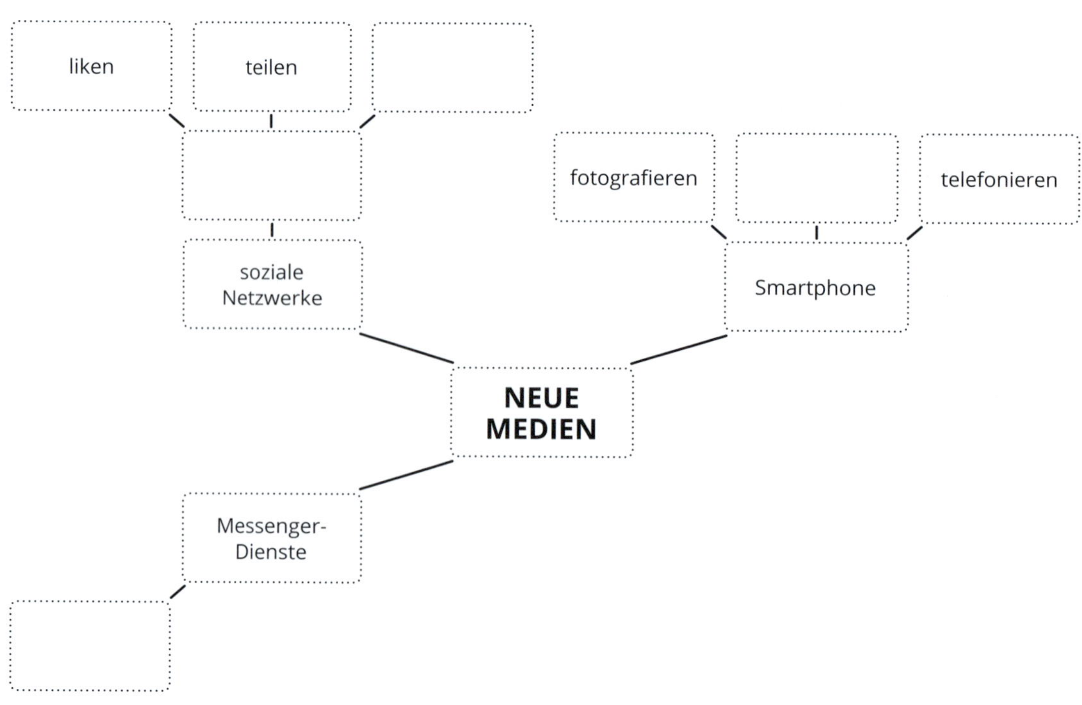

2 DIGITALISIERUNG

a) Lesen Sie den Text zunächst global und ordnen Sie zu, welcher Abschnitt auf welche Frage antwortet. Markieren Sie dann im Text die Antworten auf die Fragen.

Wie können Neue Medien sicher genutzt werden? | Was sind Neue Medien? | Welche Risiken haben Neue Medien? | In welchen Bereichen werden Neue Medien eingesetzt? | Wo gibt es Einschränkungen beim Gebrauch Neuer Medien?

DIGITALISIERUNG – EINE (FAST) SCHÖNE NEUE WELT

Der Ausdruck *Neue Medien* ist komplex und bietet zahlreiche Definitionsmöglichkeiten. Einfach ausgedrückt handelt es sich bei Neuen Medien um Geräte, die Informationen auf digitalem Weg über das Internet vermitteln. Darunter fallen Computer und Tablet-Rechner sowie Smartphones, aber auch E-Book-Reader. Diese Geräte ermöglichen es den Nutzern, eine Verbindung zum Internet herzustellen und sich im weltweiten Netz interaktiv zu betätigen. Das heißt, dass man nicht nur Informationen aufnimmt, also etwa Texte liest, Bilder und Videos ansieht oder Computerspiele spielt, sondern auch, dass man selbst Informationen verbreitet, also Texte ins Netz stellt, Kommentare in sozialen Netzwerken verfasst oder eigene Bilder bzw. Filme hochlädt. Durch die Interaktivität ist es zudem möglich, im Internet einzukaufen, über Smartphone-Apps an der Supermarktkasse zu bezahlen, Flugtickets zu buchen oder online einen Sprachkurs zu absolvieren. Die Möglichkeiten, welche die sog.[1] Neuen Medien bieten, sind also höchst vielfältig.

[1] sog. = sogenannt

Doch nicht nur dem einzelnen Nutzer erleichtern die Neuen Medien den Alltag. Längst werden über das Internet auch Produktionsprozesse in Industrie und Landwirtschaft optimiert. Und die autonome, also selbstständige Steuerung von Fahrzeugen wäre ohne Neue Medien und die smarte Technologie undenkbar. Kurz: Technischer Fortschritt, Wirtschaft und letztendlich die gesamte Globalisierung hängen untrennbar mit den Neuen Medien und mit der digitalen Technik zusammen. Und auch der weitreichende Einfluss der smarten Technologie sowohl auf Politik, Kunst und Kultur als auch auf Forschung und Bildung ist unbestreitbar.

Doch wo Licht ist, da ist auch Schatten. Schnelles Internet, drahtlose Verbindungen (WLAN) und Mobilfunk benötigen eine entsprechende Infrastruktur. Aber Glasfaserkabel[2] und Funknetze sind meistens nur dort flächendeckend vorhanden, wo es sich für die Netzbetreiber[3] lohnt: in den Großstädten. Denn hier lässt sich Geld verdienen und die Investitionen lohnen sich. Menschen, die auf dem Land leben, klagen dagegen über langsames Internet oder Probleme beim Telefonieren. Die Netzbetreiber verzichten oft auf den Ausbau der Infrastruktur auf dem Land, da finanzieller Gewinn dort kaum zu erwarten ist. Auch für Industriebetriebe, die in ländlichen Regionen liegen und auf technisch hohem Niveau produzieren müssen, ist das ein Problem. Selbst in einem Hochtechnologieland wie der Bundesrepublik ist die flächendeckende Versorgung mit WLAN oder Glasfaserkabeln auf dem Land nicht selbstverständlich. In Österreich sieht die Lage ähnlich schlecht aus: Während Deutschland 2018 im Durchschnitt 3,2 % der Haushalte mit Glasfaseranschlüssen versorgt, sind es in Österreich 2,5 %. Deutlich besser schneidet die Schweiz mit einer Versorgung von knapp 19 % ab. Dennoch liegen alle drei Länder damit weit unter dem internationalen Durchschnitt von 26 %.

[2] das Glasfaserkabel = Kabel, das High-speed-Surfen ermöglicht; wird unter der Erde verlegt
[3] der Netzbetreiber = Firma, die das Mobilfunknetz und den Internetzugang bereitstellt

Weitaus problematischer aber ist der Faktor Mensch. Für die Neuen Medien gilt im Prinzip dasselbe, was auch auf ein simples Küchenmesser zutrifft: Man kann es nutzbringend verwenden, um Kartoffeln zu schälen oder Zwiebeln zu schneiden. Man kann damit aber auch jemanden töten. Zwei große Problemfelder tauchen in der Diskussion um die Neuen Medien immer wieder auf: die Sicherheit im Netz und der Umgang mit den persönlichen Daten.

Fast schon regelmäßig melden Regierungen, Unternehmen und auch Privatpersonen Angriffe auf ihre Rechner und Netzwerke durch Hacker. Ziel der Angriffe ist es einerseits, Daten von Festplatten zu stehlen. Andererseits wird auch immer wieder die Infrastruktur lahmgelegt, um Geld zu erpressen. Im Jahr 2016 kam es in einem Krankenhaus in Schleswig-Holstein zu einem schweren Cyberangriff, durch den zwei Monate lang immer wieder Systemausfälle in der Klinik verursacht wurden, sodass auch die Gesundheit der Patienten gefährdet war. Erst nach einer Zahlung von mehreren Millionen Euro Lösegeld sollten die Angriffe enden, so die Drohung der Angreifer.

In Bezug auf die Online-Kontaktnetzwerke ist vor allem der Umgang mit den persönlichen Daten ein großes Problem. Jedes Posting, jeder geteilte Link, jedes hochgeladene Foto liefert den Betreibern Informationen darüber, wo man ist, wen man kennt und was einem gefällt. Das führt zunächst einmal dazu, dass einem personalisierte Werbung präsentiert wird, wenn man in den virtuellen Gemeinschaftsportalen aktiv ist. Das mag man für harmlos halten. Was aber, wenn ein Nutzer an einer Allergie leidet, oder an Asthma? Und er googelt nach dem neuesten Stand der Forschung? Oder er postet etwas dazu in einem Forum? So können über die Nutzer durch Algorithmen Profile erstellt werden, welche neben bestimmten Vorlieben auch sensible Daten wie Gesundheitszustand oder die berufliche und finanzielle Situation enthalten. Die Skandale der vergangenen Jahre, in denen Nutzerdaten bei sozialen Netzwerken öffentlich zugänglich waren, sollten jedem eine Warnung sein.

Abschließend lässt sich sagen, dass ein vorsichtiger Umgang mit den Neuen Medien unerlässlich ist. Unbedingt nötig sind zunächst ein wirksamer Schutz gegen Viren und Trojaner sowie sichere Passwörter. Darüber hinaus sollte man verschiedene Browser nutzen, um sein Surfverhalten nicht einem einzigen, womöglich kommerziellen Anbieter zu präsentieren. Auch lassen sich bei den meisten Browsern die Fenster im anonymen oder Inkognito-Modus öffnen, damit Browserverläufe, Cookies oder Daten der besuchten Websites nicht gespeichert werden. Zudem ist es ratsam, auf unterschiedliche Suchmaschinen zurückzugreifen, auch wenn das ein wenig aufwendiger ist. Und man sollte auf gar keinen Fall sensible Informationen in einem Online-Kontaktnetzwerk posten. Haben Sie etwas Intimes zu erzählen, machen Sie mit Ihrer Freundin oder Ihrem Freund einfach mal einen Spaziergang oder gehen Sie einen Kaffee trinken. Das macht auch Spaß! Insbesondere dann, wenn man einfach mal das Smartphone ausgeschaltet lässt.

b) Lesen Sie den Text nun genau und bearbeiten Sie die Aufgaben.

Genaues Lesen / Hören wird auch als *selektives* oder *detailliertes Lesen / Hören* bezeichnet.

Tipps zum genauen Verstehen

Beim **genauen Lesen und Hören** konzentriert man sich auf ein bestimmtes Ziel. Meistens sucht man eine **bestimmte Information** bzw. die Antwort auf eine bestimmte Frage. Man konzentriert sich also auf ein bestimmtes **Detail**, nicht auf den Gesamttext. Dazu sollte man:

- bestimmte Schlüsselwörter in den Fragen erkennen
- den Text nach diesen Schlüsselwörtern scannen
- auch Synonyme und Umschreibungen dieser Schlüsselwörter erkennen

1 Was versteht man unter der interaktiven Nutzung des Internets? Erklären Sie dies im Satz und geben Sie ein Beispiel.

2 Nennen Sie zwei Beispiele für den Einfluss Neuer Medien auf das alltägliche Konsumverhalten.

1

2

3 Mit welchem Ziel werden die Neuen Medien in folgenden Bereichen eingesetzt?

1 Industrie und Landwirtschaft:

2 Mobilität:

4 Richtig oder falsch? Kreuzen Sie an.

R	F	1	Dass man die Neuen Medien nutzen kann, setzt eine entsprechende Infrastruktur voraus.
R	F	2	Für die Netzbetreiber sind vor allem die Großstädte wirtschaftlich interessant.
R	F	3	Auf dem Land werden Neue Medien kaum genutzt.
R	F	4	In ländlichen Regionen erzielen die Netzbetreiber erst später finanziellen Gewinn aus ihren Investitionen.
R	F	5	Ländliche Industriebetriebe leiden unter der schlechten technischen Infrastruktur.
R	F	6	Im deutschsprachigen Raum ist die Versorgung mit Funknetzen und schnellem Internet noch lückenhaft.

5 Durch welche Aktion versuchten Hacker im Jahr 2016, ein Lösegeld von mehreren Millionen Euro zu erpressen?

6 Welche ernsthafte Folge trat auf?

7 Welche der folgenden Aussagen entspricht dem Text? Kreuzen Sie an.

1 In sozialen Netzwerken aktiv zu sein, ist problematisch, weil ...

A	Postings oder Links vielen Nutzern nicht gefallen könnten.
B	das viel über Vorlieben und Kontakte der Mitglieder verrät.
C	mit den Postings oder Fotos geworben wird.

2 Wenn man sich im Internet nach Krankheiten erkundigt, ...

- **A** sind die Informationen oft falsch.
- **B** werden die Suchanfragen in Foren veröffentlicht.
- **C** schließen Algorithmen auf unseren Gesundheitszustand.

3 Schon öfter wurden von den sozialen Netzwerken ...

- **A** private Daten nicht ausreichend geschützt.
- **B** skandalöse Nutzerdaten veröffentlicht.
- **C** Nutzer vor dem Umgang mit ihren Daten gewarnt.

8 Schreiben Sie die Ratschläge aus dem letzten Textabschnitt in die Tabelle und ergänzen Sie in der rechten Spalte, welchem Zweck die Maßnahme dient – sofern es Informationen im Text gibt.

Maßnahme: Man sollte ...	Zweck
sich wirksam vor Viren und Trojanern schützen.	keine Information
sichere Passwörter verwenden.	keine Information
	um

c) Lesen Sie die Tipps. Bearbeiten Sie dann mithilfe der Tipps die Aufgabe.

Signalwörter

Neben Signalwörtern, die Hinweise auf die Gliederung eines Textes liefern, gibt es Signalwörter, die durch ihre „absolute" Bedeutung beim Lösen der Aufgaben helfen.

immer, *alle* = 100 % der Zeit / der Personen

nie, *niemand* = 0 % der Zeit / der Personen

Wenn die Aussage in der Aufgabe ein „absolutes" Wort enthält, muss sie im Lese- oder Hörtext genauso „absolut" ausgedrückt werden, nur dann ist die Aussage richtig.

Richtig oder falsch? Kreuzen Sie an und markieren Sie im Text das entsprechende Signalwort, das Ihnen bei der Lösung der Aufgabe geholfen hat. Die Aufgaben beziehen sich auf die Zeilen 1–52.

R	F		
R	F	1	Der Ausdruck *Neue Medien* bietet viele Definitionsmöglichkeiten.
R	F	2	Glasfaserkabel und Funknetze sind immer nur dort flächendeckend vorhanden, wo es sich finanziell lohnt.
R	F	3	Die Netzbetreiber verzichten meist auf den Ausbau der Infrastruktur auf dem Land.
R	F	4	Auf dem Land ist für die Netzbetreiber kein finanzieller Gewinn zu erwarten.
R	F	5	Alle Postings liefern den Betreibern Informationen über uns.

3 RECHERCHE UND PRÄSENTATION

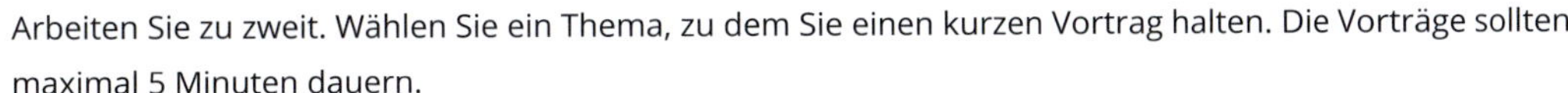

Arbeiten Sie zu zweit. Wählen Sie ein Thema, zu dem Sie einen kurzen Vortrag halten. Die Vorträge sollten maximal 5 Minuten dauern.

1 Hackerangriffe: Suchen Sie nach einem Fall, in dem Hacker eine Regierung, eine Organisation, ein Unternehmen etc. angegriffen haben, und berichten Sie: Was ist passiert? Was war das Ziel?

2 In welchen Bereichen werden Neue Medien eingesetzt? Wählen Sie einen Bereich, beschreiben Sie, welche Neuen Medien dort zum Einsatz kommen, und erläutern Sie die Vor- und Nachteile.

3 Suchen Sie ein Beispiel, wie smarte Technologie in der Industrie eingesetzt wird (z. B. zur Navigation, in der Produktion, zur Steuerung von Verkehrsströmen, beim autonomen Fahren). Beschreiben Sie, wie sie dort eingesetzt wird, und erläutern Sie die Vor- und Nachteile.

4 Datenskandale: Suchen Sie nach einem Skandal, bei dem Nutzerdaten von sozialen Netzwerken öffentlich zugänglich waren, und berichten Sie, was passiert ist.

5 Können Sie Webseiten programmieren? Oder wissen Sie zumindest, wie das geht? Stellen Sie dem Kurs vor, wie man das macht.

4 PARTIZIP II ALS ADJEKTIV

a) Ergänzen Sie die richtige Form von *sein* + Partizip II* in der linken Spalte. Finden Sie dann Synonyme für das Partizip II und schreiben Sie den Satz in der rechten Spalte um.

1	Der Akku ist aufgeladen (aufladen).	1	Der Akku ist voll.
2	Der Bildschirm ___ ___ (putzen).	2	
3	Das Display ___ ___ (zerstören).	3	
4	Die Webseite ___ ___ (öffnen).	4	
5	Der Download ___ ___ (abschließen).	5	
6	Das Paket ___ ___ (liefern).	6	

*Viele Grammatiken nennen diese Form *Zustandspassiv* oder *sein*-Passiv.

b) Bei welchen Verben bzw. in welchen Sätzen kann man das Partizip II als Adjektiv + *sein* benutzen? Wo nicht? Diskutieren Sie und streichen Sie die falschen Sätze durch.

1 Der Text ist geschrieben.
2 Der Patient ist operiert.
3 Der Student ist gelobt.
4 Der Zahn ist von der Ärztin gezogen.
5 Der Zahn ist gezogen.
6 Das Fahrrad ist repariert.
7 Das Kind ist geschlafen.
8 Das Auto ist vom Mechaniker repariert.
9 Das Lied ist gespielt.

Nicht immer kann man das Partizip II als Adjektiv + *sein* nutzen.
Dazu ein paar Tipps:
→ Achten Sie auf die Bedeutung des Verbs. Ergibt der Satz einen Sinn? Oft hilft es, wenn man sich auch fragt, ob sich der Zustand der Sache/Person verändert hat. ~~*Der Stift ist geworfen.*~~
→ Das Partizip II ist meist nicht als Adjektiv möglich, wenn im Satz ein Täter genannt wird (~~*Die Straße ist von der Polizei gesperrt.*~~ Aber möglich: *Die Straße ist gesperrt.*)
→ Das Partizip II von intransitiven Verben mit Perfekt mit *haben* kann man normalerweise nicht als Adjektiv mit *sein* benutzen.

c) Gibt es technische Geräte in Ihrem Unterrichtsraum? Beschreiben Sie, wie und wo die Geräte montiert oder aufgestellt sind. Verwenden Sie das Partizip II + *sein*.

Der Raum ist mit einem Whiteboard, einem Beamer und ... ausgestattet. An der Wand ist das Whiteboard befestigt. An der Decke ist der Beamer angeschraubt, der über ein Kabel an ... angeschlossen ist.

Sie können folgende Partizipien verwenden:

- *angeschlossen an* (+ A)
- *angeschraubt an* (+ D)
- *aufgehängt* (+ Ortsangabe)
- *aufgestellt* (+ Ortsangabe)
- *ausgestattet mit*
- *ausgeschaltet*
- *eingeschaltet*
- *befestigt* (+ Ortsangabe)
- *eingesteckt in* (+ A)
- *verbunden mit*

5 MÜNDLICHE TEXTZUSAMMENFASSUNG – FAIRE SMARTPHONES

a) Ergänzen Sie alle Verben an der passenden Stelle in der Partizip-II-Form.

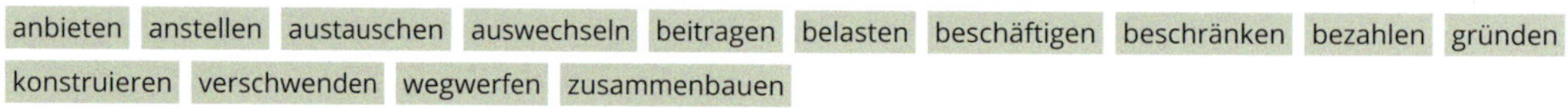
anbieten | anstellen | austauschen | auswechseln | beitragen | belasten | beschäftigen | beschränken | bezahlen | gründen | konstruieren | verschwenden | wegwerfen | zusammenbauen

Fair produzierte Smartphones – eine Alternative

Bei der Herstellung aller gängigen Handys werden oft Rohstoffe ________ (1), und auch die Umwelt wird extrem ________ (2). Darüber hinaus werden tausende von Arbeiterinnen und Arbeitern ausgebeutet. Oft sind sie täglich bis zu zehn Stunden und mehr mit der Montage von Bauteilen ________ (3) und werden dafür sehr schlecht ________ (4).

Heute sind die meisten Handys, die auf dem Markt ________ (5) werden, verschweißt oder verklebt, sodass der Akku nicht ________ (6) werden kann. Hat der Akku also nur noch wenig Leistung, wird das Smartphone in der Regel ________ (7). Die meisten gängigen Mobiltelefone sind also nicht nachhaltig ________ (8).

Den schlechten Arbeitsbedingungen und der Verschwendung von Ressourcen soll durch fair produzierte Smartphones ein Ende gesetzt werden. Außerdem soll zum Schutz der Umwelt ________ (9) werden. Deshalb sind faire Smartphones modular zusammengesetzt. Das bedeutet, es werden getrennte Einzelteile mittels Schrauben ________ (10). Das betrifft etwa den Akku, das Display, Kameras, Karten-Slots,

Lautsprecher oder USB-Anschlüsse. Wenn diese Teile verschleißen*, können sie problemlos ______ (11) werden.

Zudem wurden von Herstellern von fair produzierten Smartphones eigene Unternehmen ______ (12), in denen die Mitarbeiterinnen und Mitarbeiter mit festen Arbeitsverträgen ______ (13) sind. Das Stundenvolumen ist auf 40 Stunden pro Woche ______ (14). Bezahlt wird ihnen ein durchschnittlicher Lohn.

*verschleißen = durch (häufige) Nutzung kaputtgehen

b) Fassen Sie den Text „Fair produzierte Smartphones – eine Alternative" mündlich zusammen. Lesen Sie den Text dazu vorab noch einmal und markieren Sie wichtige Schlüsselwörter. Nutzen Sie die Redemittel. Nehmen Sie Ihre Zusammenfassung mit Ihrem Handy auf und spielen Sie sie anschließend Ihrem Partner / Ihrer Partnerin vor. Vergleichen Sie Ihre Zusammenfassungen und überlegen Sie, was Sie beim nächsten Mal verbessern könnten.

EINEN TEXT ZUSAMMENFASSEN

Einleitung

- *In dem Text mit dem Titel „..." geht es um / darum, dass ...*
- *Ich fasse heute den Text „..." zusammen.*
- *Ich möchte den Text „..." zusammenfassen.*

Gliederung/Überleitungen

- *In der Einleitung ...*
- *Im ersten / zweiten / (vor)letzten Abschnitt steht ...*
- *Es folgt / folgen ...*
- *Im nächsten Abschnitt ...*
- *anschließend*
- *dann*
- *außerdem*
- *Die Hauptaussage / zentrale Aussage ist ...*
- *abschließend*
- *Der Text endet mit ...*

verbale Ausdrücke für eine Zusammenfassung

- *Der Text beschreibt / thematisiert / stellt ... dar.*
- *Der Text / Autor nennt / erklärt / erläutert / spricht über die folgenden Aspekte: ...*
- *Der Text / Autor kritisiert / betont / hebt hervor, dass ...*
- *Dies wird mit einem Beispiel verdeutlicht.*
- *Als Beispiel / Nachteil / Vorteil nennt der Text ...*

Schluss

- *Das waren alle wichtigen Informationen aus dem Text.*
- *Das war alles Wichtige zum Text.*

6 JUGENDLICHE HACKER

a) Welche Gründe könnte jemand dafür haben, in ein Netzwerk einzudringen und Daten zu hacken? Sammeln Sie.

b) Lesen Sie die Worterklärungen im Glossar. Hören Sie dann den Hörtext. Welche Gründe haben die beiden Hacker für ihren Datendiebstahl? Kreuzen Sie an.

- Langeweile
- politische Interessen
- finanzielle Probleme
- Spionage
- Geltungssucht

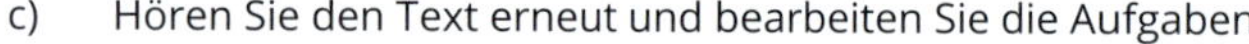

Glossar zum Hörtext

- gewinnbringend = mit finanziellem Gewinn
- etw. leuchtet ein = etw. ist verständlich
- die Cyber-Kriminalität = illegale Tätigkeit im Internet
- in Haft sitzen = im Gefängnis sein
- ungeahnt = unverhofft, nicht erwartet

c) Hören Sie den Text erneut und bearbeiten Sie die Aufgaben.

Tipps für Ankreuzaufgaben

1. Machen Sie Ihre Notizen zu kurzen Aufgaben direkt mit Bleistift auf das Aufgabenblatt. Notizen zu längeren Aufgaben machen Sie besser auf Ihr Notizpapier.
2. Finden Sie in falschen Aussagen eine Begründung, warum die Aussage falsch ist. Welcher Teil genau ist falsch?
3. Achten Sie auf Signalwörter mit „absoluter" Bedeutung.
4. Wenn eine Aussage in sich unlogisch ist, ist sie wahrscheinlich falsch.

1 Richtig oder falsch? Kreuzen Sie an.

R	F	1	Neben Datenklau und Betriebsspionage aus finanziellen Interessen sind auch politische Interessen ein Grund für Hackerangriffe.
R	F	2	In der Radiosendung geht es um zwei Schüler, die Hackerangriffen ausgesetzt waren.
R	F	3	Beide Hacker waren noch minderjährig, also unter 18 Jahren.
R	F	4	In beiden Fällen war die Welt der Erwachsenen das Ziel der Hackerangriffe.
R	F	5	In einem Fall hat sich die Hackerin illegal die Abschlussprüfungen vom Ministerium verschafft.
R	F	6	Die jugendliche Hackerin wollte ihren Mitschülern helfen.
R	F	7	Die junge Schülerin beschäftigte sich den ganzen Tag mit Vokabeln und mathematischen Funktionen.

2 Welche Aussage stimmt mit dem Text überein? Kreuzen Sie an. Es ist jeweils nur eine Aussage richtig.

1 Sehr persönliche Daten von Lehrern wurden öffentlich gemacht, ...

A und die betreffende Webseite wurde in sozialen Netzwerken verlinkt.

B sodass in sozialen Netzwerken darüber diskutiert wurde.

C und deren Kinder wurden auf dem Schulweg bedroht.

2 Der Hacker hat sich seine ehemaligen Lehrer als Ziel ausgesucht, ...

A weil er sie hasste.

B damit sich das Schulsystem ändert.

C obwohl er keine Probleme mit ihnen hatte.

3 Als *digitale Analphabeten* werden in dem Interview Menschen bezeichnet, ...

A die sich mit Neuen Medien nicht so gut auskennen wie Hacker.

B die keine Fotos oder Videos hochladen können.

C die im 21. Jahrhundert keine Sprachen mehr lernen.

4 Wer einmal ein Netzwerk gehackt hat und entdeckt wurde, ...

A hat keine Zukunftschancen mehr.

B bekommt unter Umständen ein Jobangebot.

C wird in der Regel streng bestraft.

7 ALTERNATIVEN FÜR MODALVERBEN – *KÖNNEN* UND (*NICHT*) *DÜRFEN*

a) Lesen Sie den Text und unterstreichen Sie mit zwei unterschiedlichen Farben Ausdrücke, die die Bedeutung von *können* oder (*nicht*) *dürfen* haben.

NEUE MEDIEN

Neue Medien lassen sich vielfältig nutzen, sei es in der Freizeit, in Schule und Studium oder im Beruf. Es ist auch möglich, ganze Produktionsprozesse in der Industrie mit Neuen Medien und smarter Technologie zu steuern. Und auch im Bereich Mobilität sind Neue Medien einsetzbar. Der heutige Nutzer von Computern und Smartphones muss nicht einmal imstande sein zu programmieren. Herunterladbare Programme und Apps unterstützen Handynutzer in fast jeder denkbaren Situation. Viele Apps sind heute sogar fähig zu lernen, was als KI (künstliche Intelligenz) bezeichnet wird. Und die Standardprogramme sind heute so leicht zu bedienen, dass fast jeder in der Lage ist, sie zu verwenden.

Allerdings gibt es auch für den Gebrauch der Neuen Medien ein paar Einschränkungen. So ist ihre Verwendung in den meisten Prüfungen beispielsweise nicht gestattet. Auch ist es an einigen Orten, etwa in Bibliotheken oder in Kirchen nicht erlaubt, laut und ausgiebig zu telefonieren. Wer Bilder, Filme und Musik von anderen Personen nutzen will, braucht dazu eine Genehmigung. Nur dann ist man berechtigt, die Medien zu verwenden, denn das Kopieren und Hochladen fremder Werke ist in der Regel verboten. Ebenso ist es Unternehmen untersagt, die Daten ihrer Kunden einfach an Dritte weiterzugeben. Der Datenschutz ist in der Bundesrepublik ein hohes Gut. So hat zum Beispiel auch der Staat nicht das Recht, die Bürger über Kameras zu überwachen und diese Daten dauerhaft zu speichern. Und alles in allem sind die Kosten für Neue Medien nicht zu unterschätzen.

b) Was drücken die Beispielsätze jeweils aus? Ergänzen Sie das passende Modalverb wie im Beispiel. Suchen Sie dann im Text nach so vielen weiteren alternativen Ausdrücken für die entsprechenden Modalverben wie möglich und ergänzen Sie die Beispiele im passenden Feld. Kürzen Sie die Sätze dabei ggf. Finden Sie im Anschluss eigene Alternativen für die Modalverben.

dürfen (Erlaubnis) | *können* (Möglichkeit) | *können* (Fähigkeit) | ~~*nicht dürfen* (Verbot)~~

Eine Liste der wichtigsten Modalverbalternativen finden Sie im digitalen Zusatzmaterial.

nicht dürfen (Verbot)

Das Kopieren und Hochladen fremder Werke ***ist verboten****.*

Unternehmen ***ist*** *es* ***untersagt****, Kundendaten weiterzugeben.*

Die Kosten für Neue Medien ***sind nicht zu unterschätzen****.*

Nur dann ***ist*** *man* ***berechtigt****, die Medien zu verwenden.*

Neue Medien ***lassen sich*** *vielfältig* ***nutzen****.*

Neue Medien ***sind*** *auch im Bereich Mobilität* ***einsetzbar****.*

Herunterladbare *Programme unterstützen*

Viele Apps ***sind*** *heute sogar* ***fähig*** *zu lernen.*

Smartwatches ***vermögen****, die Schlafdauer zu messen.*

c) Drücken Sie die folgenden Sätze mit Modalverben aus.

1 Smarte Technologie lässt sich auch im Haushalt nutzen.

2 Es ist zum Beispiel möglich, Küchengeräte mit dem Internet zu verbinden.

3 Man hat dadurch die Möglichkeit, den Energieverbrauch zu überwachen.

4 Manche technischen Anlagen sind sogar imstande, sich selbst ein- und auszuschalten.

5 Auch die Heizung ist über das Smartphone steuerbar.

6 Aus der Ferne ist so ganz bequem die Temperatur zu regeln.

7 Einige Küchenmaschinen sind in der Lage, beinahe selbstständig ganze Mahlzeiten zuzubereiten.

8 Auch wenn man im Urlaub ist, lassen sich Einbrüche verhindern.

9 Es besteht nämlich die Möglichkeit, Rollläden und Lampen so zu steuern, dass die Anwesenheit der Bewohner vorgetäuscht wird.

10 Elektronische Türschlösser sind imstande, Einbruchsversuche zu registrieren und bei der Polizei Alarm zu schlagen.

11 Im eigenen Haus sind fast alle technischen Möglichkeiten erlaubt.

12 Allerdings ist es zum Beispiel verboten, Menschen auf der Straße vor dem Haus zu filmen.

13 Und das Filmen aus der Luft mit größeren Flug-Drohnen ist nur mit Genehmigung gestattet.

14 Ohne ein spezielles Zertifikat ist man nicht berechtigt, eine solche Drohne zu nutzen.

d) Bilden Sie vier Gruppen. Jede Gruppe erhält ein Poster mit einer der untenstehenden Überschriften. Formulieren Sie dazu Sätze mit Modalverbalternativen. Nutzen Sie Ihre Fantasie. Geben Sie jeweils nach einer bestimmten Zeit das Poster an die nächste Gruppe weiter, die weitere Sätze ergänzt.

- *können* → Möglichkeit
- *können* → Fähigkeit
- *dürfen* → Erlaubnis
- *nicht dürfen* → Verbot

***können* → Möglichkeit**

Auch die deutsche Grammatik lässt sich lernen.
Wir ...

8 IM NACHHINEIN IST MAN IMMER SCHLAUER

a) Elsa hat nicht so viel Ahnung von Technik. Wie kann sie ihren Computer und andere technische Geräte vor Hackerangriffen schützen? Welche Regeln sollte sie beachten? Schreiben Sie Ratschläge im Konjunktiv II.

Du solltest ...
Ich an deiner Stelle wäre / hätte ...
Wenn ich du wäre, würde ich ...

b) Lesen Sie den folgenden Text. Welches Problem hat Elsa? Welche Fehler hat sie gemacht? Sprechen Sie im Kurs.

Elsa Weiniger hat ein Problem: Ihr Rechner ist gesperrt. Ein Schadprogramm, d. h. ein Virus, hat ihren Rechner lahmgelegt. Nun kommt sie weder an ihre Dokumente noch an ihre Fotos, Videos usw. – eine Katastrophe! Ganz unschuldig daran ist sie nicht, denn sie hat so ziemlich alles falsch gemacht, was man falsch machen kann.

Es begann damit, dass sie wie üblich ihre E-Mails gecheckt hat. Dabei stieß sie auf eine Mail ihrer Bank, wie sie dachte. Wäre sie ein bisschen aufmerksamer gewesen und hätte sie ein bisschen mehr Ahnung gehabt, hätte sie die vielen Rechtschreibfehler bemerkt. In der Mail wurde Elsa gebeten, ihre Kontodaten zu überprüfen und den Link zu ihren Kontodaten zu öffnen. Das tat sie. Heute gibt sie zu, dass sie diesen Link auf gar keinen Fall hätte anklicken dürfen. Denn der Link führte natürlich nicht zu ihrer Bank, sondern er war von Kriminellen verschickt worden.

Diese nutzen die Leichtgläubigkeit vieler Menschen aus, um an Kontodaten und Passwörter zu kommen. Sorglos und leichtgläubig war auch Elsa: „Ich habe selbst schon Berichte darüber gelesen. Aber ich dachte, dass mir so etwas nicht passiert. Ich habe alle wichtigen Daten tatsächlich eingegeben." Hätte Elsa die Daten nicht eingegeben, wären ihre Kontodaten nicht gestohlen worden. Und wenn die Kontodaten nicht gestohlen worden wären, hätten die Kriminellen auch keinen Zugriff auf ihr Konto bekommen können. So aber haben die Täter ihr Konto geplündert und außerdem ihren Rechner blockiert. Gegen Zahlung eines Lösegeldes könnte Elsa ihren Computer wieder freischalten lassen.

9 KONJUNKTIV II DER VERGANGENHEIT

a) Markieren Sie im Text von Aufgabe 8 alle Textstellen, die nicht die Realität beschreiben, also alles, was nicht passiert ist.

b) Ergänzen Sie die Verbformen. Ein Blick in den Text aus Aufgabe 8 hilft Ihnen. Berücksichtigen Sie auch die Regeln unter den Beispielsätzen!

Konjunktiv II der Vergangenheit

1 *Mit mehr Erfahrung* ______ *sie die Rechtschreibfehler* ______. (bemerken)

2 *Wenn sie aufmerksamer* ______ ______, ______ *sie die Rechtschreibfehler* ______. (sein/bemerken)

→ *haben* oder *sein*[1] im Konjunktiv II + Partizip II

mit Modalverben:

3 *Sie* ______ *den Link nicht* ______ ______. (anklicken dürfen)

4 *Sie gibt zu, dass sie den Link nicht* ______ ______ ______.[2] (anklicken dürfen)

→ *haben* im Konjunktiv II + Vollverb im Infinitiv + MV im Infinitiv (doppelter Infinitiv)

im Passiv:

5 *Ohne die Dateneingabe* ______ *die Kontodaten nicht* ______ ______. (stehlen)

6 *Wenn die Kontodaten nicht* gestohlen worden wären, ... (stehlen)

→ *sein* im Konjunktiv II + Partizip II des Vollverbs + *worden*

im Passiv mit Modalverb:

7 *Mit mehr Vorsicht* ***hätten*** *die Daten nicht* ***gestohlen werden können***.

→ *haben* im Konjunktiv II + doppelter Infinitiv (Infinitiv Passiv + Modalverb)

Der Konjunktiv II hat nur eine Vergangenheitsform (für Perfekt, Präteritum und Plusquamperfekt). Er drückt eine irreale Situation aus, also etwas, was in der Realität nicht passiert ist.

[1]wie beim Perfekt

[2]Im Nebensatz steht das konjugierte Verb vor dem doppelten Infinitiv.

c) Tim hat bei seiner Bewerbung so ziemlich alles falsch gemacht. Lesen Sie die E-Mail und schreiben Sie dann, was Stefan anders gemacht hätte (Sätze 1–5), was Tim besser (nicht) hätte tun sollen (Sätze 6–8) bzw. welche Ratschläge Stefan ihm gegeben hat (Sätze 9–11). Nutzen Sie den Konjunktiv II der Vergangenheit.

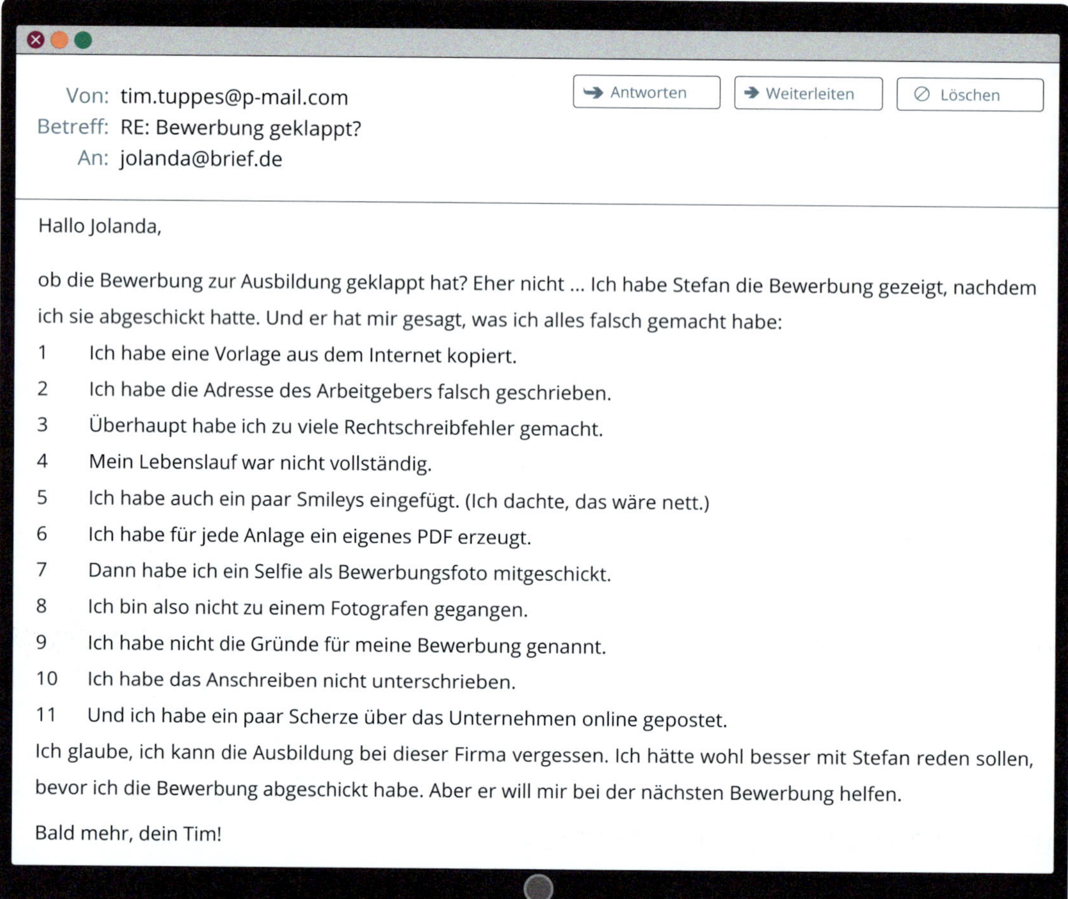

Von: tim.tuppes@p-mail.com
Betreff: RE: Bewerbung geklappt?
An: jolanda@brief.de

Antworten | Weiterleiten | Löschen

Hallo Jolanda,

ob die Bewerbung zur Ausbildung geklappt hat? Eher nicht ... Ich habe Stefan die Bewerbung gezeigt, nachdem ich sie abgeschickt hatte. Und er hat mir gesagt, was ich alles falsch gemacht habe:

1 Ich habe eine Vorlage aus dem Internet kopiert.
2 Ich habe die Adresse des Arbeitgebers falsch geschrieben.
3 Überhaupt habe ich zu viele Rechtschreibfehler gemacht.
4 Mein Lebenslauf war nicht vollständig.
5 Ich habe auch ein paar Smileys eingefügt. (Ich dachte, das wäre nett.)
6 Ich habe für jede Anlage ein eigenes PDF erzeugt.
7 Dann habe ich ein Selfie als Bewerbungsfoto mitgeschickt.
8 Ich bin also nicht zu einem Fotografen gegangen.
9 Ich habe nicht die Gründe für meine Bewerbung genannt.
10 Ich habe das Anschreiben nicht unterschrieben.
11 Und ich habe ein paar Scherze über das Unternehmen online gepostet.

Ich glaube, ich kann die Ausbildung bei dieser Firma vergessen. Ich hätte wohl besser mit Stefan reden sollen, bevor ich die Bewerbung abgeschickt habe. Aber er will mir bei der nächsten Bewerbung helfen.

Bald mehr, dein Tim!

1 Stefan hätte keine Vorlage aus dem Internet kopiert.
2 Stefan
3 Stefan
4 Stefan
5 Stefan
6 Tim hätte ein PDF mit allen Anlagen erzeugen sollen.
7 Tim
8 Tim
9 Stefan sagt, dass Tim die Gründe für seine Bewerbung hätte nennen sollen.
10 Stefan sagt, dass
11 Stefan sagt, dass

d) Mit einer besseren Bewerbung wäre vielleicht alles anders gekommen. Ergänzen Sie irreale Alternativen im Konjunktiv II.

1 Tim wurde nicht ernst genommen.

Mit einer besseren Bewerbung wäre Tim vielleicht ernst genommen worden.

2 Tim wurde nicht zum Bewerbungsgespräch eingeladen.

Mit einer besseren Bewerbung ...

3 Tim wurde nicht für die Ausbildungsstelle ausgewählt.

4 Tim war traurig, weil er nicht genommen wurde.

Tim wäre nicht traurig gewesen, wenn er ...

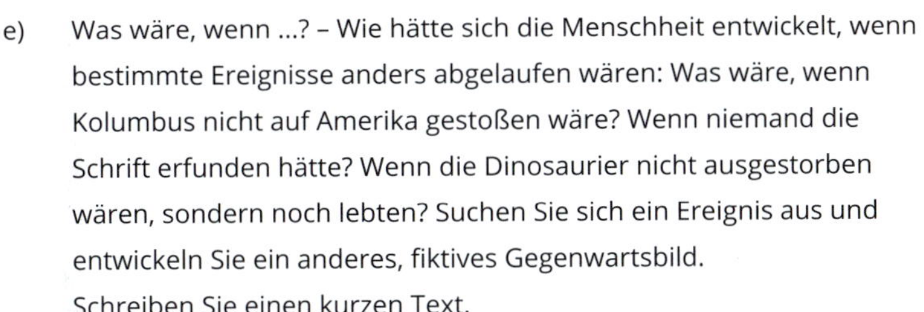

e) Was wäre, wenn ...? – Wie hätte sich die Menschheit entwickelt, wenn bestimmte Ereignisse anders abgelaufen wären: Was wäre, wenn Kolumbus nicht auf Amerika gestoßen wäre? Wenn niemand die Schrift erfunden hätte? Wenn die Dinosaurier nicht ausgestorben wären, sondern noch lebten? Suchen Sie sich ein Ereignis aus und entwickeln Sie ein anderes, fiktives Gegenwartsbild. Schreiben Sie einen kurzen Text.

10 ARGUMENTATIV SCHREIBEN: HAUPTTEIL

a) Lesen Sie die folgende Aufgabenstellung für einen argumentativen Text. Was ist die zentrale Frage? Lesen Sie anschließend die Einleitung und ergänzen Sie die fehlenden Informationen.

Medienkompetenz als Schulfach
Eltern und Verbände fordern, an Schulen Medienkompetenz (Umgang mit Neuen Medien und dem Internet) als obligatorisches Schulfach einzuführen. Lehrer argumentieren dagegen, dass die Vermittlung solcher Kenntnisse höchstens zusätzlich angeboten werden sollte, weil Kernfächer wie Mathematik, Deutsch und Fremdsprachen sonst unter dem noch umfangreicheren Stundenplan leiden würden. Was meinen Sie?

Einleitung:

Neue Medien werden in der heutigen Zeit immer wichtiger. Deshalb wird von manchen gefordert, dass an Schulen ______ als Pflichtfach in den Stundenplan integriert wird. In diesem Kontext stellt sich die Frage ______

b) Ergänzen Sie die folgende Beispielgliederung für einen argumentativen Text, der für die Einführung von Medienkompetenz als neues Schulfach argumentiert.

Einleitung	• ______ zum Thema: Neue Medien immer wichtiger • ______ nennen: Medienkompetenz als Schulfach • ______ nennen: sinnvoll?
Hauptteil	• ______ dagegen → ... • ______ dafür → ...
Schluss	• ______ zentrale Frage geben: ja, sinnvoll • Schlusssatz: Hoffnung, dass das Fach bald eingeführt wird

c) Lesen Sie nun den ersten Abschnitt des Hauptteils. Wie viele Argumente gibt es? Welche Redemittel werden verwendet? Markieren Sie sie im Text.

> Auf der einen Seite gibt es einige Nachteile. Der erste Nachteil ist, dass es zu teuer ist, Medienkompetenz als Schulfach für alle Schüler anzubieten. Die Schulen müssen dann nämlich für alle Schüler Computer oder Tablets anschaffen. Außerdem muss es dann überall einen Internetanschluss geben, was auch viel Geld kostet. Ein weiteres Argument gegen das Schulfach Medienkompetenz ist, dass dann weniger Zeit für andere Fächer bleibt. Zum Beispiel müssten Stunden für Mathematik, Deutsch oder Englisch gekürzt werden, obwohl diese Fächer sehr wichtig sind.

nämlich

kausales Adverb, steht im Hauptsatz in der Satzmitte (ab Position 3), dort so weit vorne wie möglich, aber hinter dem Reflexivpronomen und ggf. dem Subjekt (wenn es auf Position 3 steht).

Ich freue mich. Ich habe (mir) ***nämlich*** *ein neues Handy gekauft.*

Er freut sich. Heute hat er (sich) ***nämlich*** *ein neues Handy gekauft.*

HAUPTTEIL EINES ARGUMENTATIVEN TEXTES

Gegensatz

einerseits ... andererseits
auf der einen Seite ... auf der anderen Seite
trotzdem
obwohl
zwar ..., aber ...

etwas begründen

denn
deshalb
weil / da
nämlich

Beispiele geben

zum Beispiel
beispielsweise
wie

mehrere Dinge aufzählen

eine weitere Möglichkeit ist, dass ...
außerdem
zusätzlich
zudem
darüber hinaus
dazu kommt, dass ...
nicht nur ..., sondern auch ...
sowohl ... als auch ...
erstens ... zweitens ... drittens ...
schließlich

d) Lesen Sie die Tipps und überprüfen Sie anschließend, ob Sie die Tipps im Textabschnitt von Aufgabe c) wiedererkennen.

Hauptteil eines argumentativen Textes

Gliedern Sie Ihren Hauptteil sinnvoll, indem Sie Ihre **Argumente klar strukturieren**. Wichtig hierbei ist, auf die zentrale Frage der Aufgabenstellung zu achten und den Hauptteil entsprechend aufzubauen. Geht es in der Aufgabenstellung darum, ein Thema möglichst umfassend, also von allen Seiten, zu behandeln, um abschließend zu einer Antwort auf eine bestimmte Frage zu kommen, eignet sich der folgende Aufbau, den man bei Erörterungen verwendet. Zuvor sollte man sich überlegen, welchen **Standpunkt** man vertritt.

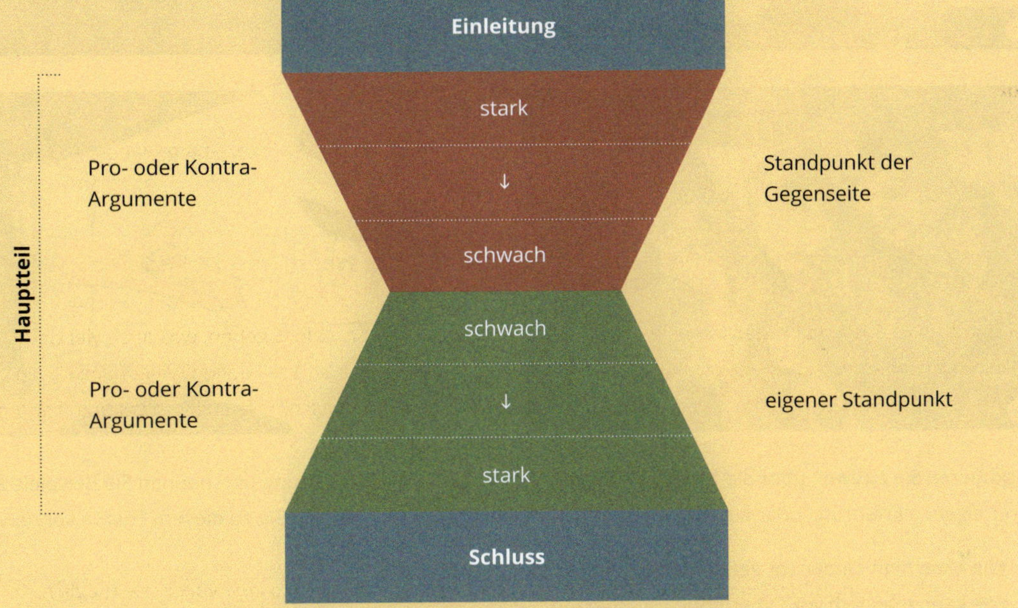

Gliedern Sie Ihren Hauptteil in **Abschnitte** (Einleitung – Hauptteil I Pro-/Kontra-Argumente – Hauptteil II Pro-/Kontra Argumente – Schluss). Leiten Sie die Abschnitte des Hauptteils mit der **These** ein (z. B. *Die Einführung eines Unterrichtsfachs zur Schulung von Medienkompetenz hat viele Vorteile.*) Unterstützen Sie diese These dann mit Ihren **Argumenten.** Nennen Sie für jedes Argument ein **Beispiel** oder eine **Begründung** bzw. **Erklärung**. Wenn Sie wie in der Darstellung mit dem stärksten Argument für Ihren Standpunkt enden, bleibt dieses beim Leser in Erinnerung, während er die Argumente für die Gegenseite bereits vergessen hat.

e) Sammeln Sie in Kleingruppen Argumente für die Einführung von Medienkompetenz als neues Schulfach: Welche Vorteile gibt es?

 f) Schreiben Sie nun den argumentativen Text zu Ende. Wählen Sie dazu die für Sie wichtigsten Pro-Argumente aus Aufgabe e) und sortieren Sie diese von schwach zu stark. Schreiben Sie dann den Pro-Abschnitt der Argumentation sowie einen passenden Schluss.

11 KINDER UND MEDIEN

a) Sehen Sie sich die Bilder an und sprechen Sie zu zweit darüber, welche Gefahren der Mediennutzung hier gezeigt werden.

1

2

3

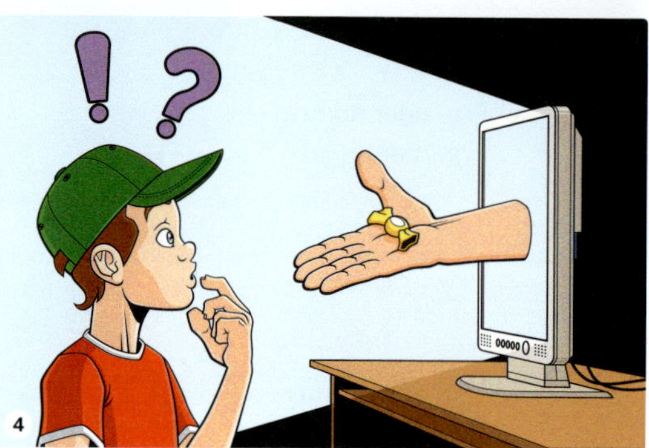

4

b) Diskutieren Sie zu zweit über die folgenden Fragen. Begründen Sie Ihre Meinung und nennen Sie Beispiele aus Ihrer eigenen Erfahrung oder aus Artikeln und Radio-/Fernsehsendungen, die Sie zu diesem Thema kennen.

- Wie kann man Kinder vor gefährlichen Inhalten im Internet schützen?
- Wie kann man sich vor Cybermobbing schützen?
- Macht die Nutzung Neuer Medien Kinder dumm?
- Werden Kinder durch Gewalt in Medien aggressiv?
- Wie kann man Kindern eine vernünftige Mediennutzung beibringen?
- Sollten Eltern die Mediennutzung ihrer Kinder kontrollieren?

Partizip II als Adjektiv

Der Akku ***ist aufgeladen****. = Der Akku ist voll.*
Zur Beschreibung von Zuständen oder Ergebnissen kann das Partizip II auch wie ein Adjektiv mit *sein* verwendet werden.

Konjunktiv II der Vergangenheit

haben **oder** ***sein*** **im Konjunktiv II + Partizip II:**
Mit mehr Erfahrung ***hätte*** *sie die Rechtschreibfehler* ***bemerkt****.*
Wenn sie aufmerksamer ***gewesen wäre****,* ***hätte*** *sie die Rechtschreibfehler* ***bemerkt****.*

mit Modalverben:
haben **oder** ***sein*** **im Konjunktiv II + Vollverb im Infinitiv + Modalverb im Infinitiv:**
Sie ***hätte*** *den Link nicht* ***anklicken dürfen****.*
Sie gibt zu, dass sie den Link nicht ***hätte*** (!) ***anklicken dürfen****.*

im Passiv:
sein **im Konjunktiv II + Partizip II des Vollverbs +** ***worden*****:**
Ohne die Dateneingabe ***wären*** *die Kontodaten nicht* ***gestohlen worden****.*
Wenn die Kontodaten nicht ***gestohlen worden wären****, …*

einen Text zusammenfassen

Einleitung
In dem Text mit dem Titel „…" geht es um / darum, dass … – Ich fasse heute den Text „…" zusammen. – Ich möchte den Text „…" zusammenfassen.

Gliederung/Überleitungen
In der Einleitung … – Im ersten / zweiten / (vor)letzten Abschnitt steht … – Es folgt / folgen … – Im nächsten Abschnitt … – anschließend – dann – außerdem – Die Hauptaussage / zentrale Aussage ist … – abschließend – Der Text endet mit …

verbale Ausdrücke für eine Zusammenfassung
Der Text beschreibt / thematisiert / stellt … dar. – Der Text / Autor nennt / erklärt / erläutert / spricht über die folgenden Aspekte: … – Der Text / Autor kritisiert / betont / hebt hervor, dass … – Dies wird mit einem Beispiel verdeutlicht. – Als Beispiel / Nachteil / Vorteil nennt der Text …

Schluss
Das waren alle wichtigen Informationen aus dem Text. – Das war alles Wichtige zum Text.

Hauptteil eines argumentativen Textes

Gegensatz
einerseits … andererseits
auf der einen Seite … auf der anderen Seite
trotzdem
obwohl
zwar …, aber …

etwas begründen
denn
deshalb
weil / da
nämlich

Beispiele geben
zum Beispiel
beispielsweise
wie

mehrere Dinge aufzählen
eine weitere Möglichkeit ist, dass …
außerdem
zusätzlich
zudem
darüber hinaus
dazu kommt, dass …
nicht nur …, sondern auch …
sowohl … als auch …
erstens … zweitens … drittens …
schließlich

IN DIESEM KAPITEL LERNEN SIE:

- Wortschatz: Umwelt / Klima
- eine Diskussion moderieren
- Umformung: Linksattribut – Relativsatz
- modale Partizipien

1 NATUR UND ICH

a) Lesen Sie den Text und diskutieren Sie im Kurs, worum es hier geht. Was ist die Aussage des Textes? Wie finden Sie den Text?

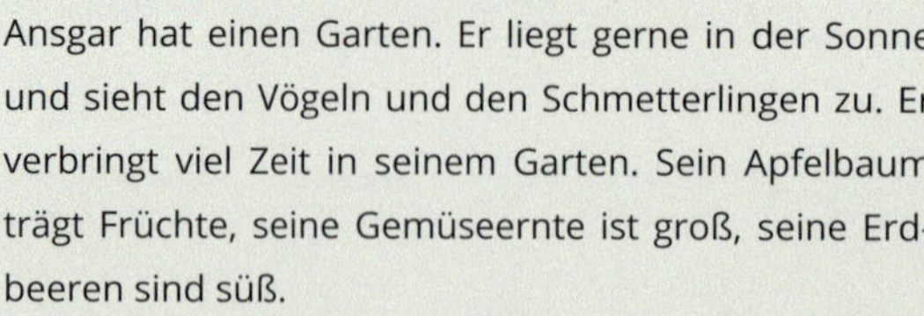

Ansgar hat einen Garten. Er liegt gerne in der Sonne und sieht den Vögeln und den Schmetterlingen zu. Er verbringt viel Zeit in seinem Garten. Sein Apfelbaum trägt Früchte, seine Gemüseernte ist groß, seine Erdbeeren sind süß.

Ansgar jätet das Unkraut. Das ist anstrengend, also überlegt er sich etwas. Ansgar kauft ein Unkrautvernichtungsmittel. Jetzt ist das Unkraut weg, doch ist sein Gemüse nun giftig? Ansgar überlegt. Giftiges Gemüse kann ich auch im Supermarkt kaufen, denkt er und macht die Beete weg. Umso besser: Jetzt hat er mehr Zeit, in der Sonne zu liegen. Er muss nur noch manchmal den Rasen mähen. Doch auch das ist anstrengend, also überlegt er sich etwas. Er hat eine Idee. Er betoniert den ganzen Garten und streicht den Boden grün. Jetzt kann ich immer in der Sonne liegen, denkt Ansgar. Aber wo sind eigentlich all die Vögel und Schmetterlinge?

b) Stellen Sie die Stühle im Raum so, dass sich immer zwei Personen gegenübersitzen. Sprechen Sie zwei Minuten über eine der folgenden Fragen. Nach zwei Minuten rückt eine der Personen einen Stuhl auf und unterhält sich zwei Minuten lang mit der nächsten Person über die nächste Frage.

- Was bedeutet Umweltschutz für Sie?
- Was machen Sie für den Umweltschutz?
- Wie schaden Sie der Umwelt?
- Glauben Sie, Sie sollten mehr für die Umwelt tun?
- Wie ist die Situation in Deutschland im Vergleich zu Ihrer Heimat?
- Was wissen Sie über den Klimawandel?

2 SCHULBOYKOTT FÜR DIE UMWELT

a) Sprechen Sie im Kurs über die folgenden Fragen.

- Was könnte ein Schulboykott sein?
- Was wären mögliche Gründe für einen Schulboykott?

b) Ordnen Sie die Satzteile passend zu. Sprechen Sie dann zu zweit über die Bedeutung der markierten Wörter. Benutzen Sie das Wörterbuch, wenn nötig.

1 Unsere Partei **begrüßt** ...
2 Lehrer sind ...
3 Wer dem Unterricht ohne Entschuldigung fernbleibt, ...
4 Die Folgen der Katastrophe ...
5 Die erfolgreiche Professorin ...
6 Bildung ist ein ...
7 Seine Forschungsergebnisse sind in der Wissenschaftswelt ...
8 **Kohleverstromung** bezeichnet ...
9 Klimafreunde fordern die **Besteuerung** ...
10 Der Autofahrer konnte den Unfall ...

A der **schwänzt**.
B höchst **umstritten**.
C von Flugbenzin.
D politisches Engagement unter Jugendlichen sehr!
E waren **verheerend**.
F **genießt Bewunderung** in der Studentenschaft.
G die Gewinnung elektrischer Energie durch die Verbrennung von Kohle.
H gerade noch **abwenden**.
I **in der Pflicht**, ihren Schülern etwas beizubringen.
J **hohes Gut**.

1	2	3	4	5	6	7	8	9	10

c) Lesen Sie die Aussagen 1–9 und markieren Sie die wichtigsten Schlüsselwörter. Hören Sie dann den Beginn einer politischen Talkshow. Wer vertritt welche These(n)? Danach hören Sie den Text noch einmal. Haben Sie alle Thesen zuordnen können? Wenn nicht, hören Sie den Text ein weiteres Mal.

1 Die jungen Leute sollten sich besser auf ihre Schulbildung konzentrieren.
2 Es ist nicht klar, ob der Mensch den Klimawandel verursacht.
3 Wenn der Klimawandel verhindert werden soll, muss es schnell gehen.
4 Umweltschädliche Formen der Energiegewinnung müssen abgeschafft werden.
5 Es ist wichtig, dass Menschen und Sachen schnell und günstig transportiert werden können.
6 Die Autofirmen müssen neue Antriebsmethoden für ihre Motoren entwickeln.
7 Das Thema ist so kompliziert, dass Laien es nicht verstehen können.
8 Es ist nicht nötig, dass die Menschen ihre Verhaltensweisen ändern.
9 Wenn die Gesellschaft ihr Verhalten nicht überdenkt, könnten die Klimafolgen noch schlimmer werden.

A **Christof Buchheim** (Kreissprecher der Partei FUP)
B **Angelika Birkenbinder** (Kreisvorsitzende der ARPD)
C **Gundula Taubner** (Organisatorin der Schulstreiks im Landkreis)
D **Prof. Dr. Hubert Lang** (Professor für Physik)
E **Ludwig Schweiler** (Mitglied im städtischen Mobilitätsausschuss)

1	2	3	4	5	6	7	8	9

d) Lesen Sie jetzt den Vortext zur Talkshow, in der die bisherige Entwicklung der Bewegung „Schulboykott für die Umwelt" dargestellt wird. Auf welche Fragen antworten die einzelnen Textabschnitte? Ergänzen Sie die Fragen als Überschriften.

1 Wie sind die Reaktionen auf den Schulstreik?
2 Was hat Gundula Taubner gemacht?
3 Was ist der Treibhauseffekt?
4 Wie reagieren Politik, Industrie und Landwirtschaft?
5 Welche Auswirkungen hat der Klimawandel?

A ______________________

Flutkatastrophen[1], extreme Dürren[2], weltweite Ernteausfälle[3], die Bedrohung ganzer Lebensräume – der Planet, auf dem wir leben, ist in Gefahr, und mit ihm die ganze Menschheit. Seit Beginn der Industrialisierung, als man begann, in großem Stil Kohle und Erdöl zur Energiegewinnung und für den Verkehr zu verbrennen, ist die Durchschnittstemperatur auf der Erde um 1,5 Grad gestiegen. Dieser auf den ersten Blick vergleichsweise geringe Anstieg hat bereits dazu geführt, dass das Eis an den Polkappen[4] dramatisch geschmolzen ist, dass die Gletscher[5] in den Bergen immer mehr zurückgehen und dass ganze Küstenregionen von Überschwemmungen[6] bedroht sind.

Konzentrieren Sie sich nur auf das Wesentliche, nicht auf einzelne unbekannte Wörter!

[1]die Flut, -en = das Ansteigen des Wasserspiegels
[2]die Dürre, -n = eine Zeit ohne Regen
[3]der Ernteausfall, ¨-e = schlechte/keine Ernte
[4]die Polkappe, -n = Eiskappen in Nordpol- und Südpolregion
[5]der Gletscher, - = 
[6]die Überschwemmung, -en = Hochwasser, Überflutung

[7]das Kohlendioxid = CO_2
[8]das Gewächshaus, ¨-er = 
[9]etw. behindern = einer Sache im Wege sein, stören

B ___

Das Kohlendioxid[7], das bei der Verbrennung freigesetzt wird, wirkt in der Atmosphäre wie die Glasscheibe eines Gewächshauses[8]: Sonnenenergie kann ungehindert eindringen und die Erdoberfläche erwärmen. Die Rückstrahlung der Energie in die Atmosphäre wird allerdings behindert[9], so dass sich die Erde immer mehr erwärmt.
Wissenschaftler weisen seit Jahren darauf hin, dass es notwendig sei, diese Entwicklung zu stoppen, weil es ansonsten zu dramatischen Folgen für das Klima kommen werde.

C ___

Auf mehreren Konferenzen haben sich Politiker aus aller Welt verpflichtet, den Kohlendioxidausstoß in ihren Ländern zu verringern. Doch die Realität sieht anders aus:
Statt einer Reduzierung der Kohlendioxidmenge steigt die Konzentration in der Atmosphäre weiter an. Immer noch wird Braunkohle zur Stromerzeugung verbrannt. Der Verkehr, die Industrie und die Landwirtschaft tragen ebenfalls dazu bei, dass sich der Treibhauseffekt verstärkt.

[10]der Missstand, ¨-e = ein schlechter Zustand
[11]sich weigern = etw. nicht tun

D ___

Unser Gast Gundula Taubner hat nun einen ungewöhnlichen Weg gewählt, auf diesen Missstand[10] hinzuweisen: Sie weigert sich[11], in die Schule zu gehen, und protestiert stattdessen während der Schulzeit vor Parlamenten und Regierungsgebäuden gegen die Politik. Ihr Argument lautet: Wozu sollte ich etwas lernen, um eine gute Zukunft zu haben, wenn es doch keine Zukunft für die Menschheit gibt?

Wissen Sie's? Auf welche Bewegung spielt der Text an?

E ___

Diese Proteste finden einerseits Zustimmung und Unterstützung unter vielen Schülern, Lehrern und Eltern, andererseits stoßen die Demonstrationen auch auf Kritik. Viele konservative Politiker weisen darauf hin, dass die jungen Demonstranten einen einseitigen Blick hätten: Das Thema sei zu komplex, und Fragen nach der ökonomischen Entwicklung, nach sicheren Arbeitsplätzen und nach der Mobilität der Menschen würden von ihnen nicht berücksichtigt.

e) Lösen Sie die Komposita auf.

1 der Ernteausfall — Die ___ ___ ___.
2 die Braunkohleverstromung — ___ wird zu ___ gemacht.
3 das Gewächshaus — ein ___ (meist aus Glas), in dem Pflanzen besonders gut ___ können
4 das Regierungsgebäude — ein ___, in dem die ___ arbeitet
5 die Rückstrahlung — Etwas wird zurück___.
6 die Stromerzeugung — ___ wird ___.

f) Erklären Sie den Treibhauseffekt. Sprechen Sie im Kurs. Schreiben Sie dann einen kurzen Text.

g) Welches Hauptargument treibt Gundula Taubner und die Klimaaktivisten an?

___

___

3 UMFORMUNG: ADJEKTIVATTRIBUT – RELATIVSATZ

a) Formen Sie folgende Ausdrücke aus dem Hörtext „Schulboykott für die Umwelt" wie im Beispiel um. Die Bedeutung soll gleich bleiben.

1. *junge* Menschen → Menschen, die jung sind
2. ein *komplexes* Thema → ein Thema, das ___ ___
3. *sichere* Arbeitsplätze → ___, die ___ ___
4. eine *lebhafte* Diskussion → eine ___, die ___ ___
5. eine *gute* Ausbildung → ___ ___, ___ ___ ___

Linksattribut: Adjektiv		Rechtsattribut: Relativsatz
***junge** Menschen*	→	*Menschen**, die jung sind***

Adjektivattribute können durch Relativsätze im Nominativ mit dem Verb *sein* ersetzt werden. Dann stehen sie rechts vom Nomen.

b) Lesen Sie weitere Regeln zur Umformung von Adjektivattributen in Relativsätze und formen Sie anschließend entsprechend um.

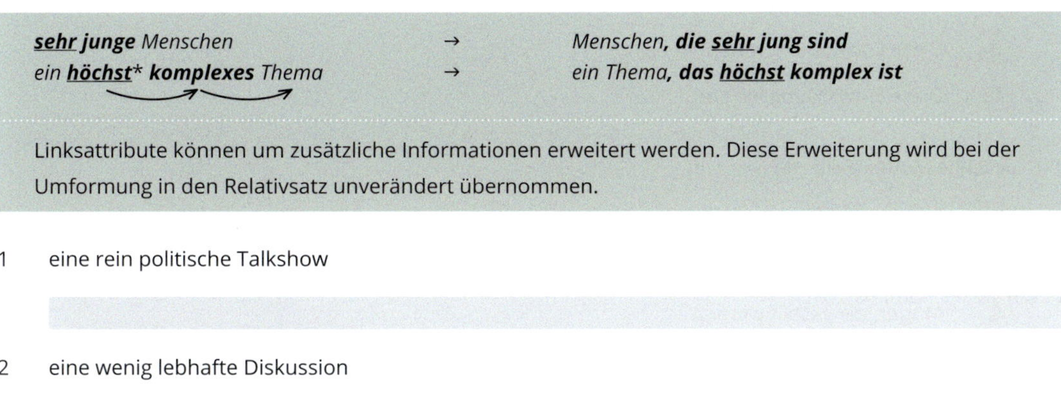

***sehr junge** Menschen*	→	*Menschen**, die sehr jung sind***
*ein **höchst*** **komplexes** Thema*	→	*ein Thema**, das höchst komplex ist***

Linksattribute können um zusätzliche Informationen erweitert werden. Diese Erweiterung wird bei der Umformung in den Relativsatz unverändert übernommen.

*Adjektive, die sich auf andere Adjektive beziehen, haben keine Endung (adverbialer Gebrauch). Adjektive, die sich auf ein Nomen beziehen, bekommen eine Endung.

1. eine rein politische Talkshow

___

2. eine wenig lebhafte Diskussion

___

3. eine extrem große Bewunderung

___

4 PLASTIKMÜLL

a) Lesen Sie den Text und klären Sie unbekannte Wörter.

„Jedes noch so kleine Stückchen Plastik, das in den letzten 50 Jahren produziert wurde und in den Ozean gelangte, ist immer noch irgendwo dort draußen." Dieser alarmierende Satz des US-Chemikers Tony Andrady aus einem Artikel des *The Independent* von 2008 besagt, dass der Kunststoff, den die Menschen produzieren, nicht verschwindet, sondern über Jahrzehnte erhalten bleibt.

[1]anhalten = hier: andauern, nicht aufhören
[2]qualvoll = unter Qualen/Schmerzen
[3]das Kleinstlebewesen, - = winzig kleines Lebewesen
[4]verfaulen = schlecht werden (Pflanzen)
[5]verwesen = verfaulen und zerfallen (Körper von Lebewesen)

Jedes Jahr gelangen rund 10 Millionen Tonnen Plastik ins Meer und diese anhaltende[1] Entwicklung sorgt für eine zunehmende Gefahr für Meeresbewohner und schließlich auch für den Menschen. Fische verfangen sich in den im Wasser treibenden Plastiktüten und ersticken qualvoll[2]. Kleinstlebewesen[3] nehmen mikroskopisch kleine Kunststoffteilchen mit der Nahrung auf. Diese Lebewesen werden von größeren Tieren gefressen und die Menge des Kunststoffs reichert sich in den Körpern der Tiere an. Wenn Menschen diese Meerestiere essen, dann essen sie das Plastik mit, samt allen giftigen und problematischen Bestandteilen, die in den verschiedenen Kunststoffen enthalten sind. Krebserregende Substanzen gelangen in unsere Körper und stillende Mütter geben diese Stoffe an ihre Babys weiter.

Es gibt bereits Küstenregionen, die nicht mehr von Erholung suchenden Menschen besucht werden, weil das Meerwasser dort nur noch eine stinkende Brühe voller verfaulender[4] Abfälle und verwesender[5] Meerestiere ist. Die Meeresströmungen transportieren die Plastikteile durch die Ozeane, und an einigen Stellen sammelt sich der Kunststoffmüll zu riesigen schwimmenden Teppichen, in denen kein Leben mehr möglich ist. Sich am Ufer sammelnde Plastikteilchen bilden sogar neue Gesteinsarten.

b) Was bedeuten die Ausdrücke aus dem Text? Kreuzen Sie an.

1 diese anhaltende Entwicklung (Zeile 9)

- **A** Diese Entwicklung hält an.
- **B** Diese Entwicklung wird angehalten.
- **C** Diese Entwicklung hielt an.

2 stillende Mütter (Zeile 16)

- **A** Mütter, die still sind
- **B** Mütter, die stillen
- **C** Mütter, die gestillt werden

3 verfaulende Abfälle und verwesende Meerestiere (Zeilen 19–20)

- **A** Abfälle sind verfault und Meerestiere werden verwest.
- **B** Abfälle verfaulen und Meerestiere verwesen.
- **C** Abfälle und Meerestiere sind verfault und verwest.

c) Fassen Sie den Text aus a) mündlich zusammen. Nutzen Sie dazu die Redemittel aus Kapitel 30 und machen Sie sich vorher Notizen.

d) Wie kann man im Alltag zur Reduzierung von Plastikmüll beitragen? Schreiben Sie einen kurzen Text, in dem Sie auf Möglichkeiten zur Müllvermeidung eingehen. Die Bilder liefern Ihnen Anregungen!

5 UMFORMUNG: PARTIZIP I ALS ATTRIBUT – RELATIVSATZ

a) Lesen Sie den Regelkasten und formen Sie die Linksattribute (Partizipalattribute) wie im Beispiel in Relativsätze um. Ergänzen Sie jeweils das Tempus.

Linksattribut: Partizip I		Rechtsattribut: Relativsatz
*Diese **anhaltende** Entwicklung sorgt für eine **zunehmende** Gefahr.* (Präsens)	→	*Diese Entwicklung, **die anhält,** sorgt für eine Gefahr, **die zunimmt.*** (Präsens)
*Andrady äußerte einen **alarmierenden** Satz über Plastik.* (Präteritum)	→	*Andrady äußerte einen Satz über Plastik, **der alarmierte / alarmiert.*** (Präteritum (im Jahr 2008) / Präsens (auch heute noch))

Die Bedeutung eines Partizip I ist immer **aktiv und meist gleichzeitig**. Bei allgemeinen Aussagen ist die Bedeutung jedoch nicht gleichzeitig. Bei der Umformung des Partizipalattributs in einen Relativsatz steht das Verb im Aktiv. Das Tempus richtet sich nach dem Tempus im Hauptsatz, bei allgemeinen Aussagen steht das Verb im Präsens.

1 Stillende Mütter geben diese Substanzen an ihre Babys weiter.

→ Mütter, die stillen, geben diese Substanzen an ihre Babys weiter.

2 ..., weil das Meerwasser nur noch eine stinkende Brühe ist.

→ ..., weil das Meerwasser nur noch eine ______ ist, ______.

3 Durch die Trockenheit im Sommer gab es viele brennende Waldstücke.

→ Durch die Trockenheit im Sommer gab es viele ______, ______.

4 Durch den Brand liefen viele fliehende Tiere aus dem Wald in die Stadt.

→ Durch den Brand liefen viele ______, ______, aus dem Wald in die Stadt.

5 An einigen Stellen sammelte sich der Müll zu riesigen schwimmenden Teppichen.

→ An einigen Stellen sammelte sich der Müll zu riesigen ______, ______.

b) Lesen Sie den Regelkasten und markieren Sie Artikel, Nomen und Partizipialattribute wie im Beispiel. Wenn es eine Erweiterung gibt, klammern Sie diese ein. Formen Sie anschließend die Partizipialattribute in Relativsätze um.

Linksattribut: Partizip I		Rechtsattribut: Relativsatz
*Einige Regionen werden nicht mehr von **Erholung suchenden** Menschen besucht.*	→	*Einige Regionen werden nicht mehr von Menschen besucht, **die Erholung suchen.***

Auch Partizipialattribute können erweitert werden. Die Erweiterung wird bei der Umformung zum Relativsatz unverändert übernommen.

***Sich am Ufer sammelnde** Plastikteilchen bilden sogar neue Gesteinsarten.*	→	*Plastikteilchen, **die sich am Ufer sammeln,** bilden sogar neue Gesteinsarten.*

Das Partizip I eines reflexiven Verbs behält das Reflexivpronomen im Linksattribut.

1 Fische verfangen sich in den (im Wasser) treibenden Plastiktüten.

Fische verfangen sich in den Plastiktüten, die (im Wasser)

2 Häufig mit dem Flugzeug reisende Menschen belasten das Klima besonders.

Menschen,

3 Aber auch der deutlich zunehmende Autoverkehr ist schädlich.

4 Die bei einigen Politikern für scharfe Kritik sorgenden Schulstreiks gibt es seit wenigen Jahren.

5 Die sich über die Untätigkeit der Erwachsenen ärgernden Schüler boykottieren die Schule.

6 Die sich in den Fischen anreichernden Plastikteilchen werden schließlich von den Menschen gegessen.

6 ARTENSTERBEN

a) Ordnen Sie die Wörter den passenden Bildern zu.

abholzen/roden | der Beton, / | fossile Knochenfunde (Pl) | die Großwildjagd, -en | die Monokultur, -en | der Meteoriteneinschlag, ¨-e | die Nutzpflanze, -n | das Pestizid, -e

1

2

3

4

5

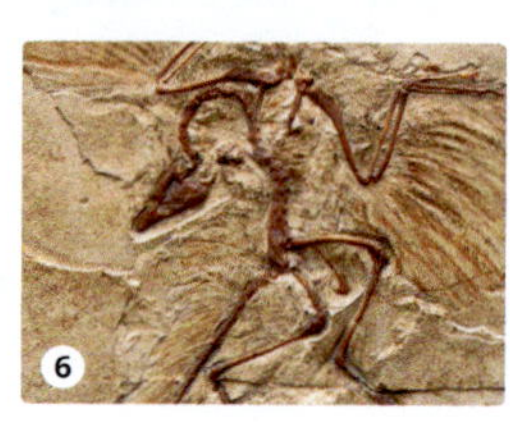
6

7

8

b) Lesen Sie den Text und bearbeiten Sie die Aufgaben.

DAS GROßE ARTENSTERBEN

Die Erde ist in Gefahr, und mit ihr das Überleben der Menschheit. Experten gehen davon aus, dass bis zu einer Million Tierarten vom Aussterben bedroht sind. Das ist das größte Artensterben seit dem Verschwinden der Dinosaurier vor etwa 66 Millionen Jahren. Damals ist die Hälfte aller Tierarten ausgestorben. Von diesen ausgestorbenen Arten zeugen[1] heute nur noch fossile Knochenfunde. Die in aller Welt gefundenen Knochen werden haltbar gemacht und die so präparierten[2] Skelette werden in naturkundlichen Museen ausgestellt. Als Grund für das damalige Artensterben wird ein Meteoriteneinschlag vermutet. Heute dagegen ist es der Mensch, der mit seiner Lebensweise dafür sorgt, dass massenweise Tiere aussterben.

Die Ursachen dafür sind vielfältig: Durch Straßenbau und Häuser, durch Flughäfen und Parkplätze werden immer mehr Bodenflächen mit einer Betonschicht bedeckt. Auf zubetonierten Flächen haben Tiere aber keine Überlebenschance. Auch durch immer größere Monokulturen in der Landwirtschaft und durch das Abholzen der Regenwälder verschwinden immer mehr Lebensräume. Auf den gerodeten Flächen entstehen Plantagen für Palmöl oder Weideland für Rinder – für wilde Tiere ist dort kein Platz mehr.

Daneben sorgt der stark gestiegene Einsatz von Pestiziden dafür, dass die Zahl der Fluginsekten drastisch abnimmt. Das führt dazu, dass Nutzpflanzen nicht ausreichend bestäubt[3] werden, und unbestäubte Pflanzen tragen keine Früchte, was große Ernteausfälle zur Folge haben kann. Damit gäbe es auf der Welt nicht mehr genug zu essen, und die ohnehin schon von Hunger und Dürren geplagten Entwicklungsländer würden in eine katastrophale Situation geraten. Schon heute geht man davon aus, dass das Insektensterben jährlich einen wirtschaftlichen Verlust von 500 Milliarden US-Dollar zur Folge hat. Bereits entstandene Schäden sind nicht mehr zu kompensieren[4]. Und wenn es keine Insekten mehr gibt, dann finden auch die Vögel nicht mehr genug Nahrung.

Ein weiteres Problem liegt in den Meeren dieser Welt: Die Ozeane sind leer. Die Fischer setzen immer größere Netze ein und fischen in immer tieferen Meeresschichten nach essbaren Meerestieren. So werden auch die letzten Fische aus dem Meer geholt, und die empfindlichen Ökosysteme[5] unter Wasser drohen aus dem Gleichgewicht zu geraten – mit möglicherweise schrecklichen Folgen, auch für die Menschen.

Doch der Mensch ist nicht nur gierig[6] und verfressen[7]: Er ist auch gemein[8]. Unzählige Tiere mussten ihr Leben lassen, weil es den Menschen schlicht Spaß macht, sie zu jagen. So sind Nashörner, Elefanten, Tiger und Löwen durch die Großwildjagd so stark dezimiert worden, dass es heute nur noch wenige Exemplare gibt. Andere Tiere, wie der Dodo[9], sind bereits Opfer des Artensterbens geworden. Diese ausgestorbenen Tiere kann man nur noch in Museen besichtigen.

Trotz all dieser negativen Nachrichten ändert der an Luxus und Komfort gewöhnte Mensch sein Verhalten kaum. Wenn diese Entwicklung aber nicht aufhört, werden wohl eines Tages auch Menschen nur noch als ausgestopfte Präparate zu sehen sein.

[1]zeugen von = beweisen, erkennen lassen
[2]etw. präparieren = auf Dauer haltbar machen

[3]bestäuben =
[4]kompensieren = ausgleichen
[5]das Ökosystem, -e = ökologische Einheit eines Lebensraums
[6]gierig = viel haben wollen
[7]verfressen = viel essen wollen, nicht satt zu bekommen
[8]gemein = böse, unverschämt
[9]der Dodo, -s = ausgestorbene Vogelart

1 Was ist der Unterschied zwischen dem Artensterben vor 66 Millionen Jahren und dem heutigen?

*die Flächenversiegelung, -en = Bebauung des Bodens, sodass kein Regen durchkommen kann

2 Ergänzen Sie das Schaubild.

Ursachen für Artensterben heute

- Ursache 1: Flächenversiegelung* durch

  a ______ c ______

  b ______ d ______

- Ursache 2: Landwirtschaftliche Monokulturen
- Ursache 3: ______

  für ______ und ______

- Ursache 4: Insektensterben

  a Ergänzen Sie:

  ______
  ↓
  Insektensterben
  ↓
  ______
  ↓
  keine Früchte
  ↓
  ______
  ↓
  ______
  ↓
  ______

  b weitere Folgen des Insektensterbens:

  ______

  ______

- Ursache 5: ______
- Ursache 6: Bösartigkeit des Menschen → ______

  a Beispiele für bedrohte Arten: ______

  b Beispiel für eine ausgestorbene Art: ______

3 Wie reagiert der Mensch auf das Artensterben? Und welche Folgen könnte das haben?

______

mögliche Folge: ______

4 Wie finden Sie die düstere Zukunftsprognose am Schluss? Ist dieses Szenario wahrscheinlich? Diskutieren Sie.

7 UMFORMUNG: PARTIZIP II ALS ATTRIBUT – RELATIVSATZ

a) Lesen Sie die Regeln und markieren Sie anschließend Artikel, Nomen und Partizipalattribut wie im Beispiel. Klammern Sie die Erweiterungen des Attributs ein. Formen Sie die Attribute dann in Relativsätze um.

Transitive Verben

Linksattribut: Partizip II		Rechtsattribut: Relativsatz
Die ***präparierten*** *Skelette werden in Museen ausgestellt.*	→	*Die Skelette,* ***die präpariert wurden,*** *werden in Museen ausgestellt.* (Passiv)
	→	*Die Skelette,* ***die präpariert sind,*** *werden in Museen ausgestellt.* (Partizip II + *sein*)

Wenn das Linksattribut aus dem **Partizip II eines transitiven Verbs** besteht, gibt es zwei Möglichkeiten für die Umformung in einen Relativsatz:
Meistens steht das Verb im **Passiv**, manchmal kann man auch das **Partizip II als Adjektiv + *sein*** verwenden. Welche Form man braucht, hängt vom **Kontext** ab!

Tipp:
Passiv → häufig Vorzeitigkeit (*Die Skelette wurden zuerst präpariert und jetzt stehen sie im Museum.*)
Partizip II + *sein* → häufig Gleichzeitigkeit (*Die Skelette sind präpariert und stehen in diesem Zustand im Museum.*)

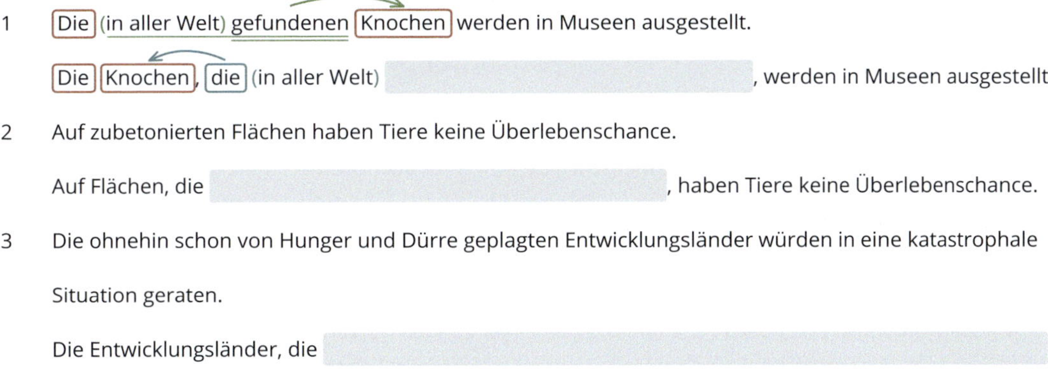

1 Die (in aller Welt) gefundenen Knochen werden in Museen ausgestellt.
Die Knochen, die (in aller Welt) ______, werden in Museen ausgestellt.

2 Auf zubetonierten Flächen haben Tiere keine Überlebenschance.
Auf Flächen, die ______, haben Tiere keine Überlebenschance.

3 Die ohnehin schon von Hunger und Dürre geplagten Entwicklungsländer würden in eine katastrophale Situation geraten.
Die Entwicklungsländer, die ______, würden in eine katastrophale Situation geraten.

b) Lesen Sie die Regeln und markieren Sie anschließend Artikel, Nomen und Partizipalattribut wie im Beispiel. Klammern Sie die Erweiterungen des Attributs ein. Formen Sie die Attribute dann in Relativsätze um.

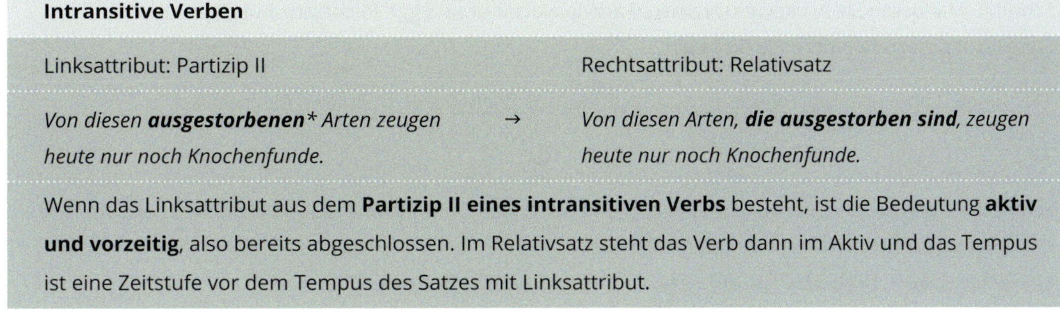

Intransitive Verben

Linksattribut: Partizip II		Rechtsattribut: Relativsatz
Von diesen ***ausgestorbenen**** *Arten zeugen heute nur noch Knochenfunde.*	→	*Von diesen Arten,* ***die ausgestorben sind****, zeugen heute nur noch Knochenfunde.*

Wenn das Linksattribut aus dem **Partizip II eines intransitiven Verbs** besteht, ist die Bedeutung **aktiv und vorzeitig**, also bereits abgeschlossen. Im Relativsatz steht das Verb dann im Aktiv und das Tempus ist eine Zeitstufe vor dem Tempus des Satzes mit Linksattribut.

*Das Partizip II von intransitiven Verben kann nur dann als Linksattribut bzw. als Adjektiv verwendet werden, wenn das Hilfsverb im Perfekt *sein* ist, nicht bei *haben*!
→ ~~*das geweinte Kind, der geholfene Mann*~~

1 (Bereits) entstandene Schäden sind nicht mehr zu kompensieren.
Schäden, die ______, sind nicht mehr zu kompensieren.

2 Der stark gestiegene Einsatz von Pestiziden schadet den Insekten.

Der Einsatz von Pestiziden, ______, schadet den Insekten.

3 Es gibt schon sehr viele für immer verschwundene Arten.

Es gibt schon sehr viele Arten, ______.

c) Lesen Sie die Regeln und markieren Sie anschließend Artikel, Nomen und Partizipalattribut wie im Beispiel. Klammern Sie die Erweiterungen des Attributs ein. Formen Sie die Attribute dann in Relativsätze um.

Reflexive Verben

Linksattribut: Partizip II		Rechtsattribut: Relativsatz
*Der **an Luxus gewöhnte*** *Mensch ändert wenig.*	→	*Der Mensch,* ***der sich an Luxus gewöhnt hat****, ändert wenig.*
	→	*Der Mensch,* ***der an Luxus gewöhnt ist****, ändert wenig.*

Wenn das Linksattribut aus dem **Partizip II eines reflexiven Verbs** besteht, gibt es zwei Möglichkeiten für die Umformung in einen Relativsatz:
Das Verb kann entweder im **Aktiv** (mit *sich*) und meistens **vorzeitig** stehen oder als **Partizip II + *sein*** und dann **gleichzeitig**. Diese Formen haben dieselbe Bedeutung.

*Das Partizip II eines reflexiven Verbs im Linksattribut steht – anders als das Partizip I – ohne Reflexivpronomen.
Nicht von allen reflexiven Verben lässt sich ein Partizip II als Linksattribut bilden. Achten Sie auf die Bedeutung des Verbs.
→ ~~*der beeilte Mann*~~

1 Die (zu Protesten) entschlossenen Schüler treffen sich jeden Freitag.

Die Schüler, die ______, treffen sich jeden Freitag.

2 Wenig an Umweltschutz interessierte Menschen denken nicht über Umweltschutz nach.

Menschen, die ______, denken nicht über Umweltschutz nach.

3 Verspätete Bahnen und hohe Preise führen zu einer verstärkten Nutzung des eigenen Autos.

Bahnen, die ______, und hohe Preise führen zu einer ______.

d) Formen Sie die Partizip-II-Attribute in Relativsätze um. Sie können dabei schrittweise vorgehen.

Schritt 1: Markieren Sie Artikel und Nomen, Partizipialattribut und ggf. Rechtsattribut. Wenn es eine Erweiterung gibt, klammern Sie diese ein.

Die (in der Landwirtschaft) eingesetzten Pestizide aus Chemikalien bedrohen die Insekten.

Schritt 2: Finden Sie den Infinitiv zum Partizip und überlegen Sie, welche Bedeutung das Verb – im Kontext – hat und ob es transitiv, intransitiv oder reflexiv ist.

eingesetzten → Infinitiv (hier): etwas (A) einsetzen = transitiv

Schritt 3:

A Wenn das Verb **transitiv** ist, brauchen Sie im Relativsatz **Passiv** oder **Partizip II + *sein***.
Prüfen Sie den Kontext: Vorzeitig oder gleichzeitig?
einsetzen = transitiv
Kontext hier: Passiv,
gleichzeitig (immer noch)
→ die Pestizide, die eingesetzt werden

B Wenn das Verb **intransitiv** ist, bilden Sie den Relativsatz im **Aktiv vorzeitig**.

C Wenn das Verb **reflexiv** ist, bilden Sie den Relativsatz im **Aktiv vorzeitig** oder mit **Partizip II + *sein* (gleichzeitig)**.

↓

Schritt 4: Überlegen Sie, wo der Relativsatz stehen muss. Kopieren Sie die Erweiterung und ergänzen Sie ggf. den Rest des Hauptsatzes.

Die Pestizide aus Chemikalien, die (in der Landwirtschaft) eingesetzt werden, bedrohen die Insekten.

1 Die zu der Talkshow eingeladenen Gäste diskutieren über den Klimawandel.

2 Die gestiegenen Teilnehmerzahlen bei den Demonstrationen sind ein Signal an alle Politiker.

3 Auch die gesunkenen Wählerzahlen sollten die Regierung zu einem Umdenken bewegen.

4 Im Naturkundemuseum kann man ausgestopfte Tiere sehen.

5 Die verschlechterten klimatischen Bedingungen belasten vor allem Entwicklungsländer.

Die klimatischen Bedingungen,

6 Nicht von Insekten bestäubte Pflanzen tragen keine Früchte.

7 Auf den gerodeten Flächen entsteht Weideland für Rinder.

8 WAHLPROGRAMM

Im Wahlprogramm einer politischen Partei finden Sie einen Abschnitt zum Umweltschutz (links). Lesen Sie die Sätze. Hören Sie dann einen Auszug aus einer Wahlkampfrede des Spitzenkandidaten. Ergänzen Sie die fehlenden Wörter auf der rechten Seite (ein Wort pro Lücke).

Umwelt- und Klimaschutz

1 Der Klimawandel ist ein nur international zu lösendes Problem. Die Politik muss sich dafür einsetzen, unbedingt weltweit einzuhaltende Grenzwerte beim Kohlenstoffdioxidausstoß zu beschließen.

2 Die nicht mehr zu übersehende Belastung der Ozeane mit Plastikmüll muss durch möglichst schnell einzuführende Verbote von Einwegverpackungen eingedämmt werden.

3 Dennoch ist das Fernbleiben vom Schulunterricht ein nicht zu tolerierender und in jedem Fall zu bestrafender Verstoß gegen die allgemeine Schulpflicht.

(...)

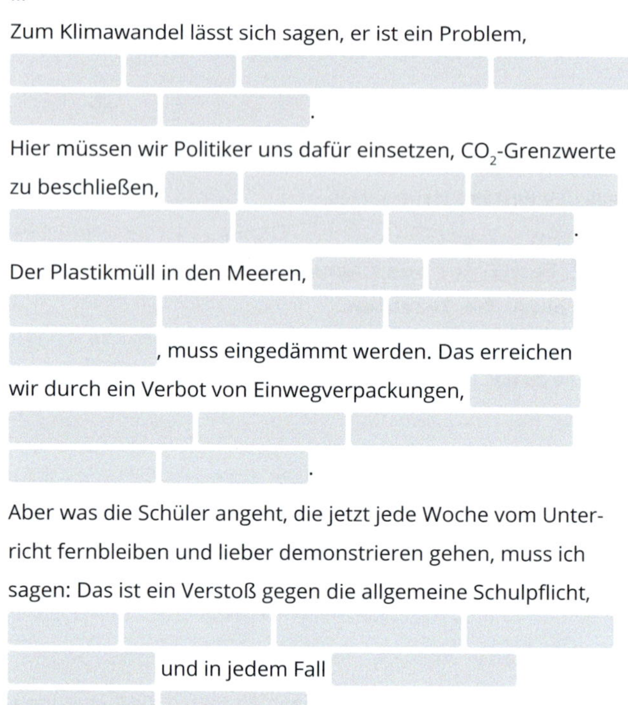

...

Zum Klimawandel lässt sich sagen, er ist ein Problem, ______ ______ ______ ______ ______ ______.

Hier müssen wir Politiker uns dafür einsetzen, CO_2-Grenzwerte zu beschließen, ______ ______ ______ ______ ______ ______.

Der Plastikmüll in den Meeren, ______ ______ ______ ______ ______ ______, muss eingedämmt werden. Das erreichen wir durch ein Verbot von Einwegverpackungen, ______ ______ ______ ______ ______ ______.

Aber was die Schüler angeht, die jetzt jede Woche vom Unterricht fernbleiben und lieber demonstrieren gehen, muss ich sagen: Das ist ein Verstoß gegen die allgemeine Schulpflicht, ______ ______ ______ ______ ______ und in jedem Fall ______ ______ ______.

9 PODIUMSDISKUSSION – SCHULBOYKOTT

Spielen Sie eine Podiumsdiskussion zum Thema *Schulboykott für die Umwelt*. Bestimmen Sie vor Beginn der Diskussion eine Person, die Sie durch das Gespräch führt. Daneben gibt es folgende Diskussionsteilnehmende:

- Eltern (pro und kontra)
- Politiker/Politikerinnen (pro und kontra)
- Lehrer/Lehrerinnen (pro und kontra)
- Schüler/Schülerinnen (pro und kontra)

Tipps für die Moderation einer Diskussion

In der Rolle des Moderators / der Moderatorin diskutieren Sie nicht mit, sondern leiten die Gesprächsrunde. Das heißt auch, dass Sie möglichst neutral bleiben sollten. Gehen Sie dabei wie folgt vor:

1 **die Diskussion einleiten:** Begrüßen Sie zunächst die Teilnehmenden und nennen Sie das Thema der Diskussion. Stellen Sie anschließend die Diskussionsteilnehmenden vor und stellen Sie eine Eingangsfrage, mit welcher die Diskussion beginnen kann.

2 **die Diskussion leiten:** Sie sollten die Diskussion aufmerksam verfolgen und Nachfragen stellen, wenn sich die Teilnehmenden nicht verständlich ausgedrückt haben sollten. Achten Sie auch darauf, dass sie nicht vom Thema abschweifen und sich zu verschiedenen Aspekten des Themas äußern, indem Sie neue Impulse und Fragen einwerfen, die noch nicht diskutiert wurden. Dabei können Sie einzelne Teilnehmende auch direkt ansprechen. Behalten Sie auch die Zeit im Blick.

3 **Fazit und Schlusswort:** Weisen Sie auf das allmähliche Ende der Diskussion hin und geben Sie allen die Möglichkeit, ein kurzes Schlusswort zu äußern. Fassen Sie anschließend die Ergebnisse der Diskussion kurz zusammen und verabschieden Sie die Teilnehmenden.

EINE DISKUSSION MODERIEREN

Einleitung

Ich heiße Sie alle herzlich willkommen zu unserer heutigen Podiumsdiskussion. – Ich begrüße Sie herzlich zu unserer Diskussionsrunde.
Das Thema unserer heutigen Diskussionsrunde lautet: ... – Wir beschäftigen uns heute mit dem Thema ... – Wir möchten uns heute der Frage widmen, ob – wie ...
Eingeladen haben wir dazu: ... – Um dieses Thema von allen Seiten zu betrachten, begrüßen wir heute die folgenden Gäste: ...
Damit kommen wir schon zur Eingangsfrage: Stimmt es, dass ...? – Ich möchte zunächst Herrn / Frau ... das Wort erteilen: Was halten Sie von ...?

Diskussion leiten

Herr / Frau ... , würden Sie uns bitte erklären, ... – Verstehe ich Sie richtig? Sie finden also, ... – Was verstehen Sie unter ...?
Ich denke, damit kommen / schweifen wir vom eigentlichen Thema ab. – Konzentrieren wir uns auf ... – Diesen Punkt sollten wir vielleicht zu einem späteren Zeitpunkt noch einmal aufgreifen.
Das bringt uns direkt zur nächsten Frage: ... – Ich würde jetzt gerne auf den Aspekt ... eingehen. – In diesem Zusammenhang sollten wir noch folgende Frage diskutieren: ... – Herr / Frau ... möchten Sie darauf antworten? – Was sagen Sie dazu, dass ... ? – Möchte sich noch jemand anderes dazu äußern?

R

Diskussion beenden

Langsam sollten wir zum Ende kommen. – Leider ist unsere Zeit gleich schon um.
Wir halten also fest, dass ... – Das Fazit der Diskussion lautet also ... – Abschließend lässt sich also festhalten, dass ...
Damit sind wir auch schon am Schluss angekommen / angelangt. – Vielen Dank für die interessanten Beiträge. – Ich möchte mich herzlich bei allen Gästen für die Teilnahme bedanken.

10 ARGUMENTATIV SCHREIBEN – SCHULBOYKOTT

a) Lesen Sie die folgende Aufgabenstellung. Was ist die zentrale Frage?

Schulboykott – Verletzung der Schulpflicht oder sinnvoller Protest?

Jeden Freitag demonstrieren derzeit Gundula Taubner und ihre Mitschülerinnen und Mitschüler für den Klimaschutz. Statt den Unterricht zu besuchen, setzen sich die jungen Menschen für Klima- und Umweltschutz ein – und verletzen damit die in Deutschland geltende Schulpflicht.*

Schreiben Sie einen argumentativen Text, in dem Sie darstellen, welche Gründe für und gegen den Schulboykott sprechen. Legen Sie Ihre persönliche Meinung zu der Frage dar, ob Schulen ihre Schüler für das Schulschwänzen bestrafen oder es tolerieren sollten, und begründen Sie Ihre Meinung. Beschreiben Sie außerdem die Einstellungen der Jugendlichen in Ihrem persönlichen Umfeld zum Thema Umweltschutz.

*In Deutschland besteht für alle Kinder bis zum Alter von 18 Jahren eine gesetzlich vorgeschriebene **Schulpflicht**. Dazu zählen der regelmäßige Schulbesuch, die Mitarbeit im Unterricht sowie die Erledigung der Hausaufgaben.

b) Erstellen Sie zu zweit oder in einer Gruppe eine Gliederung für einen argumentativen Text zur Aufgabenstellung aus a).

c) Die Aufgabenstellung zur Textproduktion stellt Ihnen bereits Informationen zur Verfügung, die Sie für Ihren Text nutzen können. Dabei gilt die Regel: **Sie dürfen keine kompletten Sätze kopieren!** Sie müssen die Informationen umformulieren. Lesen Sie die Tipps und formulieren Sie die Sätze um.

Tipps für die Textproduktion

Um vorgegebene Informationen umzuformulieren, können Sie folgende Strategien nutzen:

- **Synonyme verwenden**
  Ersetzen Sie ein oder mehrere Wörter des Satzes durch ein Synonym.
  Tipp: Sie finden Synonyme häufig in den Erklärungen in Ihrem einsprachigen Wörterbuch.
- **grammatische Umformulierungen verwenden**
  Verändern Sie die grammatische Struktur der vorgegebenen Sätze. Sie kennen zum Beispiel folgende Möglichkeiten zur Umformulierung:
  - Aktiv ↔ Passiv
  - Passiv + Modalverb ↔ Passiversatz ↔ Aktiv + Modalverb
  - Linksattribut (Adj., PI, PII) → Relativsatz
  - Inversion (Verändern Sie die Reihenfolge der Satzglieder, tauschen Sie z. B. Position 1 und 3. Diese Änderung ist jedoch minimal und sollte am besten mit weiteren Veränderungen kombiniert werden.)
  - Hauptsatz ↔ Nebensatz

1 Jeden Freitag demonstrieren derzeit Gundula Taubner und ihre Mitschülerinnen und Mitschüler für den Klimaschutz.

- Synonym: *jeden Freitag* → ______
- Synonym: *für den Klimaschutz* → gegen den Klimawandel
- Inversion

Derzeit demonstrieren ______

______

2 Statt den Unterricht zu besuchen, setzen sich die jungen Menschen für Klima- und Umweltschutz ein.

- grammatische Umformulierung: *statt* + *zu*-Infinitiv → *nicht ..., sondern ...*
- Synonym: *besuchen* → ______
- Synonym: *sich einsetzen für* → ______
- Synonym: ______ → die Jugendlichen

Die Jugendlichen ______

______

3 ... und verletzen damit die in Deutschland geltende Schulpflicht.

- Synonym: ______ → *so, auf diese Weise, dadurch*
- Partizipialattribut → Relativsatz: *die in Deutschland geltende Schulpflicht* → die Schulpflicht, die ______

... und verletzen ______

______

4 ..., ob Schulen die Schüler für das Schulschwänzen bestrafen oder es tolerieren sollten.

- Aktiv → Passiv: Schulen sollten Schüler bestrafen → Schüler sollten ______
- Synonym: ______ = *nicht bestrafen* → Verkürzung: → *oder nicht*

..., ob die Schüler ______

5 In Deutschland besteht für alle Kinder bis zum Alter von 18 Jahren eine gesetzlich vorgeschriebene Schulpflicht.

- Inversion: Position 1 und 3 tauschen
- Synonym: ______ → *es gibt*
- Synonym: *Kinder bis zum Alter von 18 Jahren* → Kinder ______ 18 Jahren
- Partizipialattribut → Relativsatz: *eine gesetzlich vorgeschriebene Schulpflicht* → eine Schulpflicht, die ______

d) Schreiben Sie nun einen argumentativen Text zur Aufgabenstellung aus a).

11 UMFORMUNG: MODALES PARTIZIP – RELATIVSATZ

a) Lesen Sie den folgenden Satz aus dem Wahlprogramm (Aufgabe 8) und kreuzen Sie an, welche Umformungen dieselbe Bedeutung haben. Lesen Sie anschließend die Regeln zum modalen Partizip.

Der Klimawandel ist ein nur international zu lösendes Problem.

Der Klimawandel ist ein Problem, ...

A das nur international zu lösen ist.

B das nur international gelöst werden darf.

C das nur international gelöst werden kann.

D das man nur international lösen muss.

E das nur international lösbar ist.

F das sich nur international lösen lässt.

G das man nur international lösen kann.

*ein **zu lösendes** Problem*
*dringend **umzusetzende** Maßnahmen*

Das modale Partizip ist ein Linksattribut und entspricht einer Aussage **mit Modalverb**. Man bildet es aus *zu* + Partizip I + Adjektivendung. Bei trennbaren Verben steht das *zu* zwischen Partikel und Verbstamm.

Welchem Modalverb (*können, müssen, sollen*) das modale Partizip entspricht, hängt vom Kontext ab*. Manchmal sind, je nach Interpretation, verschiedene Modalverben möglich.

Für die Umformung zum Relativsatz ergeben sich diese verschiedenen Möglichkeiten:

- Aktiv/Passiv mit Modalverb
- Passiversatz

*Signalwörter wie *unbedingt, möglichst schnell, vielleicht, problemlos, kaum, nur* etc. geben wichtige Hinweise auf die Bedeutung.

b) Formen Sie die Linksattribute in Relativsätze um. Verwenden Sie möglichst viele verschiedene Varianten.

1 Die nicht abzusehenden Folgen des Klimawandels machen vielen Jugendlichen Sorgen.

2 Auf der Klimakonferenz wurden kaum noch einzuhaltende Grenzwerte beschlossen.

3 Der unbedingt zu reduzierende Treibhauseffekt bedroht das Überleben von Menschen und Tieren.

4 Die fast nicht mehr aufzuhaltende Klimaerwärmung könnte zu Unruhen und Kriegen führen.

5 Die Sicherung von Arbeitsplätzen ist ein nicht zu unterschätzendes Argument in der Politik.

Umformung: Linksattribut – Relativsatz

	Linksattribut	→	Rechtsattribut: Relativsatz	
Adjektiv	*Das ist ein höchst **komplexes** Thema.*	→	*Das ist ein Thema, **das** höchst **komplex ist**.*	Adjektiv + *sein*
Partizip I	***Sich** am Ufer **sammelnde** Plastikteilchen bildeten neue Gesteinsarten.*	→	*Plastikteilchen, **die sich** am Ufer **sammelten**, bildeten neue Gesteinsarten.*	Aktiv und meist gleichzeitig
Partizip II (transitiv)	*Die **präparierten** Skelette werden in Museen ausgestellt.*	→	*Die Skelette, **die präpariert wurden/sind**, werden in Museen ausgestellt.*	Passiv (vorzeitig) oder Partizip II + *sein* (gleichzeitig)
Partizip II (intransitiv)	*Von **ausgestorbenen** Arten zeugen heute nur noch Knochenfunde.*	→	*Von Arten, **die ausgestorben sind**, zeugen heute nur noch Knochenfunde.*	Aktiv vorzeitig
Partizip II (reflexiv)	*Der an Luxus **gewöhnte** Mensch ändert wenig.*	→	*Der Mensch, **der sich** an Luxus **gewöhnt hat** / **der** an Luxus **gewöhnt ist**, ändert wenig.*	Aktiv (vorzeitig) oder Partizip II + *sein* (gleichzeitig)
modales Partizip	*Das ist ein **zu lösendes** Problem.*	→	*Das ist ein Problem, **das gelöst werden kann/muss**. / **das zu lösen ist** / **lösbar ist** / **sich lösen lässt** / **man lösen kann**.*	Aktiv/Passiv mit Modalverb oder Passiversatz

eine Diskussion moderieren

Einleitung

Ich heiße Sie alle herzlich willkommen zu unserer heutigen Podiumsdiskussion. – Ich begrüße Sie herzlich zu unserer Diskussionsrunde.
Das Thema unserer heutigen Diskussionsrunde lautet: … – Wir beschäftigen uns heute mit dem Thema … – Wir möchten uns heute der Frage widmen, ob / wie …
Eingeladen haben wir dazu: … – Um dieses Thema von allen Seiten zu betrachten, begrüßen wir heute die folgenden Gäste: …
Damit kommen wir schon zur Eingangsfrage: Stimmt es, dass …? – Ich möchte zunächst Herrn / Frau … das Wort erteilen: Was halten Sie von …?

Diskussion leiten

Herr / Frau … , würden Sie uns bitte erklären, … – Verstehe ich Sie richtig? Sie finden also, … – Was verstehen Sie unter …?
Ich denke, damit kommen / schweifen wir vom eigentlichen Thema ab. – Konzentrieren wir uns auf … – Diesen Punkt sollten wir vielleicht zu einem späteren Zeitpunkt noch einmal aufgreifen.
Das bringt uns direkt zur nächsten Frage: … – Ich würde jetzt gerne auf den Aspekt … eingehen. – In diesem Zusammenhang sollten wir noch folgende Frage diskutieren: … – Herr / Frau … möchten Sie darauf antworten? – Was sagen Sie dazu, dass … ? – Möchte sich noch jemand anderes dazu äußern?

Diskussion beenden

Langsam sollten wir zum Ende kommen. – Leider ist unsere Zeit gleich schon um.
Wir halten also fest, dass … – Das Fazit der Diskussion lautet also … – Abschließend lässt sich also festhalten, dass …
Damit sind wir auch schon am Schluss angekommen / angelangt. – Vielen Dank für die interessanten Beiträge. – Ich möchte mich herzlich bei allen Gästen für die Teilnahme bedanken.

IN DIESEM KAPITEL LERNEN SIE:
- Wortschatz: Lebensmittel / Nachhaltigkeit
- Grafiken beschreiben
- Grafiken und Texte verknüpfen
- Umformung: Relativsatz – Linksattribut
- Notiztechniken beim Hörverstehen

1 DAS ESSE ICH NICHT MEHR!

a) Schauen Sie sich die Bilder an. Was sehen Sie? Hören Sie dazu die Soundcollage. Kommen Ihnen die Aussagen bekannt vor? Sprechen Sie im Kurs.

1

2

3

4

b) Kann man das noch essen oder muss es schon weg? Ordnen Sie die Adjektive in die Tabelle.

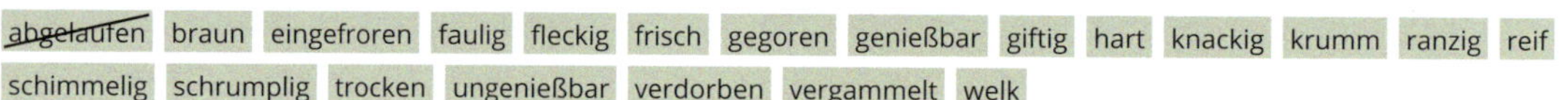
~~abgelaufen~~ braun eingefroren faulig fleckig frisch gegoren genießbar giftig hart knackig krumm ranzig reif schimmelig schrumplig trocken ungenießbar verdorben vergammelt welk

Kann man (evtl. noch) essen!	Muss entsorgt werden!
	abgelaufen,

c) Bilden Sie Sätze mit den Adjektiven aus b).

Bananen mit braunen Flecken kann man noch essen, sie schmecken nur süßer und sind an diesen Stellen weicher.

d) Drücken Sie mit den Adjektiven aus b) Gegensätze aus, indem Sie adversative Sätze mit *aber*, *jedoch*, *hingegen*, *dagegen*, *allerdings*, *während*, *wohingegen* etc. bilden.

Bananen mit braunen Flecken kann man noch essen, aber schimmelige Bananen sollte man wegwerfen.
Bananen mit braunen Flecken kann man noch essen, während man schimmelige Bananen wegwerfen sollte.

2 LEBENSMITTELVERSCHWENDUNG

a) Lesen Sie die Texte und ordnen Sie die Überschriften (1–3) zu. Es geht nicht darum, jedes Wort zu verstehen.

1 Das verlorene Drittel
2 Aus dem Abfall auf den Tisch
3 Verantwortung des Verbrauchers

A ____________________

Die Tomate ist zu unförmig, das Salatblatt verwelkt, und die Banane hat schon einen braunen Fleck – die Gründe, Essen wegzuschmeißen, sind oft fadenscheinig[1]. Dennoch gehören das Aussortieren und Entsorgen von Lebensmitteln nicht nur in Privathaushalten, sondern auch in Supermärkten zur täglichen Routine. Alles soll so makellos[2] aussehen wie möglich, denn die Ästhetik zählt. Das führt dazu, dass laut einer Studie, die das Bundesministerium für Ernährung und Landwirtschaft (BMEL) **in Auftrag gegeben** hat, jährlich rund 12 Millionen Tonnen Lebensmittel in Deutschland weggeworfen werden. Um dieser maßlosen Verschwendung von noch genießbaren Lebensmitteln entgegenzuwirken, **gehen** „Mülltaucher" regelmäßig in den Abfallcontainern von Supermärkten **auf die Suche** nach Nahrungsmitteln. Nachts, wenn die Märkte geschlossen sind, durchwühlen sie die riesigen Müllbehälter nach Essbarem. Beim Mülltauchen, auch *Containern* genannt, ernähren sich die selbsternannten Lebensmittelretter bedenkenlos von dem, was die Geschäfte täglich entsorgen. Und das nicht etwa aus der Not heraus. Vielmehr aus Empörung[3] darüber, dass im Einzelhandel Lebensmittel in großen Mengen verschwendet werden und die Gesellschaft einfach wegsieht.

[1] fadenscheinig = hier: durchschaubar, man erkennt leicht die wahren Gründe dahinter
[2] makellos = ohne Makel/Fehler, perfekt

[3] die Empörung, / = der Ärger

B ____________________

Weltweit landet ca. ein Drittel aller produzierten Lebensmittel im Müll. Das sind 1,3 Milliarden Tonnen pro Jahr. Die Zahl ist erschreckend hoch, wenn man bedenkt, dass noch immer mehr als 800 Millionen Menschen auf der Welt an Hunger leiden. Auch die Verschwendung von zur Lebensmittelproduktion benötigten Ressourcen ist dabei enorm. Die Gründe für die Vergeudung wertvoller Ressourcen sind vielfältig – und sie erstrecken sich über die gesamte Handelskette vom Erzeuger bis zum Verbraucher. Sowohl in der Industrie als auch in der Landwirtschaft können unsachgemäße[4] Lagerung, Transportschäden etc. dazu führen, dass Waren noch vor der Auslieferung an den Supermarkt entsorgt werden müssen. Insgesamt 30 % aller weggeworfenen Lebensmittel in Deutschland fallen auf die Primärproduktion und die Weiterverarbeitung, 12 % davon auf die Landwirtschaft und 18 % auf die Industrie, wie eine vom Bundesministerium für Ernährung und Landwirtschaft (BMEL) beauftragte Studie aus dem Jahr 2019 zeigt. Im Supermarkt wiederum werden Waren aussortiert, deren Aussehen dem Kunden nicht gefällt. Zudem erwartet der Kunde volle Regale. Auch verderbliche Lebensmittel wie Obst und Gemüse und Backwaren müssen für die Kunden immer **zur Verfügung stehen**, auch abends noch kurz vor Ladenschluss. Das führt zu einem Überangebot[5] – und der Entsorgung unverkaufter Waren. Diese Lebensmittelverschwendung in Supermärkten und anderen Lebensmittelgeschäften macht dabei jedoch nur 4 % der gesamten Lebensmittelverschwendung aus – Supermärkte **haben** damit einen vergleichsweise geringen **Einfluss** auf die deutschlandweite Lebensmittelvergeudung. Einen größeren Einfluss hat die Gastronomie[6] mit einem Anteil von 14 % an den verursachten Abfällen. Der größte Faktor jedoch steht am Ende der Handelskette – der Verbraucher **trägt die Verantwortung** für 52 % der jährlich entsorgten Lebensmittel.

[4] unsachgemäß = falsch

[5] das Überangebot, -e = es wird mehr angeboten als verkauft
[6] Gastronomie = hier: Wirtschaftsbereich der professionellen Bewirtung, z. B. Cafés, Restaurants

*Einige adversative Adverbien (z. B. *dagegen, aber, jedoch, allerdings*) können auch zusammen mit einem Nomen/Pronomen auf Position 1 stehen.
*Relativ wenig Essen **dagegen*** (= Pos. 1) *wird entsorgt, weil …*
*= Relativ wenig Essen wird **dagegen*** (= Pos. 3) *entsorgt, weil …*

C

Den größten Anteil an der Lebensmittelverschwendung hat der Verbraucher. Schätzungen zufolge wandert ein Viertel aller eingekauften Lebensmittel pro Haushalt ungenutzt in den Müll. Der Großteil der privat entsorgten Lebensmittel wird wegen eines abgelaufenen Mindesthaltbarkeitsdatums weggeworfen. Auch falsch eingeschätzte Portionsgrößen tragen zur Verschwendung in den Haushalten bei. Viele Konsumenten kaufen außerdem zu große Mengen. Sie denken vorher nicht darüber nach, wie viel man wovon für welche Rezepte braucht. Es entstehen Reste, die im Müll landen, anstatt dass sie weiterverarbeitet werden. Oder Lebensmittel werden erst gar nicht verwendet, weil man zu viel gekauft hat, wozu auch Sonderangebote **einen Beitrag leisten**. Relativ wenig Essen dagegen* wird entsorgt, weil es dem Verbraucher nicht schmeckt.

b) Lesen Sie die Texte nun noch einmal genauer und bearbeiten Sie die Aufgaben.

1 Richtig oder falsch? Kreuzen Sie an.

R	F	1	Ein Grund für die Entsorgung von Lebensmitteln ist zum Beispiel das Aussehen.
R	F	2	Im Supermarkt nach essbaren Lebensmitteln zu suchen, nennt man Mülltauchen.
R	F	3	Der Hauptgrund für das Mülltauchen ist Armut.
R	F	4	Auf der Welt werden jährlich 1,3 Milliarden Tonnen Lebensmittel hergestellt.
R	F	5	Auf dem Weg vom Erzeuger zum Supermarkt werden Lebensmittel durch Transport und Lagerung verschwendet.
R	F	6	Für den Kunden ist es wichtig, dass die Regale im Supermarkt immer voll sind.
R	F	7	25 % der weltweit verschwendeten Lebensmittel werden durch den Verbraucher entsorgt.
R	F	8	Verbraucher planen die Menge der eingekauften Lebensmittel oft falsch.
R	F	9	Der Hauptgrund für die Entsorgung der meisten Lebensmittel durch den Verbraucher liegt darin, dass sie ihm nicht schmecken.

2 Erstellen Sie eine Grafik mithilfe der Informationen aus Text B.

Thema der Grafik: Verursacher von Lebensmittelabfällen in Deutschland Quelle: BMEL, 2019

0 % 50 % 100 %

3 Die Texte nutzen einige feste Ausdrücke aus Nomen und Verb. Ordnen Sie diesen Nomen-Verb-Verbindungen jeweils ein passendes Synonym zu.

1	etw. in Auftrag geben	A	verfügbar sein
2	Einfluss haben	B	etw. beeinflussen
3	Verantwortung tragen	C	etw. suchen
4	auf die Suche gehen	D	verantwortlich sein für etw.
5	einen Beitrag leisten	E	jmdn. beauftragen, etw. zu tun
6	zur Verfügung stehen	F	zu etw. beitragen

1	2	3	4	5	6
…	…	…	…	…	…

Bei **Nomen-Verb-Verbindungen** trägt das Verb kaum Bedeutung, sondern hauptsächlich das Nomen. Das entsprechende Verb leitet sich deshalb meist vom Nomen ab.

3 GRAFIKEN BESCHREIBEN

a) Beschreiben und interpretieren Sie die folgende Grafik mündlich. Beschränken Sie sich dabei auf die wesentlichen Informationen und gehen Sie in folgenden Schritten vor:

1 Thema, Quelle, Zeitraum/Zeitpunkt der Grafik nennen
2 die wichtigsten Informationen nennen und Vergleiche aus der Grafik ziehen: Unterschiede zwischen geschätzter und tatsächlicher Verschwendung → ca. drei Beispielländer mit auffälligen Werten auswählen
3 Grafik interpretieren: mögliche Gründe für die Widersprüchlichkeit vermuten

Eine Übersicht über wichtige Redemittel zur Grafikbeschreibung finden Sie im digitalen Zusatzmaterial.

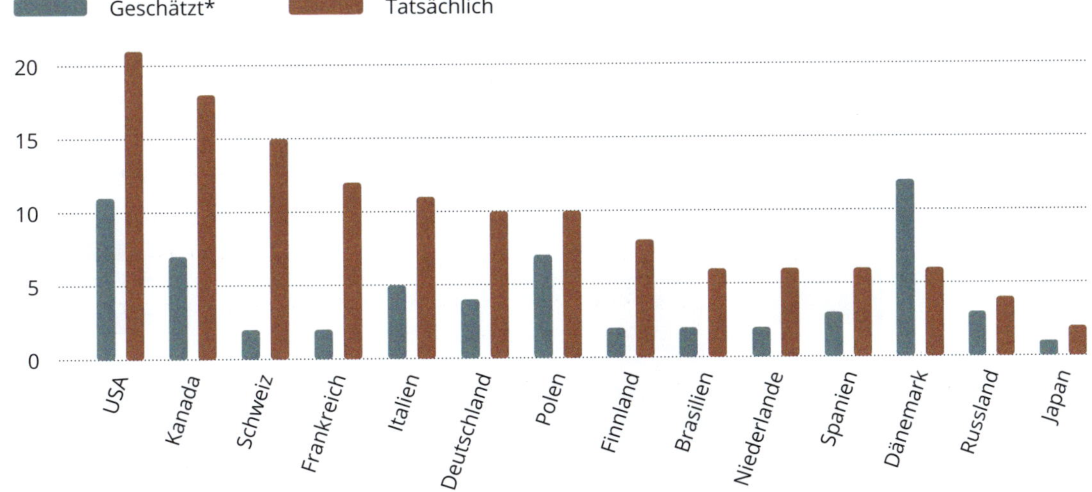

*Schätzungen von 27 000 Haushaltsvorständen (18 bis 70 Jahre) in 14 Ländern; 2019 Quelle: SAK

b) Arbeiten Sie zu zweit. Jede Person beschreibt einen Teil der Grafik zum Thema Lebensmittelverschwendung mündlich. Ergänzen Sie die fehlenden Informationen während der Präsentation Ihrer Partnerin / Ihres Partners.

Person A: linken Teil der Grafik präsentieren, rechten Teil ergänzen

Lebensmittelverschwendung

Datenquelle: ©BMEL-Ernährungsreport 2019

Pro Kopf und Jahr werden in Deutschland **55 kg** Lebensmittel weggeworfen.

Knapp ______ der weggeworfenen Lebensmittel sind vermeidbare Abfälle.

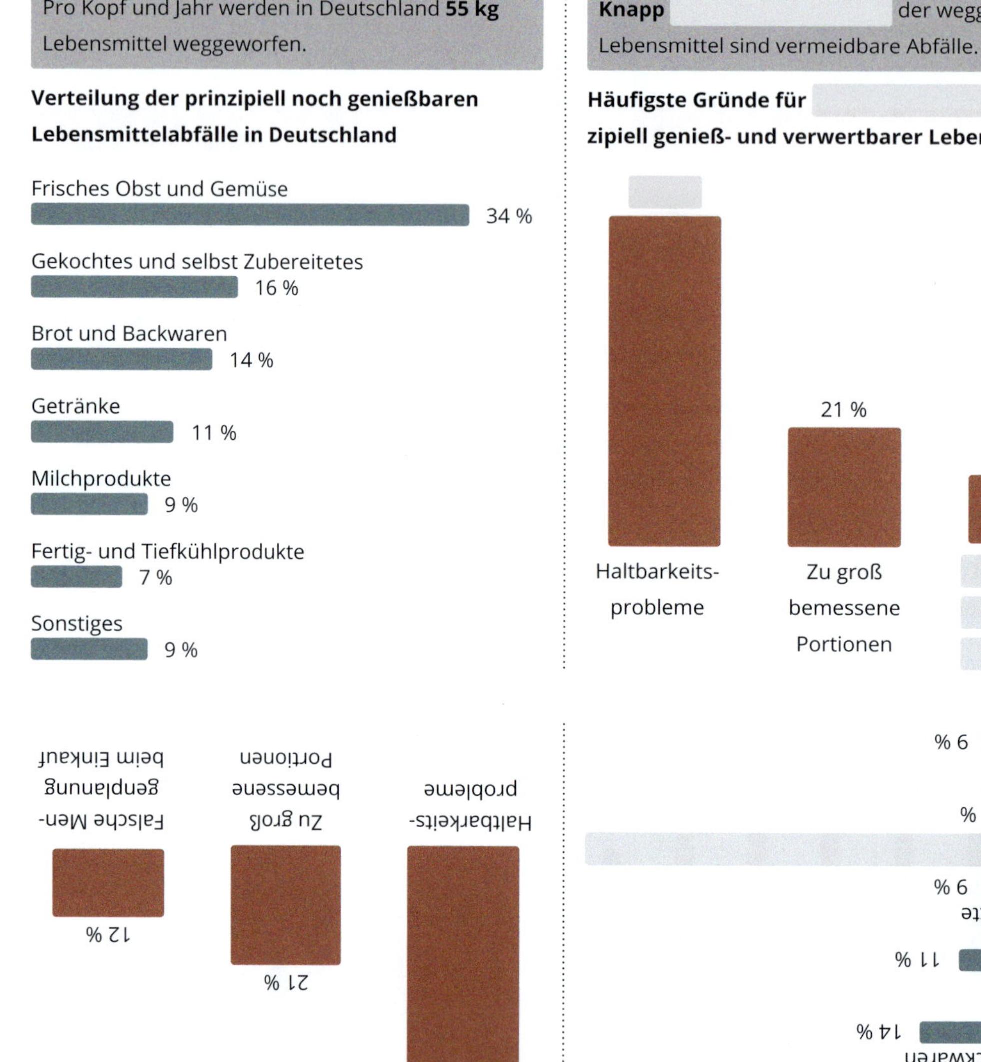

Person B: rechten Teil der Grafik präsentieren, linken Teil ergänzen

Lebensmittelverschwendung

Datenquelle: ©BMEL-Ernährungsreport 2019

Pro Kopf und Jahr werden in Deutschland ______ Lebensmittel weggeworfen.

Knapp die Hälfte der weggeworfenen Lebensmittel sind vermeidbare Abfälle.

Verteilung der prinzipiell noch genießbaren Lebensmittelabfälle in Deutschland

Frisches Obst und ______

Gekochtes und selbst Zubereitetes 16 %

Brot und Backwaren 14 %

Getränke 11 %

Milchprodukte 9 %

______ 7 %

Sonstiges 9 %

Häufigste Gründe für die Entsorgung prinzipiell genieß- und verwertbarer Lebensmittel

Haltbarkeits-probleme 58 %

Zu groß bemessene Portionen 21 %

Falsche Mengenplanung beim Einkauf 12 %

c) Verschriftlichen Sie eine der Grafikbeschreibungen aus a) oder b).

d) Lesen Sie die folgende Aussage eines Mülltauchers. Wie bewerten Sie die Wirksamkeit des Containerns im Hinblick auf die Rettung von Lebensmitteln? Sprechen Sie einen Kurzvortrag in Ihr Handy ein. Spielen Sie es Ihrem Partner / Ihrer Partnerin vor und geben Sie einander Feedback.

„Die Lebensmittelabfälle der Supermärkte sind für mich das größte Problem in Bezug auf Lebensmittelverschwendung. Riesige Berge von Lebensmitteln landen in den Abfallcontainern der Supermärkte. Frisches Brot, Gemüse, Obst, aber auch Milchprodukte ... Wirklich alles findet man dort. Wenn man den Supermärkten verbieten würde, Lebensmittel wegzuwerfen, müsste niemand auf der Welt mehr hungern."

Bauen Sie Ihren Vortrag folgendermaßen auf:

1 Fassen Sie zunächst den Kurztext „Aus dem Abfall auf den Tisch" aus Aufgabe 2a) und das Zitat des Mülltauchers zusammen.

2 Verknüpfen Sie die Informationen aus den Texten mit den Werten aus Ihrer selbst erstellten Grafik aus Aufgabe 2b).

INFORMATIONEN AUS GRAFIKEN UND TEXTEN VERKNÜPFEN

von der Textzusammenfassung zur Grafik überleiten

Zu dem Thema liegt auch eine Grafik vor.
Dem Text ist auch eine Grafik beigefügt.
Im Anschluss an die Textzusammenfassung möchte ich jetzt noch eine Grafik vorstellen.
Nach der Textzusammenfassung werde ich nun noch etwas zur Grafik sagen.

Bezug zwischen Text und Grafik herstellen

Grafik bestätigt den Text:	*Die Informationen aus der Grafik passen zu den Aussagen des Textes.* *Die Grafik bestätigt die Aussagen des Textes.*
Grafik widerspricht dem Text:	*Die Grafik präsentiert eine andere Sichtweise.* *Eine (etwas / ganz) andere Sichtweise zeigt die Grafik.*
Grafik ähnlich wie im Text:	*Die Aussage des Textes findet sich in ähnlicher Form auch in der Grafik.*
Grafik gibt zusätzliche/neue Info:	*Die Grafik gibt noch eine zusätzliche Information, nämlich ...* *Die Grafik enthält noch eine neue Information zum Thema des Textes.* *Die Grafik zeigt noch einen weiteren Aspekt zum Thema, und zwar ...*

R

WICHTIGSTE INFORMATIONEN AUS EINER GRAFIK KURZ WIEDERGEBEN

Quelle		wichtigsten Inhalt nennen	genaue Zahl nennen
Laut *Nach*	*dem ...* *(der / des ...)* (Nullartikel)	(dabei Verb auf Position 2)	*..., und zwar ...* *..., nämlich ...* *... mit ...*

4 UMFORMUNG: RELATIVSATZ – LINKSATTRIBUT

a) Markieren Sie die Nomen und die Relativsätze in Text 1 und die Nomen mit ihren Linksattributen in Text 2 wie im Beispiel. Was fällt auf, wenn Sie die Texte vergleichen? Achten Sie auch auf die Verben (Aktiv/Passiv, reflexiv und gleichzeitig/vorzeitig).

Text 1

(1) Kartoffeln gehören zu den Lebensmitteln, die (oft vorschnell) weggeworfen werden, weil viele Leute Angst haben, dass sie giftig sein könnten. (2) Kartoffeln, die falsch gelagert werden, bekommen grüne Stellen. (3) Nach einiger Zeit kann man sogar Keime sehen, die aus den Kartoffeln wachsen. (4) Darin ist das Gift Solanin enthalten, das Bauchschmerzen und Übelkeit auslöst. (5) Die Stellen, die betroffen sind, kann man aber wegschneiden und die Kartoffeln ohne Probleme genießen. (6) Eine Methode, die die Verschwendung reduziert, ist, die Kartoffeln richtig zu lagern. (7) Der Aufbewahrungsort, der sich am besten für Kartoffeln eignet, ist kühl und dunkel. (8) Ein Kühlschrank, der mit ca. 7 °C sehr kalt ist, ist aber nicht geeignet. (9) Und nicht vergessen: Kartoffeln sind ein Gemüse, das vor dem Essen unbedingt gekocht werden muss.

Text 2

(1) Kartoffeln gehören zu den (oft vorschnell) weggeworfenen Lebensmitteln, weil viele Leute Angst haben, dass sie giftig sein könnten. (2) Falsch gelagerte Kartoffeln bekommen grüne Stellen. (3) Nach einiger Zeit kann man sogar aus den Kartoffeln wachsende Keime sehen. (4) Darin ist das Bauchschmerzen und Übelkeit auslösende Gift Solanin enthalten. (5) Die betroffenen Stellen kann man aber wegschneiden und die Kartoffeln ohne Probleme genießen. (6) Eine die Verschwendung reduzierende Methode ist, die Kartoffeln richtig zu lagern. (7) Der sich am besten für Kartoffeln eignende Aufbewahrungsort ist kühl und dunkel. (8) Ein mit ca. 7 °C sehr kalter Kühlschrank ist aber nicht geeignet. (9) Und nicht vergessen: Kartoffeln sind ein vor dem Essen unbedingt zu kochendes Gemüse.

b) Lesen Sie die Beispielsätze und ergänzen Sie die Übersicht mit den vorgegebenen Wörtern.

Adjektiv | modales Partizip | Partizip I | Partizip II

		Relativsatz →	Linksattribut	
Adjektiv + *sein*		*Ein Kühlschrank, **der** sehr **kalt ist**, ist nicht geeignet.*	*Ein sehr **kalter** Kühlschrank ist nicht geeignet.*	
Aktiv	gleich-zeitig	*Nach einiger Zeit kann man sogar Keime sehen, **die** aus den Kartoffeln **wachsen**.* *Das sind Keime, **die sich** besonders bei Helligkeit **bilden**.*	*Nach einiger Zeit kann man sogar aus den Kartoffeln **wachsende** Keime sehen.* *Das sind **sich** besonders bei Hellig-keit **bildende** Keime.*	
	vor-zeitig	*Die Keime, **die** aus den Kartoffeln **gewachsen sind**, sind giftig.* *Die Stellen, **die sich** farblich **verän-dert haben**, sind giftig.*	*Die aus den Kartoffeln **gewachse-nen** Keime sind giftig.* *Die farblich **veränderten** Stellen sind giftig.* (*sich* fällt weg)	
Passiv/Parti-zip II + *sein*, gleichzeitig/ vorzeitig		*Kartoffeln, **die** falsch **gelagert werden / wurden / sind**, bekommen grüne Stellen.*	*Falsch **gelagerte** Kartoffeln bekommen grüne Stellen.*	
Passiv mit Modalverb/ Passiversatz		*Kartoffeln sind ein Gemüse, **das** vor dem Essen **gekocht werden muss**. / **das** vor dem Essen **zu kochen ist**. / **das man** vor dem Essen **kochen muss**.*	*Kartoffeln sind ein vor dem Essen **zu kochendes** Gemüse.*	

c) Markieren Sie die Artikel, Nomen, Relativsätze und Relativpronomen. Wenn es eine Erweiterung des Attributs gibt, die unverändert übernommen wird, klammern Sie diese wie im Beispiel ein. Formen Sie die Relativsätze dann in Linksattribute um. Achten Sie dabei besonders auf die Verben (Aktiv/Passiv, reflexiv und gleichzeitig/vorzeitig).

1 Im Kühlschrank sollten Lebensmittel, die (bald) ablaufen, möglichst weit vorne stehen.

2 An Milch, die abgelaufen ist, sollte man riechen, statt sie einfach wegzuwerfen.

3 Milch, die sauer geworden ist, kann man vielleicht noch zu Käse oder Schmand verarbeiten.

4 Zu den Lebensmitteln, die man schnell verzehren muss, gehören z. B. Fleisch und frische Eier.

5 Als Trockenfrüchte bezeichnet man Obst, das getrocknet ist.

d) Markieren Sie die Artikel, Nomen, Relativsätze und Relativpronomen wie im Beispiel. Formen Sie anschließend die Relativsätze in Linksattribute um. Achten Sie – wie immer – auf die Verben!

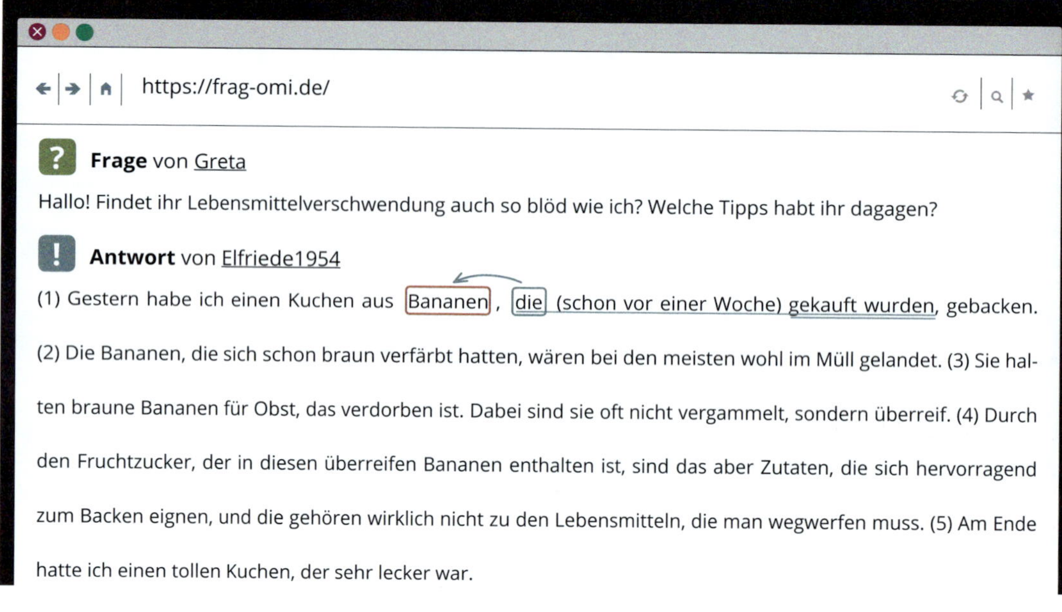
https://frag-omi.de/

Frage von Greta

Hallo! Findet ihr Lebensmittelverschwendung auch so blöd wie ich? Welche Tipps habt ihr dagegen?

Antwort von Elfriede1954

(1) Gestern habe ich einen Kuchen aus Bananen, die (schon vor einer Woche) gekauft wurden, gebacken. (2) Die Bananen, die sich schon braun verfärbt hatten, wären bei den meisten wohl im Müll gelandet. (3) Sie halten braune Bananen für Obst, das verdorben ist. Dabei sind sie oft nicht vergammelt, sondern überreif. (4) Durch den Fruchtzucker, der in diesen überreifen Bananen enthalten ist, sind das aber Zutaten, die sich hervorragend zum Backen eignen, und die gehören wirklich nicht zu den Lebensmitteln, die man wegwerfen muss. (5) Am Ende hatte ich einen tollen Kuchen, der sehr lecker war.

Antwort von AlinaMaus

(6) Meine Oma hat aus Äpfeln, die sich braun verfärbt hatten, immer Apfelmus gekocht. (7) Die Stellen, die nicht mehr schön aussahen, hat sie einfach weggeschnitten. (8) Das Gleiche hat sie mit der Haut der Äpfel, die schon ganz schrumplig war, gemacht. (9) Das Apfelmus, das sie ohne Zucker gekocht hat, war durch die reifen Früchte von alleine süß. (10) Eigentlich sollte ich es machen wie meine Oma, statt mir im Supermarkt Apfelmus zu kaufen, das industriell hergestellt wird. (11) Und eigentlich ist das ja nur ein Beispiel von vielen Lebensmitteln, die sich leicht selbst herstellen lassen.

5 RESTEVERWERTUNG

Lesen Sie zunächst die Aussagen zum Thema Resteverwertung. Sprechen Sie dann zu zweit und im Kurs über die folgenden Fragen:

- Entstehen bei Ihnen im Haushalt Lebensmittelreste? Aus welcher Lebensmittelgruppe?
- Wie gehen Sie mit Lebensmittelresten um?
- Wie lassen sich Lebensmittelreste vermeiden?

Also ich versuche schon, Lebensmittel so einzukaufen, dass ich sie nicht wegschmeißen muss. Nur leider gelingt mir das manchmal nicht. An der Wursttheke im Supermarkt bestelle ich immer 100 g Salami. Mir ist das zu peinlich, 7 Scheiben zu bestellen. Aber eigentlich müsste man das so machen. Mindestens ein Drittel der Salami landet nämlich regelmäßig spätestens nach einer Woche in der Tonne.

Mateo, 42, Köln

Katrin, 29, Basel

Bei uns sind's immer die Pilze. Jede Woche kaufe ich frische Pilze und nehme mir vor, etwas Gesundes für meine Kinder zu kochen. Und jede Woche landen die Pilze mitsamt der Verpackung ein paar Tage später im Müll. Ich habe nach der Arbeit einfach nie Lust, Pilze zu putzen und zu kochen. Mir tut das echt jedes Mal in der Seele weh, wenn ich das unangebrochene Paket wegwerfe. Trotzdem landen beim nächsten Einkauf die Champignons wieder in meinem Wagen.

Ich bin in einer Generation aufgewachsen, in der Lebensmittelverschwendung undenkbar war. Von meiner Mutter habe ich Rezepte gelernt, um alles Vorhandene zu verwerten. Alte Brötchen gehören für mich in Frikadellen, Gemüse kann man immer in einen leckeren Eintopf verpacken und mit älterer Wurst oder Käse belege ich Pizza für meinen Enkelsohn.

Hans, 72, Siegen

6 MINDESTHALTBARKEITSDATUM

a) Aus welchen Teilen besteht das Wort *Mindesthaltbarkeitsdatum*? Erklären Sie die einzelnen Wortteile und das gesamte Wort. Wo wird es benutzt? Gibt es das in Ihrer Sprache auch und wie heißt es da?

b) Zum folgenden Hörverstehen sollen Sie Notizen erstellen. Sammeln Sie im Kurs Probleme, die bei der Erstellung von Notizen auftreten können. Überlegen Sie dann gemeinsam, wie Sie den Problemen entgegenwirken können. Welche Methoden haben Ihnen in der Vergangenheit bei der Erstellung von Notizen geholfen?

c) Um schneller mitschreiben zu können, helfen Symbole. Welche Bedeutung haben die vorgegebenen Symbole bzw. welche Symbole nutzen Sie für die vorgegebenen Bedeutungen? Ergänzen Sie weitere, eigene Symbole und deren Bedeutung.

Symbol	Bedeutung	Symbol	Bedeutung
→			steigen, Anstieg
=			sinken, Rückgang
>			Vorteil
<			Nachteil
!			
?			
↔			

d) Auch Abkürzungen helfen, Zeit zu sparen. Finden Sie sinnvolle Abkürzungen für die folgenden Wörter.

Wort	Abkürzung	Wort	Abkürzung
Mindesthaltbarkeitsdatum	MHD	Verbraucher	
Lebensmittel	Lm	Verschwendung	
Hersteller		Lösung	
Einzelhändler			

e) Sehen Sie sich die Gliederung zum Hörtext in Aufgabe h) an. Hören Sie dann den Hörtext zum Thema Mindesthaltbarkeitsdatum zum ersten Mal. Machen Sie sich während des Hörens Notizen auf einem separaten Blatt Papier und beachten Sie dabei die Tipps.

Notiztechniken beim Hörverstehen

Um möglichst gute Notizen zu machen, die zum Lösen der Aufgaben hilfreich sind, sollte man:

- vor dem Hören die Aufgaben und ggf. die Gliederung und die Worterklärungen lesen
- während des Hörens Notizen auf ein Notizpapier machen und erst nach dem (zweiten) Hören die Aufgaben konkret bearbeiten
- direkt nach dem Hören die Notizen noch aus dem Kopf ergänzen
- beim zweiten Hören die Notizen vom ersten Hören vervollständigen
- nur die wichtigsten Aussagen mitschreiben (in Stichworten; keine ganzen Sätze!)
- Symbole und Abkürzungen verwenden

f) Vergleichen Sie nach dem ersten Hören Ihre Notizen mit Ihrem Partner / Ihrer Partnerin und vervollständigen Sie Ihre Notizen gemeinsam.

g) Hören Sie den Text zum zweiten Mal und ergänzen Sie Ihre Notizen weiter. Arbeiten Sie danach wieder zu zweit. Ordnen Sie Ihre Notizen. Welche Informationen könnte man weglassen? Welche Informationen gehören thematisch zusammen? Was könnte man durch Symbole und Abkürzungen darstellen? Erstellen Sie gemeinsam auf einem neuen Blatt „perfekte" Notizen, die nur das Wichtigste übersichtlich und mit Symbolen und Abkürzungen darstellen. Orientieren Sie sich dabei auch an der Übersicht aus Aufgabe h).

h) Übertragen Sie Ihre Notizen in die Tabelle.

Thema des Gesprächs		
Informationen über	Hersteller	
	Einzelhändler	
	Verbraucher	
Probleme mit der Bezeichnung		
Lösungsansätze gegen Lebensmittelverschwendung		

i) Vergleichen Sie Ihre „perfekten" Notizen mit denen der Nachbargruppe. Was ist ähnlich, was ist anders? Was könnte man verbessern?

j) Gute Notizen zum Hörverstehen sind gleichzeitig gute Notizen für eine mündliche Zusammenfassung. Arbeiten Sie zu zweit und fassen Sie den Text mündlich zusammen. Jede Person übernimmt eine Hälfte des Vortrags. Sprechen Sie frei und nutzen Sie auch die Redemittel für die Textzusammenfassung aus Kapitel 30.

7 VON DER SCHNAUZE BIS ZUM SCHWANZ

a) Im Stadtmagazin begegnet Ihnen das Foto des Restaurants *Von der Schnauze bis zum Schwanz*. Der Name des Restaurants kommt Ihnen im ersten Moment etwas komisch vor. Spekulieren Sie: Warum heißt das Restaurant so? Was ist vermutlich sein Konzept?

b) Lesen Sie das Interview und ergänzen Sie die fehlenden Teile. Wählen Sie aus den Sätzen A–G die passenden aus. Zwei Sätze passen nicht.

A Wie seid ihr auf die Idee gekommen, solch ein Nose-to-Tail-Restaurant zu eröffnen?
B Wie haben die Leute reagiert?
C Ich kann mir trotzdem vorstellen, dass viele Leute skeptisch waren, als ihr das Restaurant eröffnet habt.
D Was sind eure Pläne für die Zukunft?
E Unsere Leser kennen euer Restaurant auch schon.
F Und was ist mit dem Gemüse?
G Von euch wird man in den nächsten Jahren sicherlich noch einiges hören.

Seit fünf Jahren gibt es nun schon das Restaurant *Von der Schnauze bis zum Schwanz* in unserem schönen Viertel. Das Jubiläum nehmen wir vom Stadtmagazin zum Anlass, im Restaurant vorbeizuschauen und an Ort und Stelle die Gründer Mike und Lorenz zu ihrem ungewöhnlichen Konzept zu befragen. Unser Reporter Vincent hat den Laden besucht.

Vincent: Lieber Mike, lieber Lorenz, danke, dass ihr euch heute die Zeit für dieses kleine Interview genommen habt. Erstmal alles Gute zum Fünfjährigen!

Lorenz: Danke! Wir sind selber super stolz auf das, was wir in den letzten fünf Jahren hier geschaffen haben.

Vincent: In Gastrokreisen dürfte sich dieses Konzept inzwischen herumgesprochen haben. Unsere Leser dagegen haben möglicherweise noch nicht davon gehört. Deshalb würde ich euch gern bitten, das Konzept in einem Satz zusammenzufassen.

Mike: *Nose to tail* und *leaf to root*, also von der Schnauze bis zum Schwanz und vom Blatt bis zur Wurzel. Diese beiden Prinzipien haben sich mittlerweile einige Restaurants weltweit zu eigen gemacht. Hier bei uns in der Region sind wir die Ersten.

Vincent: Okay, das musst du doch ein bisschen genauer erklären.

Mike: Wir verarbeiten in unserem Restaurant ganze Tiere. Viele andere Restaurants servieren nur das Filet vom Schwein. Wir aber verarbeiten auch seine Füße, Ohren und ja, auch sein Herz und seine Nieren, also die Innereien[1]. Aus der Schweineleber kann man wunderschöne Pasteten[2] machen, Schweineohren sind perfekt als Knabberei[3].

Vincent: ______

Mike: Auch hier versuchen wir, das komplette Lebensmittel zu verarbeiten.

Lorenz: Als Beispiel nehmen wir gern den Kohlrabi[4]. Unsere Großeltern wussten noch, dass das eigentlich geschmacklich Interessante am Kohlrabi nicht die Knolle selbst ist, sondern die jungen, zartgrünen Blätter. Heutzutage ist dieses Wissen verloren gegangen, Kohlrabiblätter gelten bestenfalls als Hasenfutter. Bei uns hingegen gibt es alle Teile vom Kohlrabi. Die jungen Blätter verarbeiten wir zu einem köstlichen kleinen Salat, die Knolle kommt als Beilage, klassisch in Sahnesauce. Die Schale und die äußeren Blätter werden entsaftet[5] und der Saft verfeinert unsere Saucen. Und aus allem, was nach dem Entsaften übrigbleibt, backen wir Brot, das durch die Gemüseeinlage wunderbar fluffig[6] wird.

Vincent: ______

[1]die Innerei, -en = essbare innere Organe eines Tieres (z. B. Herz, Niere, Magen, Darm und Leber)
[2]die Pastete, -n =

[3]die Knabberei, -en = der Snack
[4]der Kohlrabi, -s =

(Blätter und Knolle)

[5]entsaften = Saft aus Obst oder Gemüse gewinnen
[6]fluffig = leicht, locker

Mike: Lorenz und ich kennen uns schon seit über 20 Jahren. Wir sind beide in der Gastronomie tätig, Lorenz als Koch, ich im Service. Wir haben beide in den besten Häusern der Stadt gearbeitet, ich war vor der Eröffnung unseres Restaurants Serviceleiter in einem renommierten Hotelrestaurant. Eines Abends unterhielten wir uns wie so oft über unsere Jobs und kamen auf den Berg von Lebensmittelabfällen zu sprechen, der in den Restaurants, in denen wir arbeiteten, täglich anfiel. Das ärgerte uns und so entstand die Idee, es in einem eigenen Restaurant besser zu machen. Wir hatten beide schon von *nose to tail* und *leaf to root* gehört und konnten uns sehr gut vorstellen, diese Art der Küche mit Rezepten aus der ganzen Welt umzusetzen.

Lorenz: Ja, man muss auch sagen, dass ich gerade von einer Asienreise zurückkam. Dort sind Schweine- und Hühnerfüße eine Delikatesse. Auch aus der türkischen Küche kennt man Kutteln[7].

Mike: Ja, und mir fielen sofort die köstlichen frittierten Kartoffelschalen von meiner letzten USA-Reise ein. Wir befragten aber auch unsere Eltern und Großeltern. Die Nachkriegsgeneration hat noch einen ganz anderen Zugang zur Resteverwertung. Unsere Eltern sind eben nicht im Überfluss aufgewachsen. Meine Mutter erinnerte sich zum Beispiel, dass sie in ihrer Kindheit in Freiburg geröstete Mirabellenkerne[8] gegessen hat, eine Köstlichkeit, die heutzutage völlig vergessen ist.

Vincent: Klingt alles wirklich interessant. __________

Mike: Ja, schon. Es zeigte sich, dass Leute gerne im Unklaren darüber bleiben, was sie da so genau auf dem Teller haben. Normale Wurst vom Metzger enthält ja auch Innereien und andere Schlachtabfälle. Und die Deutschen lieben ihre Würstchen. Aber wenn wir ihnen dann Rinderherzen in Rotweinsauce oder Kalbsbäckchen auf Selleriepüree servierten, waren die Gäste zunächst skeptisch. Viele ekeln sich hierzulande ja nur schon bei der Vorstellung, Innereien zu essen. Es bildete sich dann aber glücklicherweise eine kleine Anhängerschaft[9], die mit der Zeit immer größer wurde. Nach einem Jahr etwa waren wir in der Gastroszene etabliert und inzwischen sind wir ein halbes Jahr im Voraus ausgebucht.

Vincent: Wow, eine richtige Erfolgsgeschichte. Aber so wie ich euch nun kennengelernt habe, ruht ihr euch nicht auf eurem Erfolg aus. __________

Lorenz: Wir haben tatsächlich eine große Zukunftsvision. Wie bereits erwähnt, produzieren normale Restaurants täglich riesige Müllberge an eigentlich noch verwertbaren Lebensmitteln. Aber jeder Gastronom und Restaurantbesitzer ist eigentlich daran interessiert, möglichst wenig wegzuwerfen, denn Lebensmittel sind bares Geld. Man kauft ja eben nicht die geschälten Kartoffeln, sondern bezahlt auch deren Schale. Aber die Köche wissen oft nicht, wie schmackhafte Resteverwertung funktioniert. Deshalb sind wir gerade kurz davor, eine Nose-to-Tail-Akademie zu gründen. Es wird Kurse in Warenkunde, Wurstherstellung und auch klassische Kochkurse zunächst für interessierte Gastronomen und Köche geben. Und im nächsten Jahr wollen wir die Kurse dann auch für Privatpersonen anbieten, denn auch in den Privathaushalten sind vermeidbare Lebensmittelabfälle ein Thema.

Vincent: Okay, also mich habt ihr theoretisch schon mal voll überzeugt. Ein inspirierendes Gründerduo. __________ Ich bedanke mich für das Interview. Und ich möchte bitte sofort den nächstmöglichen Tisch reservieren. Nun bin ich gespannt auf euer Essen und möchte eure Küche schnellstmöglich testen …

[7]die Kuttel, -n = essbarer Teil vom Rindermagen/-darm

[8]die Mirabelle, -n =

[9]die Anhängerschaft, -en = die Fangemeinde; Gruppe von Menschen, die das Konzept gut finden

c) Bearbeiten Sie die Aufgaben zum Text.

1 Ergänzen Sie.

Was? Restaurant Von der Schnauze bis zum Schwanz

Seit wann?

Wer?

Warum?

2 Warum heißt das Restaurant „Von der Schnauze bis zum Schwanz"? Erklären Sie das Konzept in ein bis zwei Sätzen, ohne die Erklärung aus dem Text zu kopieren.

3 Kreuzen Sie an, welche Aussagen richtig (R) sind, welche falsch (F) sind und zu welchen Aussagen Sie keine Information im Text finden (?).

R	F	?	1	Das Restaurant von Mike und Lorenz ist das einzige Restaurant dieser Art in Deutschland.
R	F	?	2	Lebensmittelabfälle sind vermeidbar.
R	F	?	3	In der Schale von Gemüse stecken die meisten Vitamine.
R	F	?	4	Die Deutschen wollen wissen, was in ihrem Essen steckt.
R	F	?	5	Der Verzehr von Rinderherzen ist in Deutschland normal.
R	F	?	6	Nose-to-Tail-Restaurants sind die Zukunft der Gastronomie.

4 Der Text spricht davon, dass der ganzheitliche Umgang mit Lebensmitteln in anderen Kulturen normaler ist. Wie sind Ihre Erfahrungen? Haben Sie Beispiele dafür? Sprechen Sie darüber im Kurs.

d) Formen Sie die unterstrichenen Relativsätze in Linksattribute und die unterstrichenen Linksattribute in Relativsätze um.

1 Die Gründer Mike und Lorenz, die das Restaurant *Von der Schnauze bis zum Schwanz* bis heute leiten, werden zu ihrem ungewöhnlichen Konzept befragt.

Die ______ Gründer Mike und Lorenz werden zu ihrem Konzept, ______, befragt.

2 *Nose to tail* und *leaf to root* sind Konzepte, die genauer erklärt werden müssen.

Nose to tail und *leaf to root* sind ______ Konzepte.

3 Die beiden sind sehr stolz auf den Erfolg, den sie erzielt haben.

Die beiden sind sehr stolz auf den ______ Erfolg.

4 Sie sprachen über die Lebensmittelabfälle, die in vielen Restaurants täglich entstehen.

Sie sprachen über die ______ Lebensmittelabfälle.

5 Restaurants produzieren riesige Müllberge an eigentlich noch zu verwertenden Lebensmitteln.

Restaurants produzieren riesige Müllberge an Lebensmitteln, ____________________

____________________.

6 Sie sammelten Tipps zur Nahrungsmittelzubereitung, die verloren gegangen waren.

Sie sammelten ____________________ Tipps zur Nahrungsmittelzubereitung.

7 Mike fielen gleich köstlich frittierte Kartoffelschalen ein.

Mike fielen gleich Kartoffelschalen ein, ____________________.

8 Seine Mutter aß früher auch geröstete Mirabellenkerne.

Seine Mutter aß früher auch Mirabellenkerne, ____________________.

9 Das ist eine Köstlichkeit, die heute fast vergessen ist.

Das ist eine ____________________ Köstlichkeit.

10 Mit den Gemüseresten, die nach dem Entsaften übrigbleiben, backen sie Brot.

Mit den ____________________ Gemüseresten backen sie Brot.

11 Es bildete sich eine mit der Zeit immer größer werdende Anhängerschaft.

Es bildete sich eine Anhängerschaft, ____________________.

12 Auch für Privathaushalte sind Lebensmittelabfälle, die vermeidbar wären, ein wichtiges Thema.

Auch für Privathaushalte sind ____________________ Lebensmittelabfälle ein wichtiges Thema.

13 Mike und Lorenz wollen Kochkurse für an einer sinnvollen Resteverwertung interessierte Gastronomen anbieten.

Mike und Lorenz wollen Kochkurse für Gastronomen anbieten, ____________________

____________________.

14 Für den Journalisten sind Mike und Lorenz ein inspirierendes Gründerduo.

Für den Journalisten sind Mike und Lorenz ein Gründerduo, ____________________.

e) Arbeiten Sie in Kleingruppen und entwickeln auch Sie ein Konzept für ein Restaurant. Sprechen Sie dabei über die folgenden Fragen.

- Was wäre das Besondere bei Ihrem Restaurant?
- Wo würden Sie das Restaurant eröffnen?
- Wie würden Sie das Restaurant einrichten? Wie würden Sie es dekorieren?
- Welche Speisen und welche Getränke würden Sie anbieten?
- Gäbe es weitere Besonderheiten?

8 ZAHLE, WAS DU WILLST

a) Lesen Sie den Informationstext und fassen Sie das Geschäftsmodell in eigenen Worten zusammen. Haben Sie bereits Erfahrungen mit diesem Bezahlkonzept? Sprechen Sie im Kurs.

Das Geschäftsmodell „Zahle, was du willst" beschreibt ein Bezahlkonzept, bei dem der Kunde selbst entscheiden darf, wie viel er für ein Produkt bezahlt. Vom Kunden wird erwartet, dass er einschätzen kann, wie hoch der angemessene Preis liegt. Deutschland- und europaweit gibt es inzwischen einige Supermärkte, Restaurants und Cafés, die das kundenbestimmte Bezahlen zu ihrem Geschäftsmodell gemacht haben. Damit das Modell funktioniert, muss der Verkäufer dem Kunden viel Vertrauen entgegenbringen. Die Kunden werden zum Mitdenken und Mitentscheiden angeregt. Wie viel ist mir das frisch gebackene Brot wert und deckt sich meine Preisvorstellung mit der Preisvorstellung des Händlers?

b) Notieren Sie in der Liste mit Lebensmitteln, wie viel Sie bereit wären, für die genannten Produkte zu bezahlen. Berücksichtigen Sie bei Ihrer Entscheidung ggf. auch folgende Kriterien:

- Anbau (Ort, Dauer, Aufwand)
- Personalkosten (Ernte, Transport, Verkauf, Weiterverarbeitung)
- Lagerungs- und Transportkosten (regionale vs. internationale Produkte)
- Kosten für den Produktionsprozess
- Zubereitungszeit (im Falle von Speisen aus Restaurant oder Café)

Produkt	Preisvorstellung
ein Kilo Kartoffeln aus der Region	
eine Tüte Gummibärchen	
Spaghetti mit Tomatensauce im Restaurant	
eine Avocado aus Chile	
eine Flasche Apfelsaft kurz vor Ablauf des MHDs	
ein Kilo krumme Möhren	
ein Steak aus Argentinien	
drei Vollkornbrötchen von gestern	
ein Stück selbst gebackener Käsekuchen	
ein Becher Bio-Erdbeerjoghurt	
eine Tüte vorgewaschener Salat	
ein Pfund Kaffee aus Vietnam	

c) Gleichen Sie die Liste zunächst mit Ihrem Partner / Ihrer Partnerin und dann mit dem Rest des Kurses ab. Diskutieren Sie über Ihre unterschiedlichen Preisvorstellungen.

d) Diskutieren Sie im Kurs über die folgenden Fragen:

- Unter welchen Umständen kann ein „Zahle, was du willst"-Konzept funktionieren?
- Zahlen Kundinnen/Kunden wohl eher zu viel oder zu wenig für die Waren?
- Wie finden Sie das Konzept und würden Sie in einem selbstbestimmten Supermarkt einkaufen?

Umformung: Relativsatz – Linksattribut

		Relativsatz →	Linksattribut	
Adjektiv + *sein*		*Ein Kühlschrank, **der** sehr **kalt ist**, ist nicht geeignet.*	*Ein sehr **kalter** Kühlschrank ist nicht geeignet.*	Adjektiv
Aktiv	gleich-zeitig	*Nach einiger Zeit kann man sogar Keime sehen, **die** aus den Kartoffeln **wachsen**.* *Das sind Keime, **die sich** besonders bei Helligkeit **bilden**.*	*Nach einiger Zeit kann man sogar aus den Kartoffeln **wachsende** Keime sehen.* *Das sind **sich** besonders bei Helligkeit **bildende** Keime.*	Partizip I
	vor-zeitig	*Die Keime, **die** aus den Kartoffeln **gewachsen sind**, sind giftig.* *Die Stellen, **die sich** farblich **verändert haben**, sind giftig.*	*Die aus den Kartoffeln **gewachsenen** Keime sind giftig.* *Die farblich **veränderten** Stellen sind giftig.* (*sich* fällt weg)	Partizip II
Passiv/Partizip II + *sein*, gleichzeitig/vorzeitig		*Kartoffeln, **die** falsch **gelagert werden / wurden / sind**, bekommen grüne Stellen.*	*Falsch **gelagerte** Kartoffeln bekommen grüne Stellen.*	
Passiv mit Modalverb/Passiversatz		*Kartoffeln sind ein Gemüse, **das** vor dem Essen **gekocht werden muss**. / **das** vor dem Essen **zu kochen ist**. / **das man** vor dem Essen **kochen muss**.*	*Kartoffeln sind ein vor dem Essen **zu kochendes** Gemüse.*	modales Partizip

Informationen aus Grafiken und Texten verknüpfen

von der Textzusammenfassung zur Grafik überleiten

Zu dem Thema liegt auch eine Grafik vor.
Dem Text ist auch eine Grafik beigefügt.
Im Anschluss an die Textzusammenfassung möchte ich jetzt noch eine Grafik vorstellen.
Nach der Textzusammenfassung werde ich nun noch etwas zur Grafik sagen.

Bezug zwischen Text und Grafik herstellen

Grafik bestätigt den Text:	*Die Informationen aus der Grafik passen zu den Aussagen des Textes.* *Die Grafik bestätigt die Aussagen des Textes.*
Grafik widerspricht dem Text:	*Die Grafik präsentiert eine andere Sichtweise.* *Eine (etwas / ganz) andere Sichtweise zeigt die Grafik.*
Grafik ähnlich wie im Text:	*Die Aussage des Textes findet sich in ähnlicher Form auch in der Grafik.*
Grafik gibt zusätzliche/neue Info:	*Die Grafik gibt noch eine zusätzliche Information, nämlich …* *Die Grafik enthält noch eine neue Information zum Thema des Textes.* *Die Grafik zeigt noch einen weiteren Aspekt zum Thema, und zwar …*

wichtigste Informationen aus einer Grafik kurz wiedergeben

Quelle		wichtigsten Inhalt nennen	genaue Zahl nennen
Laut *Nach*	*dem …* *(der / des …)* (Nullartikel)	(dabei Verb auf Position 2)	*…, und zwar …* *…, nämlich …* *… mit …*

1 ARBEIT IST DAS HALBE LEBEN – ODER?

a) Sehen Sie sich das Bild an und beschreiben Sie es in einem kurzen Text. Was könnte das Bild bedeuten?

IN DIESEM KAPITEL LERNEN SIE:
- Wortschatz: Arbeitswelt
- Präsentationen halten
- Verbalisierung
- Nominalisierung
- Mitschriften

b) Was bedeutet das Sprichwort *Arbeit ist das halbe Leben*? Gibt es dieses oder ein ähnliches Sprichwort auch in Ihrer Muttersprache? Welche weiteren Sprichwörter zum Thema Arbeit kennen Sie (auf Deutsch oder aus Ihrer Muttersprache)? Sprechen Sie im Kurs.

2 BEGRIFFE AUS DER ARBEITSWELT

a) Sehen Sie sich das Bild an und sprechen Sie zu zweit. Wer ist auf dem Bild Chefin/Chef (C), wer Angestellte/Angestellter (A)? Diskutieren Sie. Ordnen Sie dann die synonymen Funktionsbezeichnungen zu, indem Sie den entsprechenden Buchstaben (C oder A) in den Kasten hinter dem Wort schreiben.

1 der Angestellte, -n / die Angestellte, -n — A

2 ___ Arbeitgeber, ___ / ___ ___, ___ — C

3 ___ Arbeitnehmer, ___ / ___ ___, ___ — ___

4 ___ Arbeitskraft, ___ — ___

5 ___ Ausbilder, ___ / ___ ___, ___ — ___

6 Auszubildende, (Azubi, -s) / ,

7 Beschäftigte, / ,

8 Chef, / ,

9 Direktor, / ,

10 Berufstätige, / ,

11 Führungskraft,

12 Geschäftsleiter, / ,

13 Lehrling,

14 Leiter, / ,

15 Erwerbstätige, / ,

16 Mitarbeiter, / ,

17 Personalverantwortliche, / ,

18 Unternehmer, / ,

19 Vorgesetzte, / ,

b) Ergänzen Sie jeweils die weibliche Form sowie den Artikel und die Pluralendung beider Formen in Aufgabe a).

c) Vervollständigen Sie die Sätze, indem Sie die kursiv gedruckten Begriffe anders ausdrücken (ein Wort pro Lücke).

1 Ein/e *Arbeitgeber/in** heißt so, weil er/sie den Mitarbeitern Arbeit .

2 *Arbeitnehmer* für ein Unternehmen.

3 Ein *Angestellter* ist jemand, der von einer Firma , also dort ist.

4 *Freiheit* bei der Berufs*wahl* bedeutet, dass man seinen Beruf darf.

5 Für mich ist *Abgrenzung* von *Privatem* und *Beruflichem* sehr wichtig. Nur manchmal fällt es mir schwer, und Dinge klar voneinander .

6 Die *Mitarbeiterzufriedenheit* zeigt an, wie Mitarbeiter mit ihrem Job .

7 Nicht wenige Arbeitnehmer leiden unter enormem *Leistungsdruck*, d. h. sie verspüren einen großen , in ihrem Job möglichst viel .

8 Mein Job erfordert eine hohe *Flexibilität*, aber zum Glück bin ich ja sehr .

9 Wenn ein Mitarbeiter in seiner Position *Überforderung* empfindet, von ihm zu viel .

10 *Unterforderte* Mitarbeiter dagegen leiden häufig unter Langeweile, weil von ihnen zu .

*In deutschsprachigen Texten finden Sie unterschiedliche geschlechtsneutrale Schreibweisen, z. B.:

mit Schrägstrich:
ein/e Arbeitgeber/in

mit großem Binnen-I:
ArbeitnehmerInnen

mit Asterisk:
*Mitarbeiter*innen*

nominalisierte Adjektive und Partizipien (Plural):
Angestellte
die Befragten
Teilnehmende

3 SCHON WIEDER MONTAG

a) Lesen Sie die Überschrift des Textes. Worum könnte es in dem Text gehen?

b) Lesen Sie den Text und bearbeiten Sie die Aufgaben.

MONTAGSBLUES

Viele Arbeitnehmer kennen ihn sicher, den Montagsblues. Er bezeichnet die schlechte Laune am Montagmorgen. Man geht lustlos ins Büro, lässt sich seufzend in den Bürostuhl sinken und fährt unmotiviert den Computer hoch. Die Gedanken kreisen um die schönen Erlebnisse des letzten Wochenendes: das Picknick im Park, den Ausflug ans Meer, die gesellige Runde bis tief in die Nacht ... Die lange Arbeitswoche steht nun bevor und das nächste Wochenende scheint Ewigkeiten entfernt.

„Die Gründe für den Montagsblues sind vielfältig", erklärt Miriam Schumacher, die an der Universität Aldenhoven zum Thema Mitarbeiterzufriedenheit forscht. „Vielen Mitarbeitern macht der Leistungsdruck auf der Arbeit zu schaffen. Großer Stress führt zu hoher Belastung im Arbeitsalltag. Aber nicht nur Überforderung, sondern auch Unterforderung führt zu Montagsfrust, wie der Blues auch genannt wird. Mitarbeiter sind von ihrer Tätigkeit gelangweilt, schöpfen aus ihr keine Erfolgserlebnisse und somit auch keine neue Motivation. Schließlich spielt die Bezahlung auch eine große Rolle. Wer gut verdient, geht meist lieber zur Arbeit."

Doch was hilft wirklich gegen den Montagsblues? Dazu empfiehlt Miriam Schumacher: „Ich rate Firmen und Mitarbeitern, die nach mehr Zufriedenheit im Job streben, nicht so streng zwischen Arbeit und Freizeit zu trennen. Darin liegt für die meisten der Schlüssel zum glücklicheren Arbeitnehmer. Flexible Arbeitszeitmodelle sind hier das Stichwort. Führen 5-Tage-Wochen und achtstündige Arbeitstage wirklich zur bestmöglichen Leistung eines Mitarbeiters? Warum hat jeder Mitarbeiter genau 28 Urlaubstage im Jahr? Muss jeder Mitarbeiter wirklich jeden Tag ins Büro kommen? Das sind nur einige Fragen, die sich eine Firma stellen kann, um die Zufriedenheit ihrer Mitarbeiter zu steigern. Was genau den jeweiligen Mitarbeiter dann zufriedener macht, ist allerdings sehr individuell."

1 Welche Gründe gibt es für den Montagsblues?

2 Richtig oder falsch? Kreuzen Sie an.

R	F	1	Viele Mitarbeiter haben zu viel Stress auf der Arbeit.
R	F	2	Wenn ein Mitarbeiter ein hohes Gehalt bekommt, ist er auf der Arbeit oft motivierter.
R	F	3	Eine strikte Trennung zwischen Arbeit und Freizeit führt zu Unzufriedenheit im Job.
R	F	4	Mehr Urlaubstage führen bei den Mitarbeitern zu mehr Zufriedenheit.

3 In welchen Bereichen kann der Arbeitgeber laut Text für mehr Zufriedenheit bei seinen Mitarbeiterinnen und Mitarbeitern sorgen? Streichen Sie die falschen Bereiche durch.

Arbeitszeit – Urlaubstage – Arbeitsmittel – Arbeitsort – Arbeitsteam

c) Was kann man als Arbeitnehmer/Arbeitnehmerin gegen den Montagsblues tun? Sprechen Sie zu zweit.

4 PRÄSENTATIONEN HALTEN – ARBEITSMODELLE

a) Bilden Sie Gruppen. Jede Gruppe liest einen der folgenden vier Texte. Sprechen Sie in der Gruppe über die Situation der Person aus dem Text. Welches Problem oder welchen Wunsch hatte die Person? Wie konnte das Problem gelöst oder der Wunsch erreicht werden?

ANA ROMERO MENDEZ, 38

„Eines Tages brach ich auf der Arbeit zusammen. Einfach so und anscheinend aus dem Nichts fing ich bitterlich an zu weinen. Die Kollegen schauten mich mitleidig an, sie kochten mir einen Tee, tätschelten meine Schulter und redeten ruhig auf mich ein. Doch nichts half. Meine damalige Chefin bat mich daraufhin zu sich ins Büro. Sie setzte sich mit mir an den Tisch und fragte mich, was los sei. Ich hatte damals große Schwierigkeiten, meine Rolle als alleinerziehende Mutter mit meiner 40-Stunden-Woche zu vereinbaren. Ich sah meine Kinder kaum noch, erledigte die Hausarbeit spätabends. Meine Chefin bot mir daraufhin an, nur noch zwei Tage die Woche im Büro zu arbeiten. Die restlichen drei Tage sollte ich von zu Hause aus, also im **Homeoffice**, arbeiten.

Für mich war dieses Angebot eine echte Erleichterung. Ich kann mir im Homeoffice meine Zeiten freier einteilen. Ich kann z. B. mittags für meine Kinder kochen, Arzttermine besser wahrnehmen, ab und zu eine Maschine Wäsche anstellen. Ich verbringe weniger Zeit im Auto und kann diese Zeit mit meiner Familie zusammen sein. Das mag nach Kleinigkeiten klingen, aber für mich hat die Umstellung auf drei Tage Homeoffice die Zufriedenheit in meinem Job zurückgebracht."

THOMAS VÖLKER, 32

„Ich bin Lehrer am Gymnasium für Deutsch und Geschichte. Ich war schon immer sehr zufrieden in meinem Job. Ich mag meine Schüler, ich finde meine Fächer interessant und mit den meisten meiner Kollegen komme ich gut aus. Und trotzdem habe ich das Gefühl, dass irgendetwas fehlt. Der Gedanke, dass das doch nicht schon alles gewesen sein kann, ging mir in den letzten Monaten öfter durch den Kopf.

Ein Kollege, der nach der Geburt seines ersten Sohnes eine sechsmonatige Auszeit[1] nahm, brachte mich auf eine Idee. Auch ich träumte schon ewig davon, dem Alltag zu entfliehen und endlich meine Reiseträume zu realisieren. Einmal surfen in Australien, mit dem Wohnmobil durch Neuseeland fahren und echtes Curry in Indien probieren.

Ich erkundigte mich und stieß auf die Möglichkeit eines **Sabbatjahrs**[2]. Ich arbeite nun die nächsten vier Jahre mit reduziertem Vollzeitgehalt. Im fünften Jahr muss ich dann nicht arbeiten und bekomme trotzdem weiterhin mein Gehalt. Ich bin nun motivierter als je zuvor und fiebere meinem Sabbatjahr entgegen."

[1] die Auszeit, -en = Pause
[2] das Sabbatjahr, -e = längere Auszeit vom Arbeitsalltag (z. B. für eine Weltreise), in der man unbezahlt von seiner Arbeit freigestellt wird

SELIM DEMIR, 43

„Ich leite eine große Softwarefirma. Ich habe über die Jahre viele Mitarbeiter kommen und gehen sehen. Manche Mitarbeiter fühlten sich wohl in der Firma, sie blieben. Andere Mitarbeiter verließen die Firma irgendwann wieder, für sie kamen neue. Ich habe mir jahrelang überhaupt keine Gedanken darüber gemacht, warum das so ist und ob ich als Geschäftsführer etwas daran ändern kann.

*der Business-Coach, -es = Experte, der Firmen und Einzelpersonen in Bezug auf berufliche Fragen berät

Durch Zufall kam ich auf einer Fachtagung in Hamburg in Kontakt mit einem Business-Coach*. Nach einem seiner Vorträge über flexible Arbeitszeitmodelle kam ich ins Gespräch mit ihm. Er bat mich, von meinem Unternehmen und unseren Mitarbeitern zu erzählen. Und er fragte mich, wie ich die Mitarbeiterzufriedenheit einschätzte. Langer Rede kurzer Sinn: Ein halbes Jahr und unzählige Beratungstermine später habe ich in meinem Unternehmen eine **4-Tage-Woche** eingeführt. Meine Mitarbeiter haben also 3 Tage Wochenende, bei gleichbleibendem Gehalt. Seit dieser Umstellung erzielen wir nachweislich sogar höhere Gewinne. Wie das funktioniert? Ich habe keine Ahnung. Meine Vermutung ist, dass Mitarbeiter mit der Aussicht auf mehr Freizeit Aufgaben effektiver erledigen. Noch ein netter Nebeneffekt ist, dass die Kündigungsquote deutlich zurückgegangen ist."

FRIEDERIKE SCHLEICHER, 34

„Meine Partnerin und ich wollten schon immer viel von der Welt sehen. Heute hier und morgen da – das war unser Traum, der sich leider nie so richtig mit unserem Arbeitsleben vereinbaren ließ. Also beugten wir uns unseren Pflichten und führten viele Jahre ein sesshaftes Leben. Bis zu dem Tag, an dem meine Partnerin einem Kollegen sein Wohnmobil abkaufte und mit ihrer Chefin aushandelte, frei über ihren Arbeitsort entscheiden zu können. Meine Partnerin entwirft Webseiten – das kann sie an nahezu jedem Ort dieser Welt. Ich war sofort total begeistert und habe meine Anstellung in einer Werbeagentur aufgegeben, um mich als Texterin selbstständig zu machen – ein Job, den man wunderbar von überall ausüben kann. Heute leben wir als **digitale Nomaden*** und unser Wohnmobil ist unser Arbeitsort. Für mich war das die beste Entscheidung meines Lebens. Allein im letzten Jahr haben wir 15 Länder und drei Kontinente bereist. Bisher sind wir sehr zufrieden mit unserem neuen Leben, auch wenn die Suche nach einer stabilen Internetleitung in manchen Ländern oft nervenaufreibend ist."

*der digitale Nomade, -n = Person, die ohne festen Arbeitsplatz von unterwegs aus arbeitet

 b) Bereiten Sie in Gruppen eine Präsentation zum Arbeitsmodell aus Ihrem Text vor. Nutzen Sie dabei das Internet, um zusätzliche Informationen zu finden. Berücksichtigen Sie in Ihrer Präsentation folgende Fragen:

- Gibt es gesetzliche Regelungen zu diesem Arbeitsmodell in Deutschland?
- Welche Vorteile bietet das Arbeitsmodell?
- Welche Nachteile gibt es?
- In welchen Ländern und Branchen* ist das Arbeitsmodell schon verbreitet?

*die Branche, -n = Wirtschaftsbereich

Halten Sie anschließend einen Kurzvortrag von maximal 10 Minuten zu Ihrem Thema. Fassen Sie hierbei zunächst den Text, auf den Sie sich beziehen, kurz zusammen. Stellen Sie anschließend das Arbeitsmodell vor, zu dem Sie im Internet Informationen zusammengetragen haben. Erklären Sie schwierige Wörter, die der Kurs eventuell nicht verstehen kann. Benutzen Sie die Redemittel für eine Präsentation. Das Publikum hört zu und macht während des Hörens Notizen. Ggf. stellt das Publikum Verständnisfragen, wenn es etwas nicht versteht.

Tipps für Präsentationen

- Referieren Sie im Stehen.
- Sprechen Sie frei, ruhig und deutlich. Lesen Sie nicht ab!
- Halten Sie Blickkontakt mit dem Publikum.
- Machen Sie zwischen einzelnen Gedankenabschnitten eine Pause, damit das Publikum das Gesagte verarbeiten kann.
- Belegen Sie Argumente oder Theoretisches mit konkreten Beispielen.
- Wenn Sie mit einem Präsentationsprogramm arbeiten: Schreiben Sie nur die wichtigsten Notizen auf jede Folie und lassen Sie dem Publikum ausreichend Zeit, um Bilder oder Grafiken zu betrachten!
- (im Deutschkurs: Erklären Sie schwierige Wörter, die der Kurs eventuell nicht kennt.)

EINE PRÄSENTATION HALTEN

Einleitung:

Gliederung des Vortrags

Unser Vortrag besteht aus X Teilen.
Als Erstes werden wir kurz … zusammenfassen.
Danach / Anschließend / Im Anschluss möchten wir … vorstellen / darlegen / thematisieren / behandeln / …
Dann widmen wir uns der Frage, …
Abschließend gehen wir auf … ein.

Hinführung zum Thema

Im Folgenden möchten wir über … sprechen / euch … vorstellen.
Wir befassen uns jetzt mit …

Hauptteil:

Aspekte hervorheben

Das ist ein Aspekt, der in diesem Kontext besonders wichtig ist.
Besonders wichtig ist hierbei, dass …

Argumentation

Einerseits … andererseits …
Zum einen … zum anderen …
Zwar…, aber…

Überleitungen

Wir kommen nun zum nächsten Punkt / Teil unseres Vortrags, …
Werfen wir jetzt einen Blick auf …

Belege und Beispiele anführen

Zur Veranschaulichung möchten wir euch ein Beispiel nennen.
Besonders deutlich wird dies an dem Beispiel …
Das zeigt sich auch in …
Um das zu verdeutlichen, werfen wir einen Blick auf …

Erklärungen

Genauer gesagt …
Mit anderen Worten …
Das heißt / bedeutet …

R

Schluss:

Fazit

Abschließend lässt sich festhalten, dass …
Zusammenfassend ist also zu sagen, dass …

Eröffnung der Diskussion

Damit sind wir am Ende unserer Präsentation angelangt. Habt ihr noch Fragen?
Am Ende unserer Präsentation würden wir gern das Wort an euch richten. Wie seht ihr …?

c) Sie haben nun vier Arbeitsmodelle gegen Unzufriedenheit am Arbeitsplatz kennengelernt. Diskutieren Sie im Kurs über die folgenden Fragen:

- Welches der präsentierten Arbeitsmodelle wäre für Sie selbst interessant?
- Kennen Sie weitere flexible Arbeitszeitmodelle?
- Gibt es auch Argumente, die für eine klassische 5-Tage-Woche mit Anwesenheit im Büro sprechen?
- Denken Sie, dass sich die Arbeitswelt zukünftig verändern wird?

5 MEHRARBEIT = MEHR ARBEITEN

a) Was bedeutet *Mehrarbeit*? Sprechen Sie im Kurs darüber.

b) Ordnen Sie den Ausdrücken links die passende Umschreibung rechts zu.

1	die Mehrarbeit, /	A	den Regeln/Gesetzen folgend
2	unter Berücksichtigung (+ G)	B	die Überstunde, -n
3	betrieblich notwendig	C	die Anweisung, -en; der Befehl, -e
4	die Anordnung, -en	D	nötig, damit eine Firma/ein Betrieb erhalten bleibt
5	im Rahmen der Vorschriften	E	Rücksicht auf etw./jmdn. nehmen

1	2	3	4	5

c) Lesen Sie die folgenden beiden Informationstexte über die Mehrarbeit von Arbeitnehmern. Analysieren Sie dabei die Sprache. Welche Unterschiede fallen Ihnen auf?

A Der Arbeitnehmer ist auf Anordnung des Arbeitgebers bei betrieblicher Notwendigkeit und unter Berücksichtigung seiner Interessen sowie im Rahmen der gesetzlichen Vorschriften zu Mehrarbeit verpflichtet.

B Der Arbeitnehmer ist dazu verpflichtet, mehr zu arbeiten, wenn der Arbeitgeber dies anordnet. Dies ist nur möglich, wenn die Mehrarbeit betrieblich notwendig ist, wenn dabei die Interessen des Arbeitnehmers berücksichtigt werden und wenn die Mehrarbeit den Gesetzen entspricht.

d) Ordnen Sie die Aussagen entweder Text A oder Text B zu. Einmal sind beide Antwortmöglichkeiten richtig.

1	**A**	**B**	Dieser Text erklärt die Regeln zur Mehrarbeit.
2	**A**	**B**	Dieser Text ist schwer verständlich. Man muss den Text mehrmals lesen, bis man ihn versteht.
3	**A**	**B**	Dieser Text klingt natürlicher.
4	**A**	**B**	Dieser Text könnte eine mündliche Erklärung zum Thema sein, zum Beispiel, wenn ein Professor die Thematik im Seminar erklärt. Der Text wird gesprochen und man hört ihn.
5	**A**	**B**	Dieser Text könnte in einem Arbeitsvertrag oder einem Sachbuch stehen. Er wird gedruckt, man liest ihn also.
6	**A**	**B**	Dieser Text hat mehr Nomen.
7	**A**	**B**	Dieser Text hat mehr Verben.
8	**A**	**B**	Dieser Text ist kürzer. Er hat weniger Wörter. Die Informationen werden sehr kurz und komprimiert dargestellt.
9	**A**	**B**	Dieser Text ist ausführlicher. Er besteht aus mehr Wörtern und Sätzen.

6 VERBALISIERUNG

a) Lesen Sie die Beispiele und ergänzen Sie die Lücken.

Nominalstil	Verbalstil
1 das **Erscheinen** des Teams Nomen Genitivattribut	Das Team **erscheint**. Subjekt Verb (Aktiv)
2 die **Reparatur** des Aufzugs Nomen Genitivattribut	______ **wird repariert**.* Subjekt Verb (Passiv) = Man **repariert** den Aufzug. Verb (Aktiv) Akkusativ-Objekt
3 die **Beschwerde** eines Kunden Nomen Genitivattribut	______ **beschwert sich**. Subjekt reflexives Verb
4 die **gute** Zusammenarbeit der Kollegen Adjektivattribut Genitivattribut	______ arbeiten **gut** zusammen. Subjekt Adverb
5 die Erledigung der Aufgabe **durch das Team** Täter (*durch* + A)	Die Aufgabe wird **vom Team** erledigt.* Täter (*von* + D)
Bei der Verbalisierung muss immer darauf geachtet werden, wie das entsprechende Verb funktioniert. Handelt es sich um ein passivfähiges Verb (2, 5)? Ist es reflexiv oder wird es reflexiv gebraucht (3)?	

*Bei passivfähigen Verben kann man sowohl Aktiv- als auch Passivsätze bei der Verbalisierung bilden.

b) Bilden Sie Sätze. Finden Sie ein passendes Verb und überlegen Sie, ob Sie Aktiv, Passiv oder ein reflexives Verb brauchen. Verwenden Sie das Präteritum.

1 der Beginn der Mittagspause → Die Mittagspause begann.
2 die Reinigung meines Büros → Mein Büro wurde gereinigt.
3 die Steigerung des Arbeitstempos → Das Arbeitstempo ______
4 die Abnahme der Arbeitszufriedenheit → Die Arbeitszufriedenheit ______
5 die Einladung des Kunden → Der Kunde ______
6 die Entschuldigung eines Mitarbeiters → Ein Mitarbeiter ______
7 das Ende der Elternzeit → Die Elternzeit ______
8 die Produktion von Waren* → Waren ______
9 die Entstehung von Problemen → Probleme ______
10 die schnelle Lösung dieser Probleme → Diese Probleme ______
11 die Verschlechterung des Arbeitsklimas → Das Arbeitsklima ______
12 die Verbesserung der Arbeitsbedingungen → Die Arbeitsbedingungen ______
13 die weitere Verkürzung der Arbeitszeit → Die Arbeitszeit ______
14 die Terminverlegung → Der Termin ______
15 die ständige Qualitätskontrolle → Die Qualität ______

**von* + D = Genitiversatz, wenn es weder Artikel (→unbest. Pl) noch Adjektivattribut beim Nomen gibt

c) Ein Sekretär hat sich Notizen zum Ablauf eines Meetings zur Arbeitszeitregelung gemacht. Formulieren Sie daraus ein Protokoll in ganzen Sätzen. Verwenden Sie das Präteritum. Es gibt mehrere Lösungen.

1 Ankunft der Teilnehmenden um 9:45 Uhr
2 Begrüßung aller Anwesenden
3 pünktlicher Beginn des Meetings
4 Vorstellung der neuen Arbeitszeitregelung durch die Geschäftsleitung
5 langer Streit der Teilnehmenden
6 heftige Diskussion
7 Prüfung von Alternativvorschlägen durch die Geschäftsleitung
8 aber: Ablehnung der Alternativen durch die Geschäftsleitung
9 erfolgloses Ende des Meetings um 11:45 Uhr
10 Rückkehr der Teilnehmenden an ihre Arbeitsplätze

1 Die Teilnehmenden kamen um 9:45 Uhr an.
2
3
4
5
6
7
8
9
10

d) Wie könnte der Vorschlag zur Arbeitszeitregelung lauten, der in diesem Meeting vorgestellt wurde? Hätten Sie diesem Vorschlag zugestimmt? Warum oder warum nicht? Diskutieren Sie.

7 VERTRAUENSARBEITSZEIT

a) Lesen Sie die untenstehende Aufgabenstellung für eine Textproduktion. Wie lautet die zentrale Frage?

Vertrauensarbeitszeit: Sinn und Unsinn des Arbeitszeitkonzeptes
In mehr und mehr Unternehmen haben Arbeitnehmer Vertrauensarbeitszeit, d. h. keine festgelegten Arbeitszeiten. Halten Sie das Konzept für sinnvoll?
Schreiben Sie einen Text, in dem Sie darstellen, was man unter diesem Arbeitsmodell versteht. Gehen Sie auf die Vor- und Nachteile des Modells ein und legen Sie dar, in welchen Ländern/Regionen/Branchen dieses Modell üblich ist.
Nutzen Sie für Ihren Text die gegebenen Zusatzinformationen (siehe Aufgabe b).

b) Lesen Sie nun die Zusatzinformationen. Bilden Sie dann drei Gruppen. Jede Gruppe verbalisiert einen Teil der Zusatzinformationen mündlich. Es gibt verschiedene Lösungen. Stellen Sie dann Ihren Teil der Zusatzinformationen im Kurs mündlich vor und erklären Sie die Informationen.

Vertrauensarbeitszeit
- Fokus auf Erledigung zuvor festgelegter Aufgaben
- keine Anwesenheitspflicht und keine festgelegte Arbeitszeit für Arbeitnehmer
- individuelle Entscheidung des Arbeitnehmers über Wochentag, Tageszeit, Dauer seiner Arbeit und Pausenzeiten

Argumente der Befürworter:
- höhere Flexibilität des Arbeitnehmers
  → bessere Vereinbarkeit von Familie und Beruf
  → mehr Autonomie
  → Ausnutzung der produktivsten Tageszeit
- größere Attraktivität eines Arbeitgebers bei Bewerbern
- weniger Bürokratie

Argumente der Gegner:
- Missbrauch durch Arbeitnehmer, keine Kontrolle des Arbeitgebers bei zu geringer Arbeitszeit von Mitarbeitern
- keine Bezahlung von Überstunden eines Arbeitnehmers
- möglicherweise keine Einhaltung der gesetzlich vorgeschriebenen Pausen- und Ruhezeiten durch Arbeitnehmer
  → vermehrte Krankmeldungen
  → Burn-out

Stichwörter in den Zusatzinformationen
Stichwörter stehen oft im Nominalstil. Für einen Fließtext muss man sie häufig verbalisieren. Bei Stichwörtern verzichtet man meist auf die Artikel, vor allem am Anfang und wenn der Kasus eindeutig ist. Im Satz (Verbalstil) müssen fehlende Artikel in der Regel ergänzt werden.

c) Bereiten Sie in Kleingruppen die Erstellung eines argumentativen Textes zur Aufgabenstellung in a) vor. Erstellen Sie dazu eine Gliederung für Ihren Text.

Einleitung	
Hauptteil	
Schluss	

d) Schreiben Sie einen argumentativen Text zur Aufgabenstellung in a). Schreiben Sie ca. 150 bis 200 Wörter.

8 INNOVATIVE ARBEITGEBERKONZEPTE – ARBEIT 4.0

a) Bilden Sie 4er-Gruppen und erklären Sie, wie sich die Arbeit in den letzten Jahrhunderten entwickelt hat. Sprechen Sie anschließend in der Gruppe darüber, was Sie gut finden und was nicht.

Arbeit 4.0

Der Begriff Arbeit 4.0 ist angelehnt an den Begriff Industrie 4.0, der die Digitalisierung der industriellen Produktion beschreibt. Im Unterschied dazu fokussiert der Begriff Arbeit 4.0 die Arbeitsformen und -verhältnisse in allen Branchen.

Arbeit 1.0

18.–19. Jhd.

- Erfindung der Dampfmaschine
- Beginn der ersten industriellen Revolution
- Entstehung erster Arbeitnehmerorganisationen
- Kämpfe für bessere Arbeitsbedingungen

Arbeit 2.0

Anfang 20. Jhd.

- Umstellung der Produktion auf Massenproduktion
- Einführung der Fließbandarbeit
- Teilung der Produktion in einzelne Produktionsschritte
- Automatisierung von Produktionsprozessen

Arbeit 3.0

Mitte/Ende des 20. Jhd.

- Beginn der elektronischen Datenverarbeitung
- Verbreitung von Computern
- Stärkung der Arbeitnehmerrechte
- Entwicklung der sozialen Marktwirtschaft

Arbeit 4.0

seit Anfang des 21. Jhd.

- weltweite Vernetzung durch das Internet
- Anpassung der Arbeitsverhältnisse an Digitalisierung
- Auflösung starrer Arbeitsplatzregelungen durch Arbeitgeber

b) Ordnen Sie den Wörtern die passende Bedeutung zu.

1	innovativ	A	jmd., der süchtig nach Arbeit ist
2	das Konzept, -e	B	neu, fortschrittlich
3	wettbewerbsfähig	C	neu gegründetes Unternehmen mit innovativer Geschäftsidee
4	der Workaholic, -s	D	fähig, mit anderen zu konkurrieren
5	das Start-up, -s	E	Mangel an Arbeitskräften aus bestimmten Fachrichtungen
6	der Fachkräftemangel, /	F	Idee, Plan

1	2	3	4	5	6

c) Setzen Sie die passenden Wörter in der richtigen Form ein. Ergänzen Sie einen Artikel, wenn nötig.

ausschreiben | besetzen | die Hierarchie, -n | konstruktiv | der Krankenstand, ⸚e | die Produktivität, /

1 Je höher ______ in einer Firma ist, desto niedriger ist ______.

2 Frau M. hat gekündigt. Jetzt müssen wir die Stelle zeitnah online ______.

Die Stelle muss dringend ______ werden.

3 In der Armee herrscht eine strenge ______. Befehle von oben sind immer zu befolgen.

4 Eine ______ Zusammenarbeit ist ergiebig und führt zu einem Fortschritt des Arbeitsprozesses.

d) Was bedeuten die kursiv gedruckten Ausdrücke in den folgenden Fragen? Arbeiten Sie mit dem Wörterbuch, um die Fragen zu verstehen. Führen Sie anschließend ein Partnerinterview.

- Müll sollte getrennt werden. Welche Person, die Sie kennen, *geht* hier *mit gutem Beispiel voran*?
- Für wen möchten Sie als Vorbild *dastehen* oder *stehen* Sie schon *als Vorbild da*?
- Bei welchem Ihrer Hobbys *sind* Sie *mit dem Herzen dabei*?
- Wann arbeiten Sie am besten? Sind Sie *eine Nachteule*?
- Können Sie *sich mit* dem deutschen Grundgesetz *identifizieren*? Welche Artikel finden Sie gut?

e) Stellen Sie sich vor, dass Sie Teil der Geschäftsleitung eines Unternehmens sind. Sie suchen noch qualifizierte Angestellte. Was würden Sie tun, um Ihr Unternehmen für Fachkräfte attraktiver zu machen? Sammeln Sie Ideen in der Gruppe.

f) Hören Sie eine Radiosendung zu neuen Arbeitgeberkonzepten. Welches Unternehmen setzt in welchen Bereichen innovative Konzepte um? Kreuzen Sie an. Es müssen nicht alle Bereiche angekreuzt werden. Vergleichen Sie anschließend Ihre Lösungen und sprechen Sie im Kurs darüber, was Sie schon verstanden haben.

	Herr Kraussen / Unternehmen 1	Herr Zeander / Unternehmen 2	Frau Schubert / Unternehmen 3
1 Arbeitsort			
2 Arbeitszeit			
3 Raumausstattung			
4 Hierarchie			
5 Kinderbetreuung			
6 Nachhaltigkeit			
7 soziales Engagement			
8 Speisen und Getränke			
9 Transport			

g) Hören Sie die Radiosendung noch einmal und beantworten Sie die Fragen.

Unternehmen 1:

1 Welche Beispiele für Soft Skills werden genannt?

-
-
-

2 Was bedeutet *flache Hierarchie*? (Antworten Sie im Satz.)

3 Nennen Sie drei Bestandteile der Unternehmenskultur in Unternehmen 1.

-
-
-

Unternehmen 2:

4 Richtig oder falsch? Kreuzen Sie an.

R	F	1	Unternehmen 2 möchte keinen Gewinn erzielen.
R	F	2	In Unternehmen 2 wird kein Plastik genutzt.
R	F	3	Unternehmen 2 versucht, bei den Arbeitsverträgen die Interessen der Arbeitnehmer zu berücksichtigen.

5 Welchen Nachteil haben die neuen Konzepte für Unternehmen 2? (Stichwort)

6 Nennen Sie zwei Vorteile der neuen Konzepte für Unternehmen 2. (Stichworte)

•

•

Unternehmen 3:

7 Ergänzen Sie die Tabelle zu den Ideen von Unternehmen 3 in Stichworten.

Ausstattung	**Arbeitsort**	**Arbeitszeit**
	Voraussetzung:	Folge für die Produktivität:

8 Welche Gefahr besteht, wenn die Arbeitszeit nicht fest vorgeschrieben ist? (Satz)

h) Lesen Sie die beiden Mitschriften zu Unternehmen 2. In welchem Kontext ist welche Mitschrift sinnvoll? Denken Sie an Vorlesungsmitschriften, Hörverstehen in Prüfungen, Protokolle etc. Sprechen Sie im Kurs.

Mitschrift 1:

junge AN: Nachhaltigk.
> U: Gewinn + ökol.
z. B. nachh. Rohstoffe
versuchen: kein Plastik
soz. verantwortung
- soz. Engaschement (?)
- AN-freundl. Personalp___

> kostet ↗
aber:
- Stellen = besetzt
- neue Bewerbungen
- neue St. > schnell (auch Fach...)
- attraktiver AG

Mitschrift 2:

Innovative Arbeitgebermodelle
Spielzeughersteller innovativ durch:
- Nachhaltigkeit (im Interesse der Arbeitnehmer)
  > Wahl der Rohstoffe, Vermeidung von Plastik
- Corporate Social Responsibility: soziales Engagement + arbeitnehmerfreundliche Personalpolitik
  > höhere Kosten, aber attraktiv für Arbeitnehmer
  > Vorteile für Arbeitgeber: Stellen immer besetzt

9 NOMINALISIERUNG

a) Lesen Sie die Stellenausschreibung. Analysieren Sie dabei die Sprache. Was fällt Ihnen auf? Warum ist die Sprache so?

Studentische Hilfskraft m/w/d (10 SWS) – **Forschungsprojekt zu Digitalisierungsstrategien**

Ihr Profil
- Studium der Informatik
- sehr gute Deutsch- und Englischkenntnisse
- sicherer Umgang mit Textverarbeitungs-programmen und Präsentationssoftware
- Engagement, Teamfähigkeit, Selbstständigkeit

Ihre Aufgaben
- Unterstützung des Teams bei der Durchführung des Projekts
- Präsentationen für teilnehmende Institute
- Besuch bei teilnehmenden Instituten
- Erstellung kurzer Texte

Bewerbung (Anschreiben, Lebenslauf, Zeugnisse) in digitaler Form an: universitaet@brief.de oder postalisch an Universität Aldenhoven, Zentrum für Digitalisierung, Universitätsstraße 1 in 44999 Aldenhoven.

b) Lesen Sie die Sätze und ergänzen Sie die Lücken.

Verbalstil	Nominalstil
1 Kurze Texte **werden erstellt.** Subjekt Verb (Passiv) = Man **erstellt** kurze Texte. Verb (Aktiv) Akkusativ-Objekt	die **Erstellung** kurzer Texte Nomen Genitivattribut
2 Der Bewerber **engagiert sich.** reflexives Verb	das **Engagement** ______ Reflexivpronomen fällt weg
3 Das Team **wird** von der Hilfskraft **unterstützt.** Täter (*von* + D) = Die Hilfskraft **unterstützt** das Team. Subjekt	die **Unterstützung** ______ durch die Hilfskraft Täter (*durch* + A)
Während man den Täter im Passivsatz mithilfe der Präpositionen *von* und *durch* nennen kann, wird im Nominalstil dafür nur die Präposition *durch* verwendet, um Missverständnisse zu vermeiden: *die Unterstützungs des Teams durch die Hilfskraft ≠ die Unterstützung des Teams von der Hilfskraft* (In diesem Fall gehört das Team der Hilfskraft.)	
4 **Er** erstellt Texte. Personalpronomen	**seine** ______ von Texten Possessivartikel
5 Das Projekt wird **schnell** durchgeführt. Adverb	die **schnelle** Durchführung ______ Adjektivattribut
6 Die Hilfskraft unterstützt das Team **bei der Durchführung des Projekts.**	die Unterstützung des Teams **bei der Durchführung des Projekts** durch die Hilfskraft
Die meisten anderen Satzglieder werden bei der Nominalisierung unverändert übernommen. Bei manchen Verben hat das Nomen eine andere Präposition (*Ich interessiere mich für Musik.* ↔ *mein Interesse an Musik*).	

c) Nominalisieren Sie die Sätze.

1 Sie bewirbt sich an der Hochschule.

ihre

2 Sie freut sich über die Einladung zum Vorstellungsgespräch.

3 Sie bereitet sich intensiv auf das Vorstellungsgespräch vor.

4 Das Bewerbungsgespräch verläuft gut.

5 Sie freut sich auf die neue Arbeitsstelle.

6 Sie lernt viele neue Kollegen kennen.

Welches Artikelwort das Nomen (vorher: Verb) braucht, hängt vom Kontext ab.

d) Lesen Sie weitere Nominalisierungen. Was ist besonders? Ordnen Sie die Regeln (A–E) den Beispielen (1–5) zu.

	verbal	nominal
1	*Der Bewerber hat gute Englischkenntnisse.*	*die guten Englischkenntnisse des Bewerbers*
2	*Er ist selbstständig.*	*seine Selbstständigkeit*
3	*Er kann Deutsch und Englisch sprechen.*	*seine Fähigkeit, Deutsch und Englisch zu sprechen*
4	*Die Personalchefin stellt eine Frage.*	*eine Frage der Personalchefin*
5	*Der Bewerber ist sehr nervös.*	*die große Nervosität des Bewerbers*

A Manche **echten Adverbien** können nicht attributiv verwendet werden. Sie müssen durch Adjektive mit einer ähnlichen Bedeutung ersetzt werden.

B Es gibt viele feste Ausdrücke aus Nomen und Verb, bei denen das Verb eigentlich keine Bedeutung hat. Bei der Nominalisierung dieser Nomen-Verb-Verbindungen, bei denen **das Nomen die Bedeutung trägt**, fällt das Verb weg.

C Das Vollverb ***sein*** wird nicht nominalisiert. Man bildet das Nomen aus dem Adjektiv.

D **Modalverben** werden durch bedeutungsgleiche Nomen ersetzt. Meist brauchen diese Nomen den *zu*-Infinitiv.

E Das Vollverb ***haben*** wird nicht nominalisiert. Das Akkusativobjekt wird zentrales Nomen mit Genitivattribut.

1	2	3	4	5

e) Marie will einen Lebenslauf für ihre Bewerbung schreiben. Formulieren Sie die Sätze im Nominalstil, sodass sie für einen Lebenslauf sprachlich angemessen sind.

1 Sie schloss ihr Masterstudium an der TU Aldenhoven ab.

2 Sie führte Deutschkurse für ausländische Studierende durch.

3 Sie betreute ausländische Studierende.

4 Sie nahm an einer Fortbildung zur Trainerin für interkulturelle Kompetenz teil.

5 Sie gestaltete das städtische Kulturprogramm.

Lebenslauf
Name: Marie Schmitz
[...]

1 ____________________

2 ____________________

3 ____________________

4 ____________________
____

5 ____________________

f) Jörg Meier verlässt nach über 30 Jahren seinen Arbeitsplatz und verabschiedet sich in seine wohlverdiente Rente. Seine Kollegen schreiben in der firmeninternen Zeitschrift eine Danksagung für ihren lieb gewonnenen Kollegen. Formulieren Sie die Sätze in Klammern im Nominalstil!

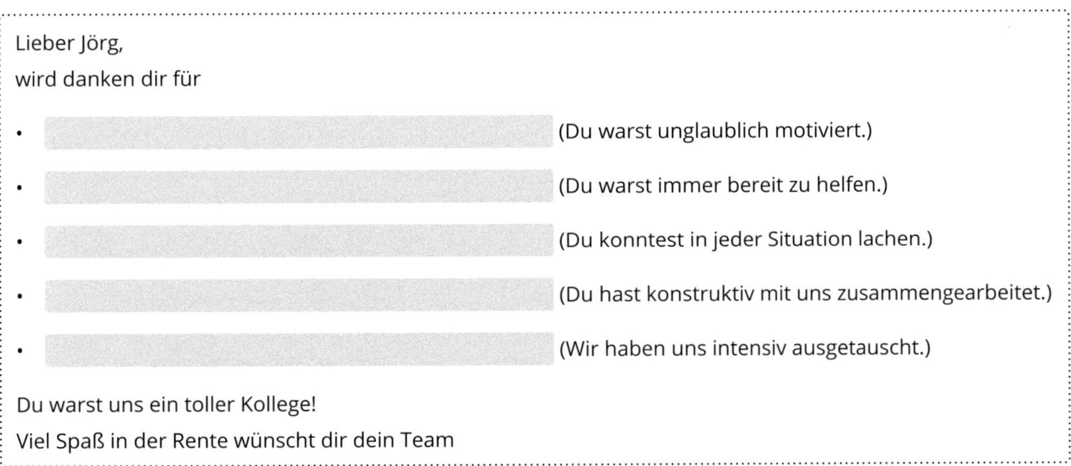

Lieber Jörg,
wird danken dir für

- __________ (Du warst unglaublich motiviert.)
- __________ (Du warst immer bereit zu helfen.)
- __________ (Du konntest in jeder Situation lachen.)
- __________ (Du hast konstruktiv mit uns zusammengearbeitet.)
- __________ (Wir haben uns intensiv ausgetauscht.)

Du warst uns ein toller Kollege!
Viel Spaß in der Rente wünscht dir dein Team

g) Verfassen Sie ein Anschreiben zur Stellenausschreibung aus a). Denken Sie an Ihre Adresse und die Adresse des Empfängers, das Datum, den Betreff, eine passende Anrede und eine passende Grußformel. Schreiben Sie ca. 150 Wörter.

10 INNERE KÜNDIGUNG

a) Lesen Sie den Text. Welche Wörter passen in die Lücken? Setzen Sie sie ein, ohne die Form zu verändern. Sie können jedes Wort nur einmal verwenden und nicht alle Wörter können eingesetzt werden.

Angestellten | Arbeitsmotivation | Arbeitsplatz | Arbeitsvertrag | Beschäftigte | betrieblich | Engagement | erledigt | frustriert | Führungskraft | Jobwechsel | Karriere | Kündigung | Rücksicht | selbstständig | Tätigkeiten | Team | trennen | Verweigerung | Vorgesetzte | Weiterentwicklung | unmotiviert | unterstützen

Unzufriedenheit im Job: Die innere Kündigung

Schätzungen zufolge sind etwa die Hälfte aller ________ (1) in Deutschland mehr oder weniger unzufrieden mit ihrer Arbeitsstelle. Fehlende Aufstiegschancen, keine Möglichkeiten der ________ (2), mangelndes Feedback, langweilige ________ (3) – die Liste der Gründe für die Unzufriedenheit ist lang. Die Konsequenz ist in den allermeisten Fällen ein ________ (4). Das Arbeitsverhältnis, das den Arbeitnehmer ________ (5), wird also regulär gekündigt.

Oft ist eine ________ (6) aber nicht so einfach. Aus Mangel an Alternativen bleiben ________ (7) oft länger als nötig Teil des Unternehmens. Ist die Situation für den Arbeitnehmer stark belastend, tritt manchmal ein Phänomen auf, das Experten *Innere Kündigung* nennen. „Der betreffende Mitarbeiter gibt sich innerlich auf", beschreibt Anica Klatzer, eine Expertin für Arbeitspsychologie an der TU Dinslaken, diesen Zustand. „Meist äußert sich eine innere Kündigung zunächst in einem Verlust der ________ (8). Aufgaben werden nur langsam ________ (9), Arbeitsergebnisse sind weniger zufriedenstellend als bisher. Mitarbeiter verbittern allmählich, nehmen nur noch passiv am Arbeitsalltag teil und ziehen sich immer mehr zurück. Ist die innere Kündigung so weit fortgeschritten, dass der Mitarbeiter nur noch Arbeiten erledigt, bei deren Nicht-Erledigung ihm Konsequenzen drohen würden, ist sie nicht mehr rückgängig zu machen. Arbeitgeber und Arbeitnehmer sollten sich in solch einem Fall einvernehmlich ________ (10)."

Ein solcher Zustand ist für Arbeitnehmer nicht erstrebenswert. Aber auch ________ (11) sollten alles tun, um eine innere Kündigung ihrer Mitarbeiter zu vermeiden. Ein Mitarbeiter, der ________ (12) bei der Arbeit ist, ist nachweislich häufiger krank. Außerdem kostet die ________ (13) der Arbeit das Unternehmen bares Geld.

Was also können Unternehmen tun, um der inneren Kündigung ihrer Mitarbeiter vorzubeugen? „Bei jedem Mitarbeiter spielen individuelle Faktoren zur Erlangung von Zufriedenheit am ________ (14) eine Rolle", meint die Expertin Anica Klatzer. „Der eine Beschäftigte sucht nach Anerkennung, ein anderer möchte ________ (15) machen, ein dritter Arbeitnehmer strebt nach einer besseren Vereinbarkeit von Familie und Beruf. Schafft es die jeweilige ________ (16) im Dialog mit ihren Mitarbeitern zu bleiben, ist der erste Schritt zur Vermeidung von Arbeitsfrust getan."

b) Sie sollen ein Referat zur inneren Kündigung halten. Bereiten Sie dafür die Folien für die Präsentation vor. Ergänzen Sie Stichwörter im Nominalstil. Arbeiten Sie mit dem Text aus a). Ergänzen Sie die letzte Folie frei.

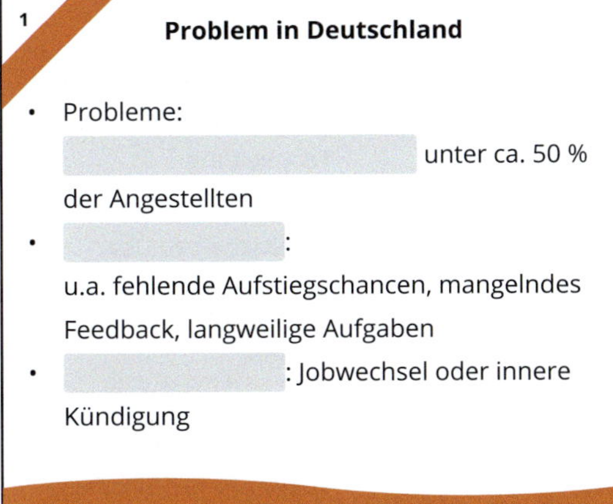

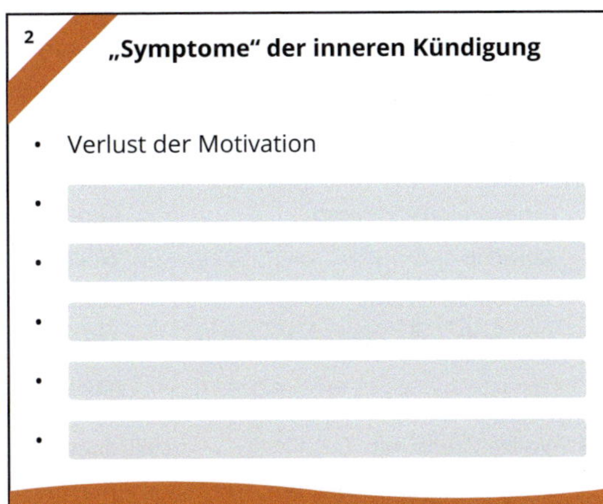

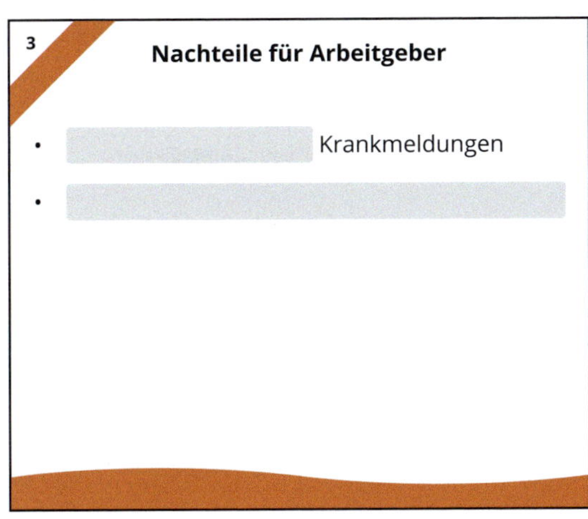

11 JOBANGEBOTE

a) Sie haben in diesem Kapitel einige Faktoren kennengelernt, die eine Firma zu einem attraktiven bzw. unattraktiven Arbeitgeber machen. Ergänzen Sie die Tabelle zu zweit.

+	-
flexible Arbeitszeiten	schlechte Bezahlung

b) Welchen Job würden Sie wählen? Warum? Diskutieren Sie im Kurs.

Stellenangebot 1

Wir erwarten:

- gute Deutsch- und Englischkenntnisse, idealerweise Kenntnisse einer weiteren Fremdsprache
- Reisebereitschaft
- interkulturelle Kompetenz

Wir bieten:

- Vollzeitstelle mit Möglichkeit zur Arbeit im Homeoffice
- Bruttogehalt: 2.700 € monatlich
- Dienstlaptop und Diensthandy

Stellenangebot 2

Wir erwarten:

- Führerschein
- kommunikative Kompetenz
- Bereitschaft zu Wochenend- und Feiertagsarbeit und zur Arbeit am Abend bzw. nachts (17:00 bis 1:00 Uhr)

Wir bieten:

- interessante Tätigkeit mit viel Kontakt zu Menschen
- Bezahlung nach Mindestlohngesetz
- junges und dynamisches Team

Stellenangebot 3

Wir erwarten:

- Berufserfahrung
- Erfahrung in der Teamleitung
- hohe Belastbarkeit und Bereitschaft zu Überstunden

Wir bieten:

- verantwortungsvolle Tätigkeit als Führungskraft
- übertarifliches Einstiegsgehalt und Möglichkeiten zu regelmäßiger Gehaltserhöhung
- eigenes, modern ausgestattetes Büro

Verbalisierung und Nominalisierung

Nominalstil	Verbalstil
1 *das **Erscheinen** des Teams* Nomen Genitivattribut	*Das Team **erscheint**.* Subjekt Verb (Aktiv)
2 *die **Reparatur** des Aufzugs* Nomen Genitivattribut	*Der Aufzug **wird repariert**.* Subjekt Verb (Passiv)
3 *die **Beschwerde** eines Kunden* Nomen Genitivattribut	*Ein Kunde **beschwert sich**.* Subjekt reflexives Verb
4 *die **gute** Zusammenarbeit der Kollegen* Adjektivattribut Genitivattribut	*Die Kollegen arbeiten **gut** zusammen.* Subjekt Adverb
5 *Erledigung der Aufgabe **durch das Team*** Täter (durch + A)	*Die Aufgabe wird **vom Team** erledigt.* Täter (von + D)
6 ***seine** Erstellung kurzer Texte* Possessivartikel	***Er** erstellt kurze Texte.* Personalpronomen

Bei der Verbalisierung kommt es vor allem auf das Verb an. Ist es passivfähig oder reflexiv?

Bei der Nominalisierung gilt:
- Manche **echten Adverbien** müssen durch Adjektive mit ähnlicher Bedeutung ersetzt werden.
- Bei der Nominalisierung von **Nomen-Verb-Verbindungen** fällt das Verb weg.
- Das **Vollverb *sein*** wird nicht nominalisiert. Man bildet das Nomen aus dem Adjektiv.
- **Modalverben** werden durch bedeutungsgleiche Nomen ersetzt (meist Nomen + *zu*-Infinitiv).
- ***haben*** wird nicht nominalisiert. Das Akkusativobjekt wird zentrales Nomen mit Genitivattribut.

eine Präsentation halten

Einleitung: *Unser Vortrag besteht aus X Teilen. – Als Erstes werden wir kurz … zusammenfassen. – Danach / Anschließend / Im Anschluss möchten wir … vorstellen / darlegen / thematisieren / behandeln. – Dann widmen wir uns der Frage, … – Abschließend gehen wir auf … ein. – Im Folgenden möchten wir über … sprechen / euch … vorstellen. – Wir befassen uns jetzt mit …*

Hauptteil: *Das ist ein Aspekt, der in diesem Kontext besonders wichtig ist. – Besonders wichtig ist hierbei, dass … – Einerseits … andererseits … – Zum einen … zum anderen … – Zwar…, aber… – Wir kommen nun zum nächsten Punkt / Teil unseres Vortrags … – Werfen wir jetzt einen Blick auf … – Zur Veranschaulichung möchten wir euch ein Beispiel nennen. – Besonders deutlich wird dies an dem Beispiel … – Das zeigt sich auch in … – Um das zu verdeutlichen, werfen wir einen Blick auf … – Genauer gesagt … – Mit anderen Worten … – Das heißt / bedeutet …*

Schluss: *Abschließend lässt sich festhalten, dass … – Zusammenfassend ist also zu sagen, dass … – Damit sind wir am Ende unserer Präsentation angelangt. Habt ihr noch Fragen? – Am Ende unserer Präsentation würden wir gern das Wort an euch richten. Wie seht ihr …?*

IN DIESEM KAPITEL LERNEN SIE:

- Wortschatz: Wirtschaft / Globalisierung
- Alternativen für *müssen* und *wollen*
- Konjunktiv I
- indirekte Rede
- Wortbedeutungen erschließen
- argumentativ schreiben: Schluss
- ein Prüfungsgespräch führen

1 DER WEG VON PRODUKTEN

a) Ordnen Sie die vorgegebenen Begriffe der passenden Stelle in der Grafik zu. Einige Wörter können mehrfach zugeordnet werden.

der Abnehmer, - | der Anbau, / | anbauen | das Anbaugebiet, -e | der Artikel, - | etw. ausführen | der Bauer, -n | der Betrieb, -e | etw. einführen in/nach | etw. erzeugen | der Erzeuger, - | das Erzeugnis, -se | etw. exportieren | etw. herstellen | der Hersteller, - | importieren | der Käufer, - | etw. kaufen | der Konsument, -en | etw. konsumieren | der Kunde, -n | der Landwirt, -e | die Landwirtschaft, / | etw. liefern | das Produkt, -e | die Produktionsstätte, -n | der Produktionsstandort, -e | der Produzent, -en | etw. produzieren | der Rohstoff, -e | der Transport, -e | etw. transportieren | das Unternehmen, - | etw. verarbeiten | der Verbraucher, - | etw. verkaufen | die Ware, -n

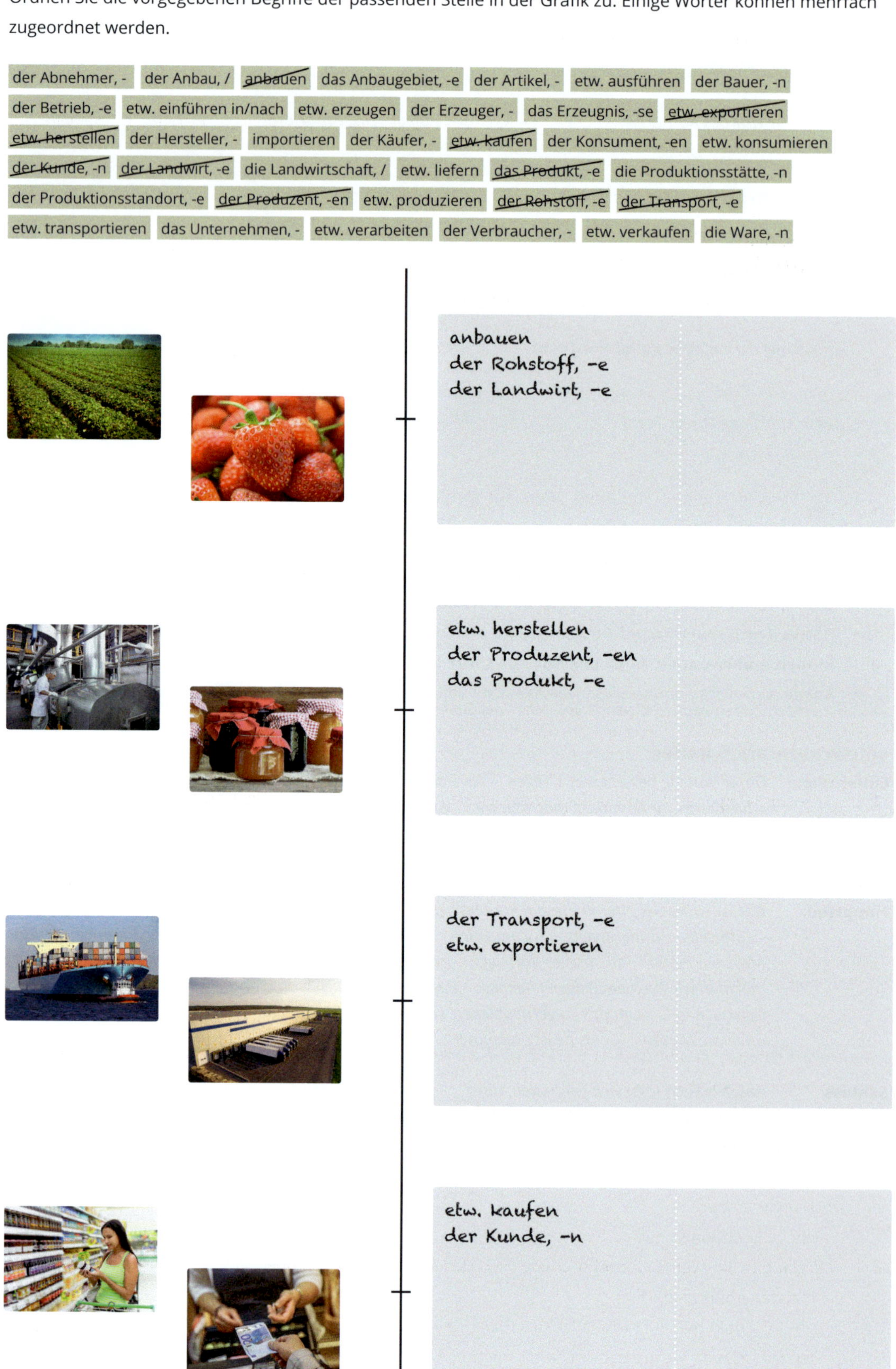

b) Setzen Sie die Nomen aus dem Bereich Wirtschaft passend ein. Achten Sie auf die richtige Form.

der Abnehmer, - | der Absatzmarkt, ¨-e | das Anbaugebiet, -e | die Ausbeutung, -en | der Handel, / | der Handelsweg, -e | der Konzern, -e | das Marketing, / | die Ökobilanz, -en | die Produktionsstätte, -n | der Produktionsstandort, -e | die Ressource, -n | die Subvention, -en | der Warenstrom, ¨-e

1 Das ____________ ist die Region, in der ein landwirtschaftliches Produkt erzeugt wird.

2 Die Begriffe ____________ und ____________ bezeichnen den Weg eines Produkts vom Hersteller bis zum Kunden.

3 ____________ sind finanzielle Unterstützungen des Staates für bestimmte Unternehmen.

4 Der Ort, an dem eine Ware produziert wird, ist die ____________.

5 Die Kunden, die eine Ware kaufen, nennt man auch ____________.

6 Die ____________ zeigt die Auswirkungen, die ein Produkt oder Unternehmen auf die Umwelt hat.

7 Das Fachwort für das Gebiet oder die Personengruppe, in dem/der man ein Produkt verkaufen kann, lautet ____________.

8 Die ____________-Abteilung eines Unternehmens erstellt die Werbestrategie für ein Produkt.

9 Zu natürlichen ____________ zählen unter anderem Erdöl, Kohle, Landflächen, Gewässer, Wälder und Tiere.

10 Den Kauf und Verkauf von Waren fasst man unter dem Begriff ____________ zusammen.

11 Bei einem Zusammenschluss zweier oder mehrerer Unternehmen spricht man von einem ____________.

12 Länder und Regionen mit niedrigen Grundstückspreisen und zentraler Lage sind attraktive ____________ für Hersteller.

13 Dauerstress, unbezahlte Überstunden, keine geregelten Arbeitspausen – die Gewerkschaft fordert mehr Schutz vor ____________ am Arbeitsplatz.

c) Sprechen Sie zu zweit über die folgenden Fragen.

1 Welche Ressourcen hat Ihre Heimat?
2 Welche landwirtschaftlichen Produkte werden in Ihrer Heimat angebaut? Gibt es besonders wichtige einheimische Anbaugebiete?
3 Welcher Handel ist wichtig für die Wirtschaft Ihrer Heimat? Welche Produkte werden häufig exportiert, welche importiert?
4 Gibt es in Ihrer Heimatstadt oder in der Nähe ein großes Unternehmen? Welche Produkte stellt dieses Unternehmen her?
5 Welche Subventionen halten Sie für sinnvoll? In welchen Bereichen würden Sie Subventionen geben?
6 Was glauben Sie, wer die Abnehmer von High Heels, Kinderschuhen oder Winterstiefeln sind? Wo gibt es die meisten Abnehmer?
7 Welches Produkt hat wahrscheinlich eine bessere Ökobilanz: Smartphone oder Tiefkühlpizza? Warum?
8 Stellen Sie sich vor, Sie arbeiten in der Marketing-Abteilung eines Supermarktes. Welche Ideen haben Sie, um den Gewinn des Supermarktes zu steigern?

2 WORTBEDEUTUNGEN ERSCHLIEẞEN – WORTBILDUNG

Sehen Sie sich die unbekannten Wörter aus dem vorliegenden Kapitel an. Versuchen Sie, die Bedeutung der Wörter ohne Wörterbuch zu erschließen. Welche bekannten Wörter verstecken sich hier vielleicht? Achten Sie auch auf Endungen, Präfixe und andere grammatische Informationen, aus denen Sie die Bedeutung ableiten können.

Bestimmte Präfixe und Suffixe helfen, unbekannte Wörter zu verstehen, z. B.:
ver- = Prozess
zer- = kaputt
Verb + *-er* = Person

1 einheimisch

= in + zu Hause/daheim + Adjektivsuffix

2 profitieren

3 Industriestaat

4 Angleichung

5 Bereicherung

6 innereuropäisch

7 unkalkulierbar

8 zerstören

9 verteuern

10 Marktführer

11 unumgänglich

12 Lebenshaltungskosten

13 Dienstleistung

14 Mieterhöhung

3 GLOBALISIERUNG

a) Was verstehen Sie unter *Globalisierung*? Finden Sie zu zweit eine Begriffsdefinition.

b) Lesen Sie den Text und vergleichen Sie Ihre Definition mit den Informationen im Text.

BEGRIFFSDEFINITION: GLOBALISIERUNG

Ein Lexikon definiert Globalisierung als weltweite Verflechtung[1] in verschiedenen Bereichen, wie z. B. Wirtschaft, Politik, Bildung oder Kultur. Verwendet wird der Begriff seit den 1960er-Jahren, wirklich populär aber wurde er erst ein Vierteljahrhundert später. Das Phänomen selbst ist jedoch wesentlich älter, denn schon die Menschen der Antike lebten und handelten global – vor über zweitausend Jahren.

Wie die Lexikon-Definition bereits andeutet, findet Globalisierung in den unterschiedlichsten Bereichen und damit auch Formen statt: als militärische Eroberung[2] (Alexander der Große), als Kolonialisierung (durch Spanien, Portugal, England, Frankreich, Deutschland usw.), als Migration, auf dem Gebiet der Kultur (erkennbar an der Angleichung von Baustilen, Seh- und Hörgewohnheiten – Stichwort Hollywood – ja, sogar Essgewohnheiten – Stichwort Fast Food).

Meistens aber denkt man, wenn man von Globalisierung spricht, an die Ökonomie, wobei zwei Aspekte im Vordergrund stehen: zum einen die wachsende und immer enger werdende wirtschaftliche Kooperation von Ländern und Unternehmen, zum anderen eine zunehmende Konkurrenz.

c) Richtig oder falsch? Kreuzen Sie an.

R	F		
R	F	1	Im Lexikon wird Globalisierung nicht nur als ökonomisches Phänomen beschrieben.
R	F	2	Die Globalisierung begann in den 1960er-Jahren.
R	F	3	1960 wurde der Begriff Globalisierung zum ersten Mal verwendet.
R	F	4	Globale Verflechtungen gab es schon vor über zweitausend Jahren.
R	F	5	Auch Kolonialisierung ist eine Form von Globalisierung.
R	F	6	Durch Hollywood werden sogar die Essgewohnheiten globalisiert.
R	F	7	Heutzutage wird Globalisierung ausschließlich als wirtschaftlicher Vorgang verstanden.
R	F	8	Wirtschaftliche Globalisierung bedeutet auch Zusammenarbeit und Wettbewerb.

d) Lesen Sie einen weiteren Text zum Thema Globalisierung und geben Sie ihm eine passende Überschrift.

Die moderne Globalisierung begann im 19. Jahrhundert. Die erste Phase dieses Prozesses endete ziemlich plötzlich mit dem Ausbruch des Ersten Weltkriegs im August 1914. Noch wenige Tage zuvor hielten viele einen militärischen Konflikt zwischen Industriestaaten für äußerst unwahrscheinlich, da ein solcher Konflikt gerade wegen der ökonomischen Verflechtung große wirtschaftliche Schäden verursachen würde.

Dennoch kam es zum Krieg, einem Krieg, der umfassender – globaler! – und zerstörerischer war als alle früheren Kriege. Und seine Folgen waren so schwerwiegend, dass die Welt erst in den 1970er-Jahren – nach einer dramatischen Weltwirtschaftskrise und einem weiteren, noch globaleren und noch verheerenderen Weltkrieg – ökonomisch wieder so vernetzt war wie 1913. Vor allem die in den 1990er-Jahren beginnende „Super-Globalisierung“ mit ihrem geradezu explodierenden Welthandel erschien deshalb vielen – zu Unrecht – als ein völlig neues Phänomen.

Für die rasante Entwicklung sind insbesondere drei Faktoren verantwortlich. Erstens: Neuerungen in der Informations- und Kommunikationstechnologie, die den Austausch von Daten erheblich erleichterten und beschleunigten. Zweitens: bessere und schnellere Transportmittel, verbunden mit sinkenden Transportkosten. Und drittens: der Zusammenbruch des „Ostblocks“ um 1990, der dazu führte, dass die bis dahin relativ isolierten kommunistischen Staaten Osteuropas – und schließlich auch das ebenfalls kommunistische China – in die Weltwirtschaft integriert wurden. Die beiden technologischen Faktoren spielten natürlich auch schon in der ersten Globalisierungsphase eine bedeutende Rolle. Das revolutionäre Element ist die Digitalisierung, die noch einmal deutlich zu der rasanten Entwicklung der zweiten Globalisierungsphase beitrug.

e) Bearbeiten Sie die Aufgaben zum Text aus d).

1 Richtig oder falsch? Kreuzen Sie an.

R	F		
R	F	1	Der Erste Weltkrieg führte zu einer Unterbrechung der modernen Globalisierung.
R	F	2	Die meisten Menschen glaubten kurz vor dem Ersten Weltkrieg nicht an einen möglichen Krieg zwischen den Industrieländern.
R	F	3	Der Erste Weltkrieg war der globalste Krieg aller Zeiten.
R	F	4	Erst in den 1970er-Jahren entsprach der Stand der ökonomischen Globalisierung wieder dem Stand kurz vor dem Ersten Weltkrieg.
R	F	5	In den 1990er-Jahren setzte eine neue Phase der Globalisierung ein.
R	F	6	Neue Technologien erhöhten das Tempo von Kommunikation und Transport.
R	F	7	Vor 1990 nahmen kommunistische Staaten gar nicht an der Weltwirtschaft teil.
R	F	8	Ohne die Digitalisierung hätte sich die Globalisierung nicht so schnell entwickelt.

2 Warum war der Ausbruch des Ersten Weltkriegs für viele eine Überraschung? Antworten Sie im Satz.

3 Warum wurde die zweite Phase der Globalisierung wohl als „Super-Globalisierung" bezeichnet?

4 Welche drei Faktoren waren für die „Super-Globalisierung" verantwortlich und welche Folgen hatten sie?

Faktor 1:	Folge:
Faktor 2:	Folge:
Faktor 3:	Folge:

f) Sprechen Sie zu zweit über einen typischen Tagesablauf in Ihrem Alltag. In welchen Bereichen ist die Globalisierung für Sie persönlich spürbar? Sammeln Sie Beispiele und vergleichen Sie sie anschließend im Kurs.

4 ARGUMENTATIV SCHREIBEN – SCHLUSS

a) Lesen Sie die Aufgabenstellung für einen argumentativen Text sowie die Argumente. Fallen Ihnen noch weitere Argumente ein?

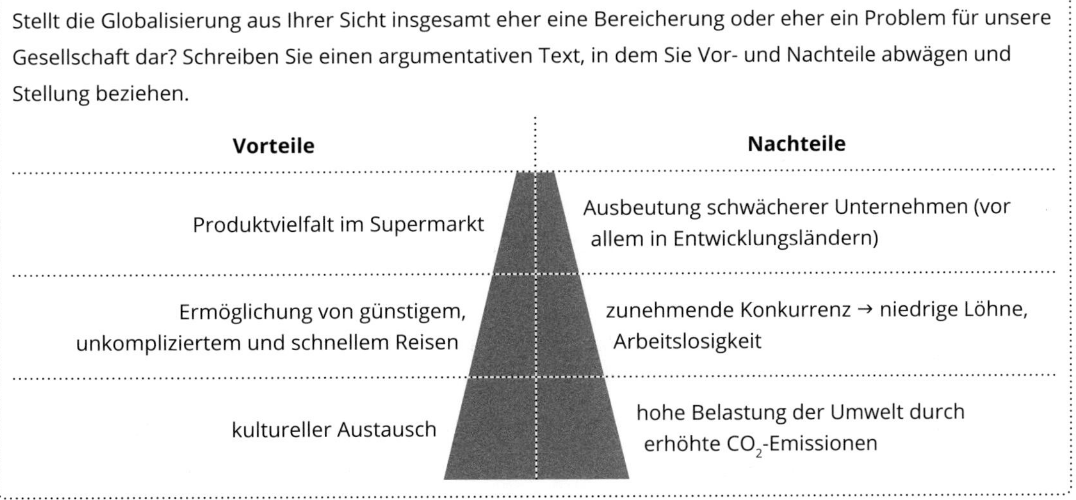

Stellt die Globalisierung aus Ihrer Sicht insgesamt eher eine Bereicherung oder eher ein Problem für unsere Gesellschaft dar? Schreiben Sie einen argumentativen Text, in dem Sie Vor- und Nachteile abwägen und Stellung beziehen.

Vorteile	Nachteile
Produktvielfalt im Supermarkt	Ausbeutung schwächerer Unternehmen (vor allem in Entwicklungsländern)
Ermöglichung von günstigem, unkompliziertem und schnellem Reisen	zunehmende Konkurrenz → niedrige Löhne, Arbeitslosigkeit
kultureller Austausch	hohe Belastung der Umwelt durch erhöhte CO_2-Emissionen

b) Lesen Sie den folgenden Schülertext zur Aufgabenstellung aus a). Markieren Sie am Rand, wo Einleitung, Hauptteil und Schluss beginnen bzw. enden. Welche Meinung vertritt der Verfasser dieses Textes? Ergänzen Sie die Lücken entsprechend im Schlussteil.

Einleitung 

Mit dem Begriff Globalisierung ist die weltweite Verflechtung zwischen Privatpersonen, Unternehmen und Regierungen gemeint. In diesem Kontext stellt sich die Frage, ob Globalisierung eine Bereicherung für unsere Gesellschaft darstellt.
Zum einen hat Globalisierung einige Vorteile. So wächst die internationale Kooperation von Unternehmen, was Konsumenten ermöglicht, Produkte aus anderen Ländern zu kaufen. In großen Supermärkten gibt es zum Beispiel arabische Gewürze oder asiatische Soßen. Ein weiterer Vorteil ist, dass man durch die Globalisierung heute viel schneller und günstiger reisen kann. Innereuropäische Flüge in bekannte Urlaubsregionen sind beispielsweise schon für unter 100 Euro zu buchen. Das größte Potenzial liegt für mich jedoch im kulturellen Austausch, der erst durch die Globalisierung möglich wurde. Kulturen können so näher zusammenrücken und gleichermaßen voneinander profitieren. Voraussetzung hierfür wäre jedoch ein gleichberechtigter Austausch zwischen den Kulturen, der nicht immer gegeben ist. Dies verweist auch schon auf die Nachteile der Globalisierung.
Die Großkonzerne aus reichen Industriestaaten beuten schwächere Unternehmen in Entwicklungsländern aus, zum Beispiel, indem sie nicht genug Geld für Produkte bezahlen. Diese sind aber auf die Exporte angewiesen und können sich deshalb nicht wehren. Damit verbunden ist auch der zweite Nachteil, die steigende Konkurrenz. Das hat zur Folge, dass Arbeitnehmer in armen Staaten ausgebeutet werden und nur sehr niedrige Löhne bekommen. Und in reichen Staaten steigt die Arbeitslosigkeit, weil die Konkurrenz aus dem Ausland billiger ist. Ein weiterer Nachteil besteht darin, dass die Umwelt durch die Globalisierung belastet wird. Produkte werden nicht mehr nur lokal produziert und konsumiert, sondern rund um den Globus hergestellt und verkauft. Zum Beispiel werden Tomaten in China angebaut, in afrikanischen Produktionsstätten günstig weiterverarbeitet und das Tomatenmark wird dann in aller Welt verkauft. Durch solche internationalen Warenströme steigt der Transport und damit erhöhen sich die CO_2-Emissionen, die hauptverantwortlich für den Klimawandel sind.
Zusammenfassend lässt sich sagen, dass die ________ die ________ überwiegen. Aus diesem Grund bin ich der Meinung, dass Globalisierung eher ________ für unsere Gesellschaft darstellt. Für die Zukunft hoffe ich, dass die Globalisierung sich verlangsamt und ihre Auswirkungen sich abschwächen.

c) Aus welchen Teilen besteht der Schluss? Lesen Sie die Informationen dazu und vergleichen Sie sie mit dem letzten Abschnitt. Wurden die Tipps befolgt? Welche Redemittel wurden verwendet? Was steht im Schlusssatz?

Nicht geeignet für den Schlusssatz sind neue, zusätzliche Argumente, die im Hauptteil noch nicht genannt wurden.

Schluss eines argumentativen Textes

Der Schluss ist sozusagen der Spiegel der Einleitung. Die Bestandteile des Schlusses sind:

- kurze **Zusammenfassung** oder zusammenfassender Ausdruck
- **Fazit / Antwort auf die zentrale Frage** aus der Einleitung geben
- **allgemeiner Schlusssatz**, z. B. Zukunftsprognose im Hinblick auf das zentrale Thema

SCHLUSS EINES ARGUMENTATIVEN TEXTES

Zusammenfassung
- *Alles in allem ...*
- *Zusammenfassend ...*
- *Deshalb ...* (Bezugnahme auf Hauptteil)
- *Die Vorteile überwiegen die Nachteile.*
- *Es gibt mehr Nach- als Vorteile.*

Antwort auf die zentrale Frage
- *Ich bin der Meinung, dass ...*
- *Ich vertrete die Ansicht, dass ...*
- *Meiner Meinung nach* (dann Verb auf Position 2) ...
- *Es ist besser, wenn ...*
- *Man muss ...*

allgemeiner Schlusssatz
- *Für die Zukunft hoffe ich, dass ...*
- *Ich empfehle jedem, dass ...*
- *Man sollte ...*
- *Ich denke, dass in Zukunft ...*
- *(Auch) in meiner Heimat ...*

d) Schreiben Sie selbst einen argumentativen Text zur Aufgabenstellung aus a). Beachten Sie dabei die Tipps für den Schluss und verwenden Sie die Redemittel.

5 DER WEG DER TOMATE

a) Sehen Sie sich das Bild an und überlegen Sie, was hier dargestellt wird. Beschreiben Sie den Weg der Tomate.

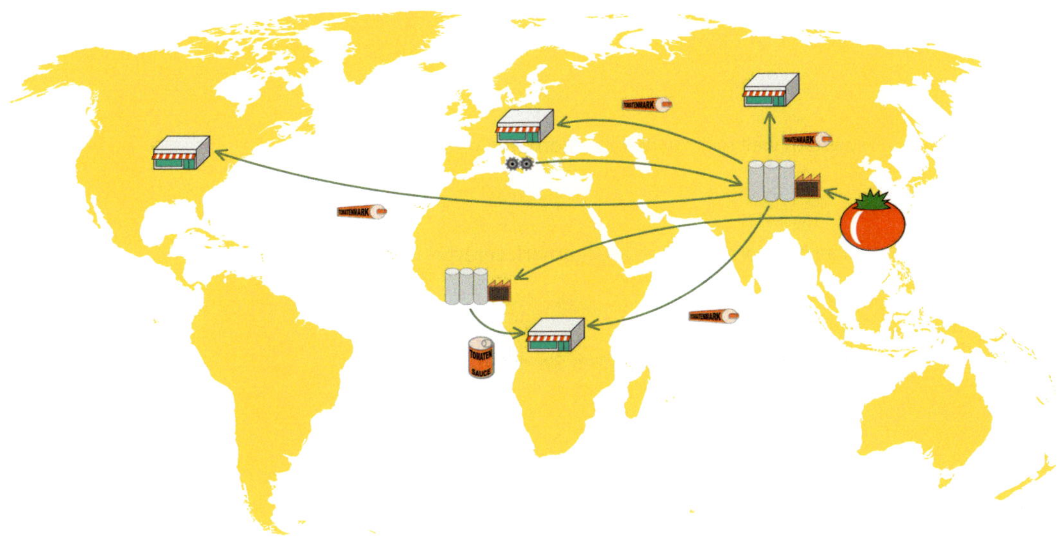

b) Lesen Sie das Glossar. Hören Sie dann den Hörtext und beantworten Sie die Fragen.

Glossar zum Hörtext

- jmdm. etw. offenbaren = jmdm. etw. zeigen
- ausgehendes 20. Jahrhundert = Ende des 20. Jahrhunderts
- jmdn. enttäuschen = Hoffnungen oder Erwartungen anderer nicht erfüllen
- die Zierpflanze, -n = Pflanze, die der Verschönerung dient ↔ Nutzpflanze
- tapfer = hier: stark
- das Tomatenmark, / = konzentrierter Fruchtbrei aus Tomaten
- das Konzentrat, -e = Flüssigkeit, der man Wasser entzieht, so dass sie fester und intensiver wird
- dreifach konzentriert = hier: nur noch maximal 65 % Wasser
- etw. beimengen = hinzufügen
- betriebswirtschaftlich = die wirtschaftliche/ökonomische Situation einer Firma betreffend

1 Was ist das Thema des Hörtextes?

2 Woher kamen Tomaten ursprünglich?

3 In welchem Land werden weltweit die meisten Tomaten produziert?

4 An welchen Orten werden Tomaten zu Tomatenmark verarbeitet?

c) Hören Sie den Text zum zweiten Mal und bearbeiten Sie die Aufgaben dazu.

1 Richtig oder falsch? Kreuzen Sie an.

R	F		
R	F	1	Die Globalisierung bemerkt man bei jedem Einkauf in einem Supermarkt.
R	F	2	Der weltweite Handel mit Tomaten weicht zum Teil erheblich von den üblichen Warenströmen ab.
R	F	3	Durch gelungenes Marketing entstand das Bild der Tomatensauce als original italienisches Produkt.
R	F	4	Zunächst wurden in Europa Tomaten gar nicht gegessen, sondern wegen des Aussehens gepflanzt.
R	F	5	Die meisten Tomaten in Deutschland stammen aus Kalifornien.
R	F	6	Der Anteil an niederländischen Tomaten ist in Deutschland größer als in Spanien.
R	F	7	Weniger als zehn Prozent der in Deutschland gehandelten Tomaten stammen auch aus Deutschland.

2 So viel Wasser wird beim Anbau der folgenden Lebensmittel pro Kilo verbraucht:

a Tomaten: ______ c Getreide: ______ e Kaffee: ______

b Kartoffeln: ______ d Reis: ______

3 Beim Anbau von Tomaten wird relativ wenig Wasser verbraucht. Wo kann der Wasserverbrauch trotzdem zum Problem werden?

4 Für welches Massenprodukt wird Tomatenmark unter anderem benötigt?

5 Welche Technologie wurde von Italien nach China exportiert?

6 Wie viel Tomatenmark liefert der chinesische Betrieb täglich aus?

7 Wie sieht der Herstellungsprozess einer „original italienischen" Tomatensauce aus?

China: Anbau von Tomaten und Herstellung von Tomatenmark → Italien: Beimengung von → weltweiter Export als Tomatensauce

8 Welche der drei Aussagen ist richtig? Kreuzen Sie an.

1 Auch in Afrika wird Tomatenmark industriell hergestellt, ...

- **A** sodass chinesische Unternehmer auf Konkurrenz stoßen.
- **B** wodurch Bauern in Ghana und Nigeria neue Absatzmöglichkeiten haben.
- **C** die Fabriken sind aber in chinesischer Hand.

2 Tomaten aus chinesischem Anbau werden nach Afrika transportiert, ...

- **A** haben aber gegen die heimischen Früchte keine Chance.
- **B** um dort zu Tomatenmark verarbeitet zu werden.
- **C** sodass die regionale Landwirtschaft durch neue Früchte bereichert wird.

3 Als ein Fazit kann man ziehen, dass der globale Transport von Massenprodukten ...

- **A** für große Konzerne billiger ist als die Produktion vor Ort.
- **B** die Umwelt in großem Maße belastet.
- **C** lokalen Bauern und Lebensmittelproduzenten neue Möglichkeiten bietet.

d) Arbeiten Sie zu zweit. Sammeln Sie Informationen zum Wirtschaftskreislauf eines Produkts Ihrer Wahl und stellen Sie das Produkt im Kurs vor. Sie können beispielsweise ein Lebensmittel, Kleidung, ein technisches Gerät oder ein Medikament vorstellen.
Klären Sie bei Ihrer Recherche u.a. diese Fragen:

- Wo werden die Bestandteile dieses Produkts angebaut/hergestellt?
- Woher kommt die Technik/das Know-how zur Verarbeitung dieses Produkts?
- Wo wird das Produkt weiterverarbeitet?
- Wo wird das Produkt überall verkauft?

6 ALTERNATIVEN FÜR MODALVERBEN – *MÜSSEN* UND *WOLLEN*

a) Lesen Sie die Diskussion in einem Internetforum zum Thema Selbstständigkeit und Firmengründung. Markieren Sie in zwei unterschiedlichen Farben alle Ausdrücke, die den Modalverben *müssen* und *wollen* entsprechen.

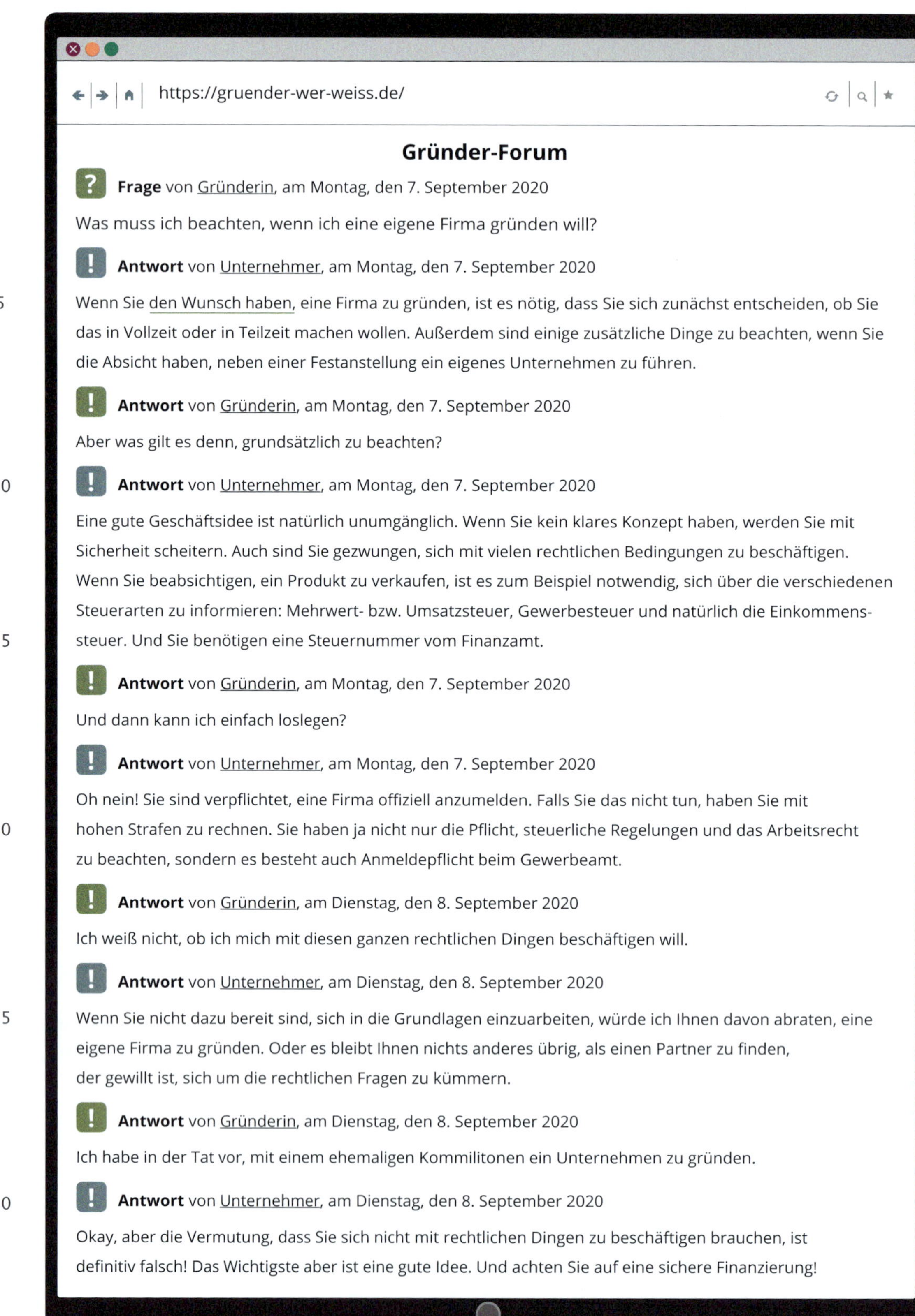

https://gruender-wer-weiss.de/

Gründer-Forum

Frage von Gründerin, am Montag, den 7. September 2020

Was muss ich beachten, wenn ich eine eigene Firma gründen will?

Antwort von Unternehmer, am Montag, den 7. September 2020

Wenn Sie den Wunsch haben, eine Firma zu gründen, ist es nötig, dass Sie sich zunächst entscheiden, ob Sie das in Vollzeit oder in Teilzeit machen wollen. Außerdem sind einige zusätzliche Dinge zu beachten, wenn Sie die Absicht haben, neben einer Festanstellung ein eigenes Unternehmen zu führen.

Antwort von Gründerin, am Montag, den 7. September 2020

Aber was gilt es denn, grundsätzlich zu beachten?

Antwort von Unternehmer, am Montag, den 7. September 2020

Eine gute Geschäftsidee ist natürlich unumgänglich. Wenn Sie kein klares Konzept haben, werden Sie mit Sicherheit scheitern. Auch sind Sie gezwungen, sich mit vielen rechtlichen Bedingungen zu beschäftigen. Wenn Sie beabsichtigen, ein Produkt zu verkaufen, ist es zum Beispiel notwendig, sich über die verschiedenen Steuerarten zu informieren: Mehrwert- bzw. Umsatzsteuer, Gewerbesteuer und natürlich die Einkommenssteuer. Und Sie benötigen eine Steuernummer vom Finanzamt.

Antwort von Gründerin, am Montag, den 7. September 2020

Und dann kann ich einfach loslegen?

Antwort von Unternehmer, am Montag, den 7. September 2020

Oh nein! Sie sind verpflichtet, eine Firma offiziell anzumelden. Falls Sie das nicht tun, haben Sie mit hohen Strafen zu rechnen. Sie haben ja nicht nur die Pflicht, steuerliche Regelungen und das Arbeitsrecht zu beachten, sondern es besteht auch Anmeldepflicht beim Gewerbeamt.

Antwort von Gründerin, am Dienstag, den 8. September 2020

Ich weiß nicht, ob ich mich mit diesen ganzen rechtlichen Dingen beschäftigen will.

Antwort von Unternehmer, am Dienstag, den 8. September 2020

Wenn Sie nicht dazu bereit sind, sich in die Grundlagen einzuarbeiten, würde ich Ihnen davon abraten, eine eigene Firma zu gründen. Oder es bleibt Ihnen nichts anderes übrig, als einen Partner zu finden, der gewillt ist, sich um die rechtlichen Fragen zu kümmern.

Antwort von Gründerin, am Dienstag, den 8. September 2020

Ich habe in der Tat vor, mit einem ehemaligen Kommilitonen ein Unternehmen zu gründen.

Antwort von Unternehmer, am Dienstag, den 8. September 2020

Okay, aber die Vermutung, dass Sie sich nicht mit rechtlichen Dingen zu beschäftigen brauchen, ist definitiv falsch! Das Wichtigste aber ist eine gute Idee. Und achten Sie auf eine sichere Finanzierung!

b) Ergänzen Sie die Ausdrücke aus a) in der Tabelle, wobei Sie die Sätze ggf. kürzen müssen.

(nicht) müssen

Sie ***haben die Pflicht****, steuerliche Regelungen zu beachten.*

Was ***gilt es zu beachten****?*

(nicht) wollen

Die Mitarbeiterin ***hat den Wunsch****, mehr Verantwortung zu übernehmen.*

Eine Liste der wichtigsten Modalverbalternativen finden Sie im digitalen Zusatzmaterial.

c) Drücken Sie die folgenden Aussagen mit Modalverben (1–9) bzw. mit Modalverbalternativen (10–11) aus. Für letztere Sätze gibt es mehrere Lösungen.

1 Elvira hat die Absicht, eine eigene Schneiderei zu eröffnen.

2 Sie hat vor, sich auf Kleidung für offizielle Anlässe zu spezialisieren.

3 Sie ist verpflichtet, ihr Unternehmen anzumelden.

4 Dazu hat sie viele Formalitäten zu erledigen.

5 Glücklicherweise braucht sie keinen Kredit aufzunehmen.

6 Ursprünglich beabsichtigte sie, ein Atelier in der Innenstadt zu mieten.

7 Aber dann war sie nicht bereit, für die zentrale Lage so viel Miete zu zahlen.

8 Daher war sie gezwungen, am Stadtrand nach einem Atelier zu suchen.

9 Um erfolgreich zu sein, ist es unumgänglich, dass man eine gute Internetseite hat.

10 Außerdem muss man sich auch einen eleganten Firmennamen überlegen.

11 Elvira will ihre eigene Marke auch im Ausland bekannt machen.

d) Bilden Sie vier Gruppen. Jede Gruppe erhält ein Poster mit einer der untenstehenden Überschriften. Formulieren Sie dazu Sätze mit Modalverbalternativen. Nutzen Sie Ihre Fantasie. Geben Sie jeweils nach einer bestimmten Zeit das Poster an die nächste Gruppe weiter, die weitere Sätze ergänzt.

- Pflichten im Deutschkurs
- Gesetzliche Pflichten
- Wünsche/Pläne für den Deutschkurs
- Wünsche/Pläne für Ihre Zukunft

Pflichten im Deutschkurs

Es gilt, seinen Mitschülerinnen und Mitschülern zuzuhören.
Wir ...

7 WIRTSCHAFT UND GERECHTIGKEIT

a) Sprechen Sie zu zweit. Was haben die Bilder mit dem Thema Wirtschaft zu tun?

1

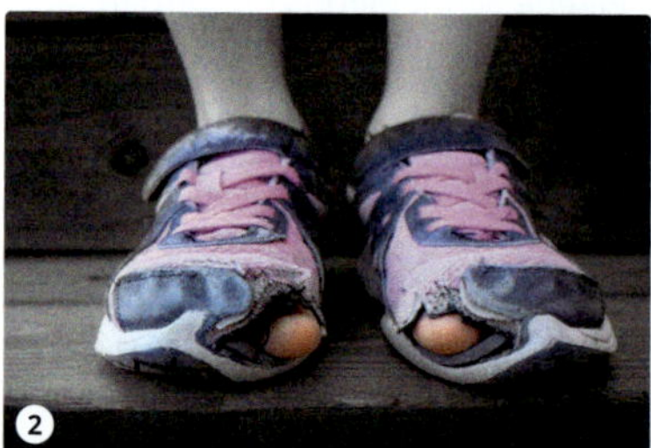
2

3

4

b) Diskutieren Sie zu zweit folgende Fragen.

- Wie viele Stunden pro Woche sollte man bei einer Vollzeitstelle arbeiten?
- Sollte der Staat regeln, wie viel Menschen verdienen?
- Sollten alle für die gleiche Arbeit das gleiche Gehalt bekommen?
- Sollte jemand, der studiert hat, mehr verdienen als jemand, der keine Ausbildung gemacht hat?
- Was braucht ein Mensch zum Leben?
- Was bedeutet Luxus für Sie?
- Wie hoch sollte der Anteil der Mietkosten an den gesamten Lebenshaltungskosten sein?
- Wie viel Prozent des Nettogehaltes sollte man für Lebensmittel ausgeben?
- Wie viel mehr würden Sie bezahlen, um ein lokales Produkt zu kaufen, wenn dessen Qualität besser ist?
- Wie viel mehr würden Sie für ein importiertes Produkt ausgeben, wenn es besser als das heimische ist?
- Was könnten multinationale Firmen tun, um faire Arbeitsbedingungen in allen Ländern zu garantieren?

8 WIRTSCHAFT HEUTE

a) Verbinden Sie folgende Wörter mit den Erklärungen.

1 der Zoll, ¨-e
2 die Güter (Pl)
3 der Lehrling, -e
4 der Mindestlohn, ¨-e
5 die Gewerkschaft, -en
6 der Stellenabbau, /
7 die Filiale, -n
8 der Zahlungsverkehr, /

A der/die Auszubildende, -n
B niedrigster gesetzlich zulässiger Lohn
C Geld, das für den Transport von Waren über Landesgrenzen gezahlt werden muss
D Reduzierung von Arbeitsplätzen (oft durch Kündigungen)
E Organisation, die sich um die sozialen und wirtschaftlichen Interessen von Arbeitern und Angestellten kümmert
F Wege des Geldes von einem Besitzer zum nächsten
G einzelnes Geschäft einer Unternehmenskette oder -gruppe
H Produkte, Erzeugnisse, Waren

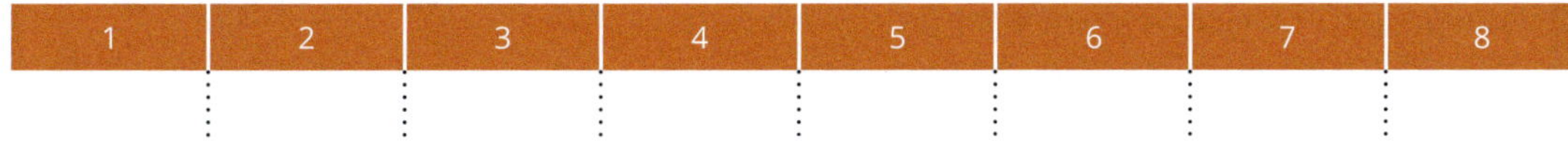

1	2	3	4	5	6	7	8

b) Was passt? Kreuzen Sie an.

1 Eine Ware, die aus dem Ausland kommt, wird ...

A exportiert. **B** importiert. **C** ramponiert.

2 Bei Rabatt-Aktionen werden die Preise ...

A gesenkt. **B** gesteigert. **C** berechnet.

3 Wenn für den Import einer Ware Geld gefordert wird, heißt das, dass man ...

A Steuern erhöht. **B** Preise vergleicht. **C** Zölle erhebt.

4 Wenn jemand für eine Tat oder ein Ereignis negative Konsequenzen erlebt, wird er ...

A belohnt. **B** bestraft. **C** bedroht.

5 Eine Maßnahme, die der Staat durch ein Gesetz regelt, ist eine ...

A geregelte Maßnahme. **B** gesetzte Maßnahme. **C** gesetzliche Maßnahme.

c) Auf der Startseite einer Online-Wirtschaftszeitung lesen Sie die fünf Teaser zu Berichten aus der Wirtschaft. Wählen Sie für jeden Text eine passende Überschrift. Sie brauchen nicht alle Überschriften.

Angst nehmen | Ärger am Zoll | Bargeldlos glücklich? | Deutsche lehnen Bargeld ab | Geflüchtete belasten die Wirtschaft | Flüchtlingskrise? Nicht für das Handwerk | Gender-Pay-Gap – Fiktion oder Realität? | Löhne der Geschlechter nähern sich an | Mindestlöhne belasten die Wirtschaft | Mindestlohn kein Jobkiller | Handelskrieg – schlecht für Verbraucher

https://www.wirtschaft-4u.de/

1 ____________________

Mit Beginn des neuen Jahrtausends nahm die Zahl an Auszubildenden im Handwerk immer mehr ab. Nahmen im Jahr 2001 noch rund 560 000 Lehrlinge eine Ausbildung im handwerklichen Bereich auf, belief sich die Zahl im Jahr 2015 nur noch auf 364 000 Auszubildende, während gleichzeitig die Zahl an Studierenden stark anstieg. Und während in Politik und Gesellschaft in jenem Jahr über den großen Zuzug[1] von Migranten heiß diskutiert wurde, sahen die Betriebe vor allem die Vorteile: Unbesetzte Stellen konnten an zahlreiche Geflüchtete vermittelt werden. Allerdings seien die bürokratischen Hürden[2] hoch, wie ein Sprecher der Handwerkskammer[3] mitteilte. [...]

2 ____________________

Gibt es ihn nun? Oder gibt es ihn nicht: den Gender-Pay-Gap? Verdienen Frauen also tatsächlich im Durchschnitt weniger als Männer? Und das möglicherweise für die gleiche Tätigkeit? Nach Ansicht unserer Autorin müsse diese Frage für die Bundesrepublik mit einem eindeutigen Jein beantwortet werden. Zwar verdienten Frauen auch in Deutschland statistisch weniger als Männer, rein rechnerisch gebe es also durchaus einen Gender-Pay-Gap, jedoch in der Regel nicht für die gleiche geleistete Arbeit.

Die Lücke zwischen den Geschlechtern habe ihre Ursache in anderen Faktoren. So seien 78 % der Männer erwerbstätig, aber nur 70 % der Frauen. Auch bei den Arbeitszeiten zeige sich ein Unterschied: Der Anteil an Beschäftigten, die in Teilzeit arbeiteten, sei bei Frauen höher als bei Männern. Das alles habe natürlich Einfluss auf das statistisch ermittelte Durchschnittseinkommen. Zur vollständigen Analyse klicken Sie hier. [...]

3 ____________________

In Schweden brachte die Bank von Stockholm am 16. Juli 1661 die ersten offiziellen Banknoten als erstes Land in Europa in Umlauf. Es ist ebenso das erste europäische Land, welches die Banknoten auch wieder offiziell abschafft. Zwischen 2010 und 2012 wurden in über 500 Bankfilialen Dienstleistungen, bei denen noch Bargeld erforderlich bzw. üblich war, auf rein bargeldlosen Zahlungsverkehr umgestellt. Bezahlt wird mittels Bank- oder Kreditkarte; kleine Beträge können auch über die schwedische Handynummer entrichtet werden – was vor allem für Touristen zu einem Problem werden kann, etwa beim Erwerb eines Bustickets oder dem Benutzen einer öffentlichen Toilette. Danach befragt, ob sie sich eine solche Entwicklung auch in Deutschland vorstellen könne, antwortete Laura Meier, Finanzexpertin, dass sie sehr skeptisch sei. „Die Deutschen haben eine ganz andere Einstellung zum Bargeld. Auch sind die Deutschen wesentlich sensibler, was die Erhebung[4] persönlicher Daten betrifft", so Meier. Dass die Bundesrepublik sich vom Bargeld komplett verabschiede, wie es in Schweden geplant ist, müsse sie bezweifeln. Das ganze Interview lesen Sie hier. [...]

[1] der Zuzug, ¨-e = Umzug von einem Ort an einen anderen
[2] die Hürde, -n = Hindernis, das eine Tätigkeit schwierig macht
[3] die Handwerkskammer, -n = Organisation, die sich um die Interessen der Handwerker kümmert

[4] die Erhebung, -en = Sammlung und Speicherung von Daten

4

Mit dem 1. Januar 2015 wurde der gesetzliche Mindestlohn auch in der Bundesrepublik eingeführt. Mit 8,50 Euro pro Stunde lag Deutschland in der EU im Mittelfeld. Die vorangegangene Diskussion war allerdings heftig: Ein Wirtschaftssprecher sagte: „Der Mindestlohn wird zahlreiche Arbeitsplätze kosten. Er hat unkalkulierbare Auswirkungen insbesondere auf Gastronomie und Kleinunternehmen." Unterdessen hat sich gezeigt, dass der Mindestlohn keineswegs zu einem massenhaften Stellenabbau geführt hat. Die Gewerkschaften sagten, der Mindestlohn werde für mehr Gerechtigkeit sorgen und er ermögliche eine faire Bezahlung. [...]

5

Bricht zwischen zwei Ländern ein Handelskrieg aus, sind Zölle auf Importware eine beliebte Maßnahme von Regierungen. Zölle verteuern die Produkte ausländischer Produzenten und senken die Verkaufszahlen. Das mag der Politik gefallen, doch den einheimischen Verbrauchern sicherlich nicht. [...]

d) Bearbeiten Sie die Aufgaben zu den Texten.

1. Wie haben sich die Zahlen an Auszubildenden im Handwerk bzw. Studierenden entwickelt?
   a. Die Zahl an Auszubildenden im Handwerk
   b. Die Zahl an Studierenden
2. Warum sehen manche Wirtschaftszweige den Zuzug von Geflüchteten nach Deutschland positiv?
3. Was wird als *Gender-Pay-Gap* bezeichnet?
4. Welche Gründe werden für die statistisch unterschiedlichen Einkommen genannt?
   a.
   b.
5. Welche Zahlungsmöglichkeiten werden im dritten Text genannt?
   a. b. c.
6. Auch kleine und kleinste Beträge können in Schweden bargeldlos gezahlt werden. Nennen Sie zwei Beispiele aus dem Text.
   a. b.
7. Kann sich die Finanzexpertin Laura Meier eine Abschaffung von Bargeld in Deutschland vorstellen? Warum bzw. warum nicht?

Wie hoch ist der Mindestlohn heute in Deutschland und in anderen Ländern? Recherchieren Sie im Internet.

8 Wie hoch war der Mindestlohn in der Bundesrepublik im Jahr der Einführung?

9 Welche Prognose in Bezug auf den Mindestlohn ist nicht wahr geworden?

10 Welchen Standpunkt hatten die Gewerkschaften zum Mindestlohn?

11 Weshalb leiden die Verbraucher unter Zöllen, die auf Waren erhoben werden?

A Weil sie die Produkte für den Verbraucher teurer machen.

B Weil sie die Verkaufszahlen senken.

C Weil sie der Politik dienen.

e) Welchen Teaser finden Sie am interessantesten? Welchen Artikel würden Sie also anklicken und vollständig lesen? Sprechen Sie zu zweit.

f) Fassen Sie die Meinung der Autorin aus Text 2 schriftlich zusammen. Stimmen Sie der Autorin zu? Erörtern Sie, ob und inwiefern der Gender-Pay-Gap in Ihrem persönlichen Umfeld (Familie, Freundeskreis, Bekannte aus Deutschland und der Heimat) sichtbar wird. Verdienen Frauen dort weniger als ihre männlichen Kollegen?

9 INDIREKTE REDE – KONJUNKTIV I

a) Lesen Sie das Interview und erklären Sie, was eine Mietpreisbremse ist.

Journalist: Sie haben sich gegen eine Obergrenze bei der Erhöhung der Mieten, die sogenannte Mietpreisbremse, ausgesprochen. Was gefällt Ihnen an der Mietpreisbremse nicht?

Dr. Döbert: Die Mietpreisbremse bestraft jeden renovierungswilligen Vermieter. Eine Renovierung kostet Geld und diese Investition muss sich für den Vermieter lohnen. Durch die Mietpreisbremse wird aber jede Form von Profit verhindert. Ich bin bei dieser Mietpreisbremse deshalb äußerst skeptisch.

Journalist: Aber werden die Wohnungen durch ungeregelte Mieterhöhungen, vor allem in den Innenstädten, nicht unbezahlbar für normale, also durchschnittlich verdienende Mieter?

Dr. Döbert: Natürlich weiß ich, dass bestimmte Viertel in Berlin, Hamburg oder Köln für ärmere Mieter aus unteren Einkommensschichten schon heute kaum bezahlbar sind. Aber das betrifft doch nur den privaten Wohnungsmarkt. Städtische Wohnungen oder Sozialwohnungen, die von der Stadt angeboten werden, sind von diesen Mieterhöhungen weniger betroffen. Das muss man ganz deutlich machen.

Journalist: Ja, aber es gibt doch kaum noch Sozialwohnungen in attraktiven Lagen.

Dr. Döbert: Es gibt kein Grundrecht auf attraktives Wohnen. Man hat ja auch kein Recht auf ein teures Auto oder einen sechswöchigen Traumurlaub. Ich bin der Meinung, dass eine teure, aber luxuriöse Wohnung nur jemand, der sie bezahlen kann, bekommen sollte.

Im Übrigen: Dafür, dass eine Stadt in der Vergangenheit nicht genug Wohnraum geschaffen hat, darf jetzt nicht der private Hausbesitzer bzw. Vermieter bestraft werden.

Sehen Sie, auch ich war früher ärmer, hatte nur ein niedriges Einkommen und konnte mir keine Luxuswohnung leisten. Aber jetzt besitze ich selbst ein Gebäude mit mehreren Wohnungen. Das Haus musste von oben bis unten renoviert werden, und ich habe große Summen investiert. Alles wurde komplett modernisiert. Das Geld dafür will ich natürlich zurück. Jetzt werden die Wohnungen nur noch an gut zahlende Mieter vermietet.

b) Der Journalist schreibt nach dem Interview einen Kommentar für ein Online-Wirtschaftsmagazin. Lesen Sie den ersten Teil des Kommentars und markieren Sie alle Verbformen, die neu für Sie sind.

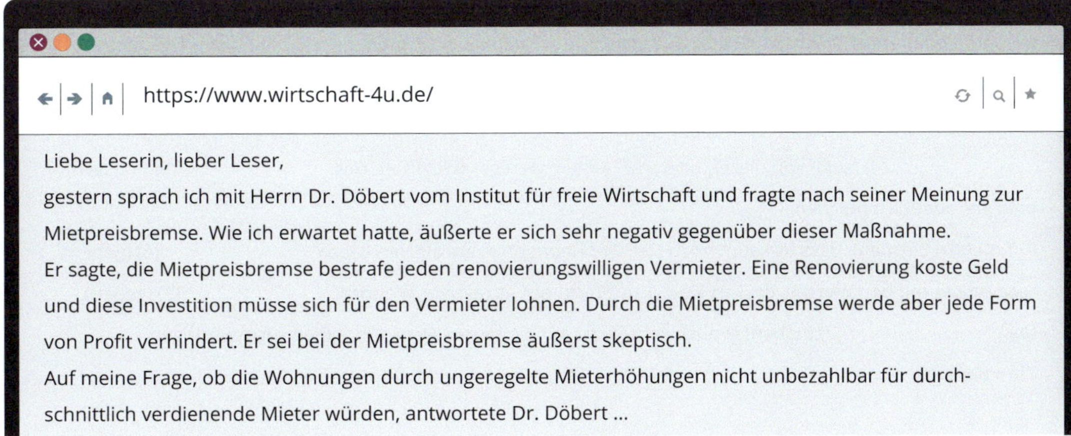

https://www.wirtschaft-4u.de/

Liebe Leserin, lieber Leser,

gestern sprach ich mit Herrn Dr. Döbert vom Institut für freie Wirtschaft und fragte nach seiner Meinung zur Mietpreisbremse. Wie ich erwartet hatte, äußerte er sich sehr negativ gegenüber dieser Maßnahme.

Er sagte, die Mietpreisbremse bestrafe jeden renovierungswilligen Vermieter. Eine Renovierung koste Geld und diese Investition müsse sich für den Vermieter lohnen. Durch die Mietpreisbremse werde aber jede Form von Profit verhindert. Er sei bei der Mietpreisbremse äußerst skeptisch.

Auf meine Frage, ob die Wohnungen durch ungeregelte Mieterhöhungen nicht unbezahlbar für durchschnittlich verdienende Mieter würden, antwortete Dr. Döbert …

c) Lesen Sie die Regeln zum Konjunktiv I der Gegenwart und ergänzen Sie die Beispielsätze mithilfe des Kommentars aus b)

Konjunktiv I der Gegenwart

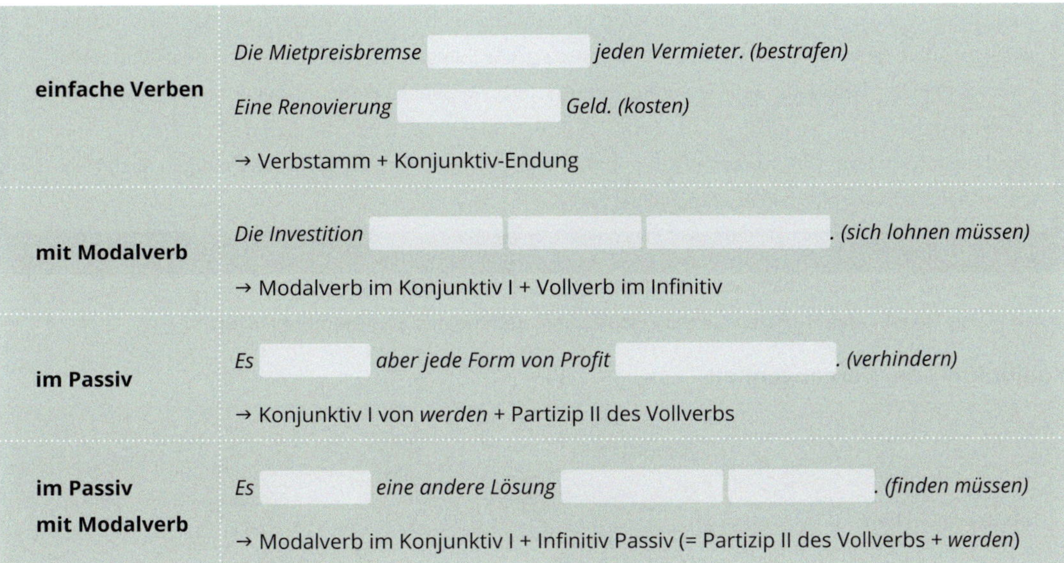

einfache Verben	*Die Mietpreisbremse* ______ *jeden Vermieter. (bestrafen)* *Eine Renovierung* ______ *Geld. (kosten)* → Verbstamm + Konjunktiv-Endung
mit Modalverb	*Die Investition* ______ ______ ______ *. (sich lohnen müssen)* → Modalverb im Konjunktiv I + Vollverb im Infinitiv
im Passiv	*Es* ______ *aber jede Form von Profit* ______ *. (verhindern)* → Konjunktiv I von *werden* + Partizip II des Vollverbs
im Passiv mit Modalverb	*Es* ______ *eine andere Lösung* ______ ______ *. (finden müssen)* → Modalverb im Konjunktiv I + Infinitiv Passiv (= Partizip II des Vollverbs + *werden*)

Die Konjunktivendung (e-Endung) kennen Sie bereits vom Konjunktiv II.

-e	-en
-est	-et
-e	-en

direkte und indirekte Rede

Wenn man wiedergeben möchte, was jemand gesagt hat, kann man entweder die direkte Rede (*Dr. Döbert sagte: „Das kostet Geld."*) oder die indirekte Rede (*Dr. Döbert sagte, dass das Geld koste.*) verwenden. Die indirekte Rede steht schriftsprachlich meist mit dem Konjunktiv I. In der gesprochenen Sprache findet man sie oft auch mit Indikativ* oder Konjunktiv II.

*Tim sagt: „**Ich** kann **mir meine** Wohnung hier nicht länger leisten."* ↔ *Tim sagt, **er** könne **sich seine** Wohnung hier / dort nicht länger leisten.*
Bei der Umwandlung von direkter in indirekte Rede müssen Personalpronomen, Possessivartikel, Reflexivpronomen und ggf. Zeit- und Ortsangaben angepasst werden.

*Auf meine Frage, ob Wohnungen nicht unbezahlbar **~~werden~~ würden**, antwortete …*
→ Wenn die Form des Konjunktiv I identisch mit dem Indikativ ist, nutzt man stattdessen den Konjunktiv II, um Missverständnisse zu vermeiden.

Sonderform: Konjunktiv I von *sein*:

ich	*sei*
du	*sei(e)st*
er/es/sie	*sei*
wir	*seien*
ihr	*seiet*
sie/Sie/Sie	*seien*

*Indikativ = „normale" Verbform

d) Lesen Sie einen weiteren Abschnitt des Online-Kommentars und ergänzen Sie die Verben im Konjunktiv I.

..., antwortete Dr. Döbert, dass er zwar ______ (1) (wissen), dass bestimmte Viertel in Berlin, Hamburg oder Köln für ärmere Mieter aus unteren Einkommensschichten schon heute kaum bezahlbar ______ (2) (sein). Aber das ______ (3) (betreffen) seiner Meinung nach nur den privaten Wohnungsmarkt. Städtische Wohnungen oder Sozialwohnungen, die von der Stadt angeboten werden, ______ (4) (sein) von diesen Mieterhöhungen weniger betroffen. Das ______ (5) (müssen) man ganz deutlich machen.

Auf meinen Einwand, dass es kaum noch Sozialwohnungen in attraktiven Lagen ______ (6) (geben), reagierte er mit den Worten, dass es kein Grundrecht auf attraktives Wohnen ______ (7) (geben). Man ______ (8) (haben) ja auch kein Recht auf ein teures Auto oder einen sechswöchigen Traumurlaub.

e) Lesen Sie den Kommentar weiter und markieren Sie alle Konjunktiv-I-Formen, die sich auf die Vergangenheit beziehen.

... Für die Versäumnisse einer Stadt dürfe jetzt nicht der private Hausbesitzer bzw. Vermieter bestraft werden. Auch er sei früher ärmer gewesen, habe nur ein niedriges Einkommen gehabt und habe sich keine Luxuswohnung leisten können. Aber jetzt besitze er selbst ein Gebäude mit mehreren Wohnungen. Das Haus habe von oben bis unten renoviert werden müssen und er habe große Summen investiert. Alles sei komplett modernisiert worden. Das Geld dafür wolle er natürlich zurück. Jetzt würden die Wohnungen nur noch an gut zahlende Mieter vermietet.

Das Leserforum ist zur Diskussion der Vor- und Nachteile der Mietpreisbremse noch bis morgen Abend freigeschaltet. Ich freue mich auf Ihre Argumente.

f) Lesen Sie die Regeln und ergänzen Sie die Beispielsätze mithilfe des Kommentars aus e).

Konjunktiv I der Vergangenheit

einfache Verben	*Er* ______ *früher ärmer* ______ *. (sein)* *Er* ______ *nur ein niedriges Einkommen* ______ *. (haben)* *Er* ______ *große Summen* ______ *. (investieren)* → Konj. I von *haben / sein*[1] + Partizip II.
mit Modalverb	*Er* ______ ______ *keine Luxuswohnung* ______ ______ *. (sich leisten können)* → Konj. I von *haben* + doppelter Infinitiv Nebensatz: *Er sagte, dass er sich keine Luxuswohnung* ***habe*** (!) ***leisten können***[2].
im Passiv	*Alles* ______ *komplett* ______ ______ *. (modernisieren)* → Konj. I von *sein* + Partizip II + *worden*

[1] Verwendung von *haben / sein* wie beim Perfekt.

[2] Im Nebensatz steht das konjugierte Verb vor dem doppelten Infinitiv.

im Passiv mit Modalverb	*Das Haus* ___ von oben bis unten ___ ___ ___. *(renovieren müssen)* → Konj. I von *haben* + doppelter Infinitiv (Infinitiv Passiv + Modalverb) Nebensatz: *Er sagte, dass das Haus* von oben bis unten ***habe*** (!) ***renoviert werden müssen***.

Wie beim Konjunktiv II gibt es auch beim Konjunktiv I nur eine Vergangenheitsform (egal, ob Präteritum, Perfekt oder Plusquamperfekt in der direkten Rede verwendet werden).

g) Lesen Sie den Kommentar einer Leserin und geben Sie diesen in der indirekten Rede wieder. Verwenden Sie, wenn möglich, den Konjunktiv I. Achten Sie auch auf die Pronomen und Possessivartikel (ein Wort pro Lücke).

„Ich finde die Meinung dieses Döberts total einseitig. Leute wie der denken doch nur an ihren Gewinn! Ich selbst wurde auch Opfer einer ungeheuren Mietpreiserhöhung. Mein Vermieter hat auch behauptet, er würde von oben bis unten renovieren, aber eigentlich hat er nur mal neu gestrichen. Und dann wollte er direkt 200 € mehr Miete haben. Ich war echt verzweifelt, denn das konnte ich mir auf keinen Fall leisten. Mein Mietvertrag wurde gekündigt und ich musste ausziehen. Zum Glück hatte eine Freundin von mir ein freies Gästezimmer, da bin ich erstmal eingezogen. Eine neue Wohnung suche ich noch immer, aber für Normalsterbliche ist das im Zentrum fast unmöglich …"

Die Leserin findet die Meinung von Dr. Döbert total einseitig. (1) Sie schreibt, dass Leute wie Dr. Döbert nur an ihren Gewinn ___ würden. (2) ___ selbst ___ auch Opfer einer starken Mietpreiserhöhung ___. (3) Ihr Vermieter ___ auch ___, er würde von oben bis unten ___, aber eigentlich ___ er nur neu ___. (4) Und dann ___ er direkt 200 € mehr Miete ___ ___.

(5) ___ ___ sehr verzweifelt ___, denn das ___ ___ ___ auf keinen Fall ___ ___. (6) ___ Mietvertrag ___ ___ ___ und ___ ___ ___ ___.

(7) Zum Glück ___ eine Freundin von ___ ein freies Gästezimmer ___, in das ___ zunächst ___ ___. (8) Eine neue Wohnung ___ ___ noch immer, aber sie kritisiert, dass dies für Normalverdienende im Zentrum fast unmöglich ___.

1 ***Die Leserin kritisiert**, dass dies für Normalverdienende im Zentrum fast unmöglich ist / sei.*
2 *Dies **sei** für Normalverdienende im Zentrum fast unmöglich.*

Die indirekte Rede kann durch einen Einleitungssatz mit einem Verb des Sagens oder Denkens signalisiert werden (1). Dann kann die folgende Aussage im Indikativ oder Konjunktiv I stehen. Alternativ kann die indirekte Rede auch allein durch den Gebrauch des Konjunktiv I ohne einen zusätzlichen Einleitungssatz zum Ausdruck gebracht werden (2).

10 GESCHICHTE DES GELDES

a) Lesen Sie zur Vorbereitung auf eine mündliche Prüfung im Fach Wirtschaft den folgenden Text. Markieren Sie Schlüsselwörter und machen Sie Notizen. Nutzen Sie auch Ihr einsprachiges Wörterbuch.

„Zahlen Sie bar oder mit Karte?" ist beim Einkauf eine der meistgestellten Fragen des Personals. Und wenn die Deutschen einkaufen, entscheidet sich immer noch über die Hälfte der Kunden für die Barzahlung. Abgeschlagen folgt an zweiter Stelle die Zahlung mit Karte. Andere Zahlungsmittel wie das Bezahlen mit dem Smartphone spielen im deutschen Einzelhandel im Grunde genommen keine Rolle. Zwar fordert auch in Deutschland eine Minderheit, das Bargeld bald abzuschaffen; die Mehrheit der Deutschen lehnt diese Forderung jedoch ab. Zwar wird die bargeldlose Zahlung als praktisch angesehen – und beim Onlinehandel oder dem Erwerb teurer Waren ist sie unverzichtbar. Jedoch wird der virtuelle Geldverkehr stets kritisch gesehen: Denn bei der bargeldlosen Zahlung verliert man schneller den Überblick darüber, wie viel man bereits ausgegeben hat, als bei der direkten Zahlung mit Scheinen und Münzen. Wer elektronisch zahlt, hinterlässt zudem stets eine Datenspur, sodass nachvollziehbar ist, wer was wann und wo gekauft hat (Stichwort: Datensicherheit). Und dass die Karte an manipulierten Automaten ausgelesen und zu kriminellen Zwecken missbraucht werden kann, ist leider ein Fakt.

Auch ein Blick in die Geschichte erklärt die bevorzugte Zahlweise der Deutschen. Menschen kamen zwar lange Zeit ohne Geld aus, verschiedene Arten von direkten Zahlungsmitteln spielten aber sogar in vorzeitlichen Kulturen schon eine Rolle. Zu Beginn lebte der Mensch als Selbstversorger, d. h. er jagte und sammelte selbst, was er brauchte. Dies änderte sich, als die Menschen anfingen, Ackerbau zu betreiben und Vieh zu halten. Da unmöglich jeder selbst alles anbauen konnte, was er zum Überleben brauchte, gewann der Tauschhandel immer mehr an Bedeutung. Die Menschen begannen, ihre speziellen Produkte gegen die anderer zu tauschen. Der Nachteil daran: Die Ware musste sofort gegen das benötigte Produkt eingetauscht werden. Das war problematisch, wenn man gerade dringend etwas brauchte, aber nichts zum Tausch anzubieten hatte, weil z. B. das eigene Gemüse noch nicht reif war. Aus diesem Grund entwickelten sich verschiedene haltbare Gegenstände wie Muscheln zu weit verbreiteten Zahlungsmitteln, die schließlich durch das Münzgeld abgelöst wurden. Im Zuge der Industrialisierung stieg der Bedarf an Geld rasant an, sodass Münzen allein nicht mehr reichten. Die Lösung: zusätzliche Geldscheine aus Papier. Die darauffolgende Einführung von elektronischen – und damit nicht greifbaren – Zahlungsmitteln im 20. Jahrhundert ist ein großer Einschnitt in der Geschichte des Geldes.

b) Sprechen Sie zu zweit über den Inhalt des Textes. Fassen Sie je eine Hälfte des Textes zusammen. Nutzen Sie dazu auch die Redemittel für die mündliche Textzusammenfassung. Ihre Partnerin / Ihr Partner gibt Feedback.

c) Bereiten Sie sich auf das Prüfungsgespräch vor. Überlegen Sie dazu, was der Prüfer fragen könnte. Notieren Sie mögliche Fragen und simulieren Sie das Prüfungsgespräch zu zweit.

Prüfungsgespräch zu einem vorgegebenen Thema

Die Fragen des Prüfers / der Prüferin sind je nach Thema sehr unterschiedlich. Allgemeine Prüfungsfragen:

- Was denken Sie über den Text / über das Thema?
- Wie ist die Situation in Ihrer Heimat?
- Haben Sie oder Bekannte von Ihnen persönliche Erfahrungen mit/zu dem Thema?
- Welche Vor- und Nachteile gibt es?
- Wie könnte es in Zukunft weitergehen?

Wahrscheinlich sind die Fragen in der Prüfung konkreter. Trotzdem hilft es Ihnen, sich vorher schon einmal Gedanken zu den obigen Punkten gemacht zu haben.

Konjunktiv I der Gegenwart

einfache Verben	*Die Mietpreisbremse **bestrafe** jeden Vermieter.* → Verbstamm + Konjunktiv-Endung
mit Modalverb	*Die Investition **müsse** sich **lohnen**.* → Modalverb im Konjunktiv I + Vollverb im Infinitiv
im Passiv	*Es **werde** aber jede Form von Profit **verhindert**.* → Konjunktiv I von *werden* + Partizip II des Vollverbs
im Passiv mit Modalverb	*Es **müsse** eine andere Lösung **gefunden werden**.* → Modalverb im Konjunktiv I + Infinitiv Passiv (= Partizip II des Vollverbs + *werden*)

*Auf meine Frage, ob Wohnungen nicht unbezahlbar ~~**werden**~~ **würden**, antwortete ...*
→ Wenn die Form des Konjunktiv I identisch mit dem Indikativ ist, nutzt man stattdessen den Konjunktiv II.

Konjunktiv I der Vergangenheit

einfache Verben	*Er **habe** große Summen **investiert**. Er **sei** früher ärmer **gewesen**.* → Konj. I von *haben / sein* + Partizip II
mit Modalverb	*Er **habe** sich keine Luxuswohnung **leisten können**.* → Konj. I von *haben* + doppelter Infinitiv
im Passiv	*Alles **sei** komplett **modernisiert worden**.* → Konj. I von *sein* + Partizip II + *worden*
im Passiv mit Modalverb	*Das Haus **habe** komplett **renoviert werden müssen**.* → Konj. I von *haben* + doppelter Infinitiv (Infinitiv Passiv + Modalverb)

Wie beim Konjunktiv II gibt es auch beim Konjunktiv I nur eine Vergangenheitsform (egal, ob Präteritum, Perfekt oder Plusquamperfekt in der direkten Rede verwendet werden).

indirekte Rede

1 ***Die Leserin kritisiert**, dass dies für Normalverdienende im Zentrum fast unmöglich ist / sei.*
2 *Dies **sei** für Normalverdienende im Zentrum fast unmöglich.*

Die indirekte Rede kann durch einen Einleitungssatz signalisiert werden (1). Dann kann die folgende Aussage im Indikativ oder Konjunktiv I stehen. Die indirekte Rede kann auch nur durch den Gebrauch des Konjunktiv I zum Ausdruck gebracht werden (2).
Bei der Umwandlung von direkter in indirekte Rede müssen Pronomen, Possessivartikel und ggf. Zeit- und Ortsangaben angepasst werden. (*Tim sagt: „**Ich** kann **mir meine** Wohnung nicht mehr leisten." ↔ Tim sagt, **er** könne **sich seine** Wohnung nicht mehr leisten.*)

Schluss eines argumentativen Textes

Zusammenfassung
- *Alles in allem ...*
- *Zusammenfassend ...*
- *Deshalb ...*
- *Die Vorteile überwiegen die Nachteile.*
- *Es gibt mehr Nach- als Vorteile.*

Antwort auf die zentrale Frage
- *Ich bin der Meinung, dass ...*
- *Ich vertrete die Ansicht, dass ...*
- *Meiner Meinung nach* (dann Verb auf Position 2) ...
- *Es ist besser, wenn ...*
- *Man muss ...*

allgemeiner Schlusssatz
- *Für die Zukunft hoffe ich, dass ...*
- *Ich empfehle jedem, dass ...*
- *Man sollte ...*
- *Ich denke, dass in Zukunft ...*
- *(Auch) in meiner Heimat ...*

IN DIESEM KAPITEL LERNEN SIE:

- Wortschatz: Technik / Medizin
- Nebensätze vs. nominale Angaben
- Nominalisierung / Verbalisierung (konditional)
- Konditionalsätze mit *sollte-*
- Textbezüge und Textstruktur
- Textproduktion: Checkliste

1 TECHNIK IM ALLTAG

a) Sehen Sie sich das Bild an. Welche Gegenstände werden abgebildet? Ordnen Sie zu.

A die Mehrfachsteckdose, -n
B der/das Thermostat, -e
C der Mixer, -
D die Spülmaschine, -n
E die Mikrowelle, -n
F die Kaffeemaschine, -n
G das Tablet, -s
H der USB-Hub, -s
I der Router, -
J der Kopfhörer, -
K der Scanner, -
L das Netzteil, -e

a Dieses Gerät stellt die Verbindung mit dem Internet und dem Telefonnetz her.
b Das ist ein kleiner, handlicher Computer.
c Es versorgt technische Geräte mit Elektrizität.
d Damit werden schmutzige Teller, Tassen und Gläser auf Knopfdruck gereinigt.
e Damit kann man mehrere Geräte an einen Computer anschließen.
f Wenn man ein analoges Foto am Computer bearbeiten möchte, ist dieses Gerät hilfreich.
g Damit kann man die Temperatur in der Wohnung einstellen.
h Mit diesem Gerät kann man Speisen erwärmen.
i Dieses Gerät macht leckere Smoothies.
j Das Gerät produziert ein leckeres, für manche Menschen lebensnotwendiges Heißgetränk.
k Wenn man in der Nacht Musik hören möchte, ohne seine Nachbarn zu stören, ist dieses Teil nützlich.
l Wenn man nur eine Steckdose hat und mehrere Geräte betreiben möchte, braucht man dieses Teil.

1	2	3	4	5	6	7	8	9	10	11	12

b) Welche der Geräte aus a) nutzen Sie im Alltag? Welche weiteren technischen Geräte sind für Sie besonders wichtig? Sprechen Sie zu zweit.

c) Gibt es Geräte, die Ihnen im Alltag noch fehlen? Etwa ein Staubsaugerroboter oder vielleicht eine Küchenmaschine? Schreiben Sie ein paar Sätze ins Heft.

Ich hätte gern eine vollautomatische Küchenmaschine, die für mich kocht, denn ich kann selbst nicht gut kochen.

2 SMARTHOME

a) Was ist ein Smarthome? Welche Funktionen kann bzw. soll es haben? Sammeln Sie.

b) Ergänzen Sie die Erklärungen zu den kursiv gedruckten Begriffen mit den Wörtern, ohne sie zu ändern.

allein | allgemeine | ausgeschaltet | einbricht | Energie | Ergebnis | Geräte | Informationen | intelligent | Internet | Menge | nutzen | Person | Technologie | verschieden | zentrale

1 Als *digitale Vernetzung* bezeichnet man eine Technologie, durch die ______ über das ______ miteinander verbunden werden.

2 Die *smarte Revolution* ist eine Innovation, durch die Geräte ______ gemacht werden.

3 Der *Einsparungseffekt* ist eine Wirkung, die dabei hilft, ______ einzusparen.

4 Der Zustand, bei dem das Gerät nicht ganz ______ ist, wird *Standby-Modus* genannt.

5 *Optimierte Maßnahmen* sind Handlungen, die zum bestmöglichen ______ führen.

6 Die ______, durch die Geräte nicht per Hand bedient werden müssen, ist die sog. *Automation*.

7 *Automatisierte Abläufe* sind Prozesse, die von ______ ablaufen.

8 Die *Einspeisung* von Daten ist der Vorgang, bei dem man ______ in ein System eingibt.

9 Systeme, die das Internet ______ können, sind *internetfähige* Systeme.

10 Ein *Eindringling* ist jemand, der in ein Haus oder ein System ______.

11 Bei einem *Hacker* handelt es sich um eine ______, die in ein Computersystem eindringt.

12 Aussagen, in denen man nur ______ Informationen findet, sind *pauschale Angaben*.

13 Der *Funktionsumfang* ist die ______ an technischen Möglichkeiten, die ein Gerät hat.

14 Wenn Geräte, deren Betriebssysteme ______ sind, miteinander verbunden werden können, sind sie *kompatibel*.

15 Das *Gateway* ist die ______ Steuereinheit, mit der das Smarthome geregelt wird.

c) Hören Sie den Text und notieren Sie Vor- und Nachteile eines Smarthomes.

Vorteile	Nachteile

d) Hören Sie den Text erneut und bearbeiten Sie die Aufgaben.

1 Richtig oder falsch? Kreuzen Sie an.

R	F	1	Die Deutschen sind gegenüber der smarten Technologie im Haushalt sehr aufgeschlossen.
R	F	2	Smarte Technologie kann dazu verwendet werden, den heimischen Stromverbrauch zu senken.
R	F	3	Durch „Smart Metering" lässt sich das eigene Nutzungsverhalten optimieren.
R	F	4	Mittels einer App kann das Smartphone Haushaltsgeräte steuern.
R	F	5	Ein intelligenter Kühlschrank zeigt an, welche Lebensmittel bald gekauft werden müssen.
R	F	6	Bei einem tatsächlichen Einbruchsversuch ist das Smarthome vollkommen machtlos.
R	F	7	Als kritisch wird beim Smarthome die Datensicherheit angesehen.
R	F	8	Hacker könnten in die Systeme eindringen und ihre Kontrolle übernehmen.
R	F	9	Die smarte Technologie im Haus ist sehr teuer, da nur Komplettsysteme zu erwerben sind.

2 Welche der drei Aussagen ist korrekt? Kreuzen Sie an.

1 Die Frage nach der Kompatibilität stellt sich, wenn ...

A	Geräte und Steuereinheit von verschiedenen Herstellern stammen.
B	z. B. Lichtschalter und Stereoanlage von verschiedenen Herstellern stammen.
C	Geräte und Gateway verschiedene Betriebssysteme haben.

2 Da solide Statistiken zum Sicherheitsrisiko in einem Smarthome fehlen, ...

A	werden nicht viele Systeme zur Hausautomation verkauft.
B	ziehen die meisten Experten den Nutzen der Technologie in Zweifel.
C	müssen die Verbraucher selbst beurteilen, ob die Technik für sie Sinn macht.

Die Aufgaben beziehen sich auf folgenden vertonten Text: Gekürzte Version des Originaltextes „Vorteile und Nachteile des Smart Home" von RND – RedaktionsNetzwerk Deutschland GmbH, Autor: Patrick Fam, erschienen auf: www.haz.de, abgerufen am 17.4.2019

e) Würden Sie sich smarte Technologie in Ihr Haus oder Ihre Wohnung einbauen lassen? Begründen Sie Ihre Meinung. Schreiben Sie einen kurzen Text.

3 ROBOTER IN SOZIALEN BERUFEN

a) Sprechen Sie zu zweit über die folgenden Fragen und machen Sie Notizen.

- Was sehen Sie auf den Bildern? Welche Berufsfelder werden hier dargestellt?
- Welche Vor- und Nachteile hat der Einsatz von Robotern in diesen Berufsfeldern?

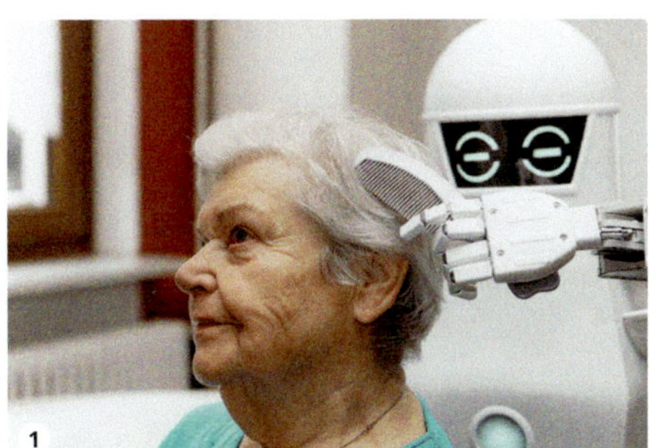
1

2

3

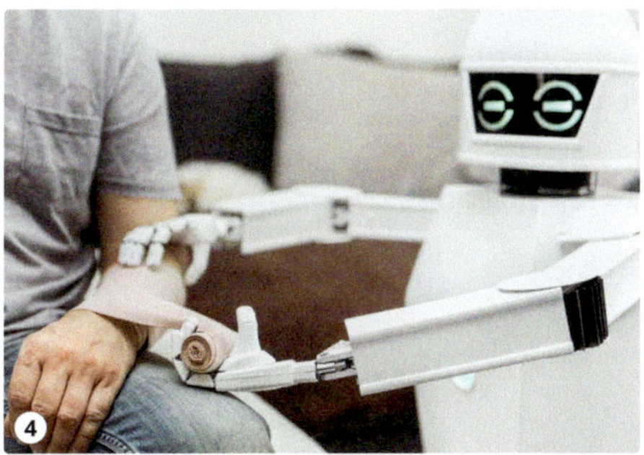
4

b) Ist der Einsatz von Robotern in sozialen Berufen sinnvoll? Diskutieren Sie im Kurs. Die eine Hälfte des Kurses ist für den Einsatz von Robotern in sozialen Berufen, die andere ist dagegen. Gehen Sie wie folgt vor:

- Verteilen Sie zunächst folgende Rollen: Befürworter, Gegner und Moderator.
- Sammeln Sie zur Vorbereitung auf die Diskussion wichtige Themenvokabeln und Argumente in Ihrer Gruppe. (Auch die Moderatorin / der Moderator sollte sich mit dem Wortschatz und den möglichen Argumenten beider Gruppen auseinandersetzen.)
- Diskutieren Sie im Kurs. Nutzen Sie als Moderatorin/Moderator die Redemittel aus Kapitel 31.

c) Sie sollen einen Roboter für den Einsatz in einem sozialen Beruf entwerfen. Arbeiten Sie in Gruppen und designen Sie gemeinsam ein Roboter-Modell. Sie können dazu zeichnen oder Robotervorlagen aus dem Internet verwenden. Stellen Sie Ihren Roboter anschließend im Kurs vor.

Überlegen Sie vorab in Ihrer Gruppe:

- In welchem Bereich soll dieser Roboter konkret genutzt werden (z. B. Altenpflege, Schule)?
- Welche Funktionen soll der Roboter haben?
- Wie muss der Roboter aussehen, damit er in diesem Bereich erfolgreich eingesetzt werden kann?

Nutzen Sie zur Inspiration die folgenden Bilder und überlegen Sie, in welchen Arbeitsbereichen welches Design sinnvoll ist.

1

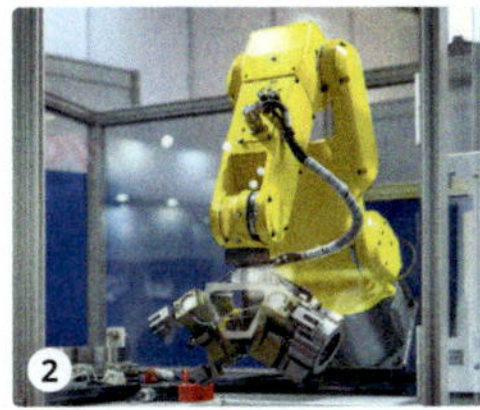
2

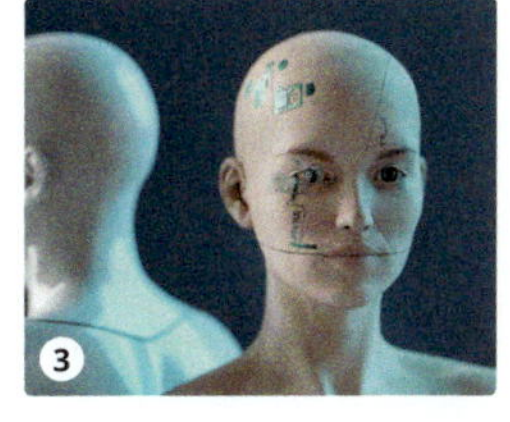
3

4

4 ABC-X5900 – BEDIENUNGSANLEITUNG

a) Arbeiten Sie zu zweit. Erklären Sie die folgenden Wörter. Welche Teile eines Wortes kennen Sie bereits? Welche Wörter können Sie so schon erklären? Schlagen Sie erst dann die fehlenden Wörter im Wörterbuch nach.

die Systemvoraussetzung, -en	
das Update, -s	
die Schnittstelle, -n	
der USB-Anschluss, ¨-e	
etw. implantieren	
die Inbetriebnahme, /*	
die Firmware, -s	
der Suchlauf, ¨-e	
der Folgeschaden, ¨	

*die Inbetriebnahme = Nominalisierung der Nomen-Verb-Verbindung *in Betrieb nehmen*

b) Lesen Sie den Text. Um welches Gerät handelt es sich bei dem ABC-X5900? Beschreiben Sie Nutzen und Funktionsweise des Geräts in eigenen Worten.

HERZLICHEN GLÜCKWUNSCH ...

... zum Kauf Ihres ABC-X5900. Sie haben sich für ein hochwertiges Qualitätsprodukt entschieden, das Ihr Leben nachhaltig[1] verändern wird. Wenn es in Ihrem Beruf große Konkurrenz gibt, verbessern Sie mit dem ABC-X5900 auch Ihre Karrierechancen. Der ABC-X5900 macht das Erlernen von Fremdsprachen so leicht wie nie zuvor. Modernste neurowissenschaftliche Forschung[2] hat die Entwicklung dieses Geräts ermöglicht.

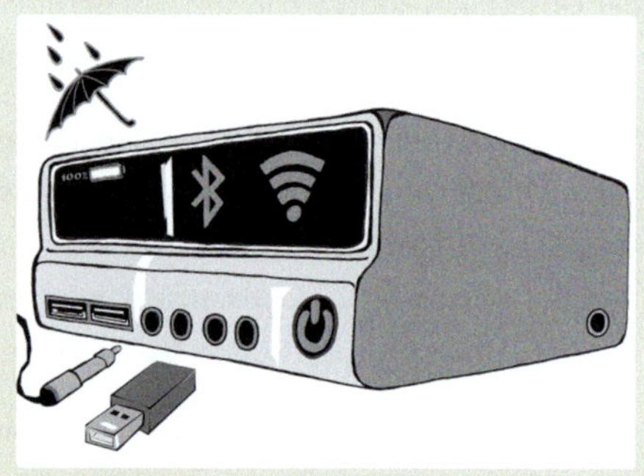

Systemvoraussetzungen

Alles, was Sie außer einem funktionierenden Gehirn brauchen, ist eine solide Stromversorgung oder eine Batterie, eine stabile Internetverbindung für den ersten Update-Vorgang und natürlich eine geeignete ZNS[3]-Schnittstelle. Das kann ein USB-Anschluss an Ihrem Kopf, ein ins Rückenmark implantierter Bluetooth-Empfänger oder eine andere drahtlose oder kabelgebundene Verbindung mit Ihrem Gehirn sein.

Ohne die Erfüllung dieser Mindestanforderungen kann der ABC-X5900 nicht betrieben werden.

Inbetriebnahme

1 Der ABC-X5900 darf nur bei guter Gesundheit in Betrieb genommen werden. Falls man müde oder gesundheitlich angeschlagen ist, ist die Inbetriebnahme zu verschieben.

2 Schließen Sie das Gerät ans Stromnetz an oder legen Sie die Batterie ein.

3 Drücken Sie den START-Knopf einmal kurz. Mit Drücken des START-Knopfes verbindet sich das Gerät mit dem Internet und lädt automatisch die aktuelle Firmware herunter. Im Falle eines vorzeitigen Abbruchs der Internetverbindung kann das Update nicht durchgeführt werden. Der

[1] nachhaltig = hier: dauerhaft

[2] neurowissenschaftliche Forschung = Wissenschaft, die sich mit Nervensystemen beschäftigt

[3] das ZNS = das zentrale Nervensystem, also das Gehirn und das Rückenmark

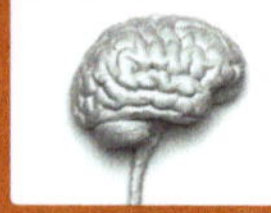

ABC-X5900 schaltet sich dann in den Stand-by-Modus.

4 Sobald die Firmware aktualisiert wurde, können Sie den ABC-X5900 mithilfe eines der beigelegten Kabel mit Ihrer ZNS-Schnittstelle verbinden. Besitzen Sie eine drahtlose Schnittstelle, muss diese aktiviert und der START-Knopf für 8 Sekunden gedrückt werden. Das Gerät sucht automatisch nach verfügbaren und aufnahmebereiten Gehirnen in der Nähe. Die Reichweite beträgt etwa 3 Meter. Sorgen Sie also dafür, dass Sie in der Nähe des Geräts bleiben und dass sich keine weiteren Personen mit aktiven drahtlosen ZNS-Schnittstellen im Raum befinden. Während des Suchlaufs blinkt die Status-LED orange.

5 Bei der Herstellung der ZNS-Verbindung beginnt die Status-LED, grün zu leuchten. Sollte das Gerät keine Verbindung finden, leuchtet die Status-LED rot.

Übertragung der Sprache

Jetzt können Sie einen der beigelegten USB-Sticks anschließen und durch eine weitere Betätigung des START-Knopfs die Sprachdatei in Ihr Gehirn laden.

Während die Sprache in Ihr Gehirn geladen wird, blinkt die Status-LED blau. Bitte schalten Sie das Gerät und Ihre Schnittstelle während dieser Zeit nicht aus und trennen Sie nicht die ZNS-Verbindung! Im Falle eines vorzeitigen Abbruchs des Ladevorgangs übernimmt die Herstellerfirma keine Haftung für eventuelle Folgeschäden.

Nach etwa 10 Minuten ist die Übertragung beendet. Herzlichen Glückwunsch! Sie beherrschen die neue Fremdsprache auf nahezu muttersprachlichem Niveau.

Um was für eine Textsorte handelt es sich hier?

c) Bearbeiten Sie die Aufgaben zum Text.

1 Was hat die Produktion des ABC-X5900 möglich gemacht?

2 Was braucht man, wenn man das Gerät betreiben möchte?

a

b

c

d

3 Sie möchten die Firmware auf Ihrem ABC-X5900 installieren, doch Ihr Gerät schaltet sich während des Updatevorgangs von selbst in den Stand-by-Modus. Was kann hierfür die Ursache sein?

4 Ihr ABC-X5900 hat Probleme bei der Verbindung mit Ihrem Gehirn. Was kann hierfür die Ursache sein?

-
-

5 Was bedeuten die Farben der LED?

orange:

grün:

rot:

6 Wann kann es zu Schäden am Gehirn des Nutzers kommen?

5 NEBENSÄTZE MIT KONJUNKTION VS. ANGABEN MIT PRÄPOSITION

Lesen Sie die Informationen zur Nominalisierung von Nebensätzen und ergänzen Sie anschließend in den nominalen Angaben die passende Präposition.

Man kann auch Nebensätze mit Nebensatzkonjunktion nominalisieren. Um die Bedeutung des Nebensatzes (z. B. kausal, konditional, temporal, final) beizubehalten, braucht man im Nominalstil eine Präposition mit derselben Bedeutung. Diese Präposition steht vor dem Nomen (ggf. mit Attributen).

bei | durch | nach | während | wegen

	verbal	nominal
1	**Wenn** man Schwierigkeiten mit dem Fremdsprachenlernen hat, hilft der ABC-X5900.	______ Schwierigkeiten mit dem Fremdsprachenlernen hilft der ABC-X5900.
2	**Dadurch, dass** man den START-Knopf betätigt, wird die Sprachdatei ins Gehirn geladen.	______ die Betätigung des START-Knopfs wird die Sprachdatei ins Gehirn geladen.
3	**Während** das Gerät die Sprache ins Gehirn uploadet, blinkt die Status-LED blau.	Die Status-LED blinkt ______ des Uploads der Sprache ins Gehirn blau.
4	**Nachdem** die Übertragung abgeschlossen wurde, beherrscht man die Fremdsprache fast perfekt.	______ Abschluss der Übertragung beherrscht man die Fremdsprache fast perfekt.
5	Ich kann das Gerät nicht verwenden, **weil** meine ZNS-Schnittstelle defekt ist.	Ich kann das Gerät ______ eines Defekts meiner ZNS-Schnittstelle nicht verwenden.

6 NOMINALISIERUNG UND VERBALISIERUNG – KONDITIONAL

a) Vergleichen Sie die Konditionalsätze (links) mit den konditionalen Angaben (rechts) und ergänzen Sie die Lücken.

	verbal	nominal
1	Wenn es in Ihrem Beruf große Konkurrenz gibt, verbessern Sie mit dem ABC-X5900 Ihre Karrierechancen.	Bei großer ______ in Ihrem Beruf verbessern Sie mit dem ABC-X5900 Ihre Karrierechancen.
2	Nur*(,) wenn man gesund ist, darf der ABC-X5900 in Betrieb genommen werden. / Der ABC-X5900 darf ______ in Betrieb genommen werden, wenn man gesund ist.	Der ABC-X5900 darf nur ______ Gesundheit in Betrieb genommen werden.
3	Falls man müde oder gesundheitlich angeschlagen ist, ist die Inbetriebnahme zu verschieben.	Bei ______ oder angeschlagener ______ ist die Inbetriebnahme zu verschieben.
4	Sofern die Internetverbindung ______, kann das Update nicht durchgeführt werden.	Im Falle eines Abbruchs der Internetverbindung kann das Update nicht durchgeführt werden.
5	Besitzen Sie eine drahtlose Schnittstelle, muss diese aktiviert werden.	______ ______ einer drahtlosen Schnittstelle muss diese aktiviert werden.

*Achtung bei ***nur***!
verbal:
a Nebensatz vorn: *nur* vor *wenn*
b Hauptsatz vorn: *nur* = Teil des Hauptsatzes
nominal:
direkt vor der Präposition

6 _____ die Mindestanforderungen nicht erfüllt werden, kann der ABC-X5900 nicht betrieben werden.	Ohne die _____ der Mindestanforderungen kann der ABC-X5900 nicht betrieben werden.

b) Lesen Sie die Regeln und ergänzen Sie die Lücken mithilfe der Beispielsätze aus a).

Um konditionale Nebensätze zu nominalisieren, braucht man eine konditionale Präposition vor dem Nomen (ggf. mit Attributen). Es gibt mehrere, synonyme Alternativen.

verbal	nominal
(konditionale Nebensatzkonjunktion + Nebensatz mit Verb) → mögliche **Konjunktionen**: • _____ • _____ • _____ oder uneingeleiteter Konditionalsatz (ohne Konjunktion, Verb auf Position 1)	(konditionale Präposition + Nomen (+ Attribute)) → mögliche **Präpositionen**: • _____ (+ D) • im Falle * (+ G) • _____ (+ A) (= Negation)

**im Falle* ist genau genommen keine Präposition, erfüllt hier aber als fester Ausdruck dieselbe Funktion (vgl. *mithilfe*).

Auch die Präposition *mit* wird in seltenen Fällen in konditionalen Angaben verwendet: *Mit deiner Hilfe schaffen wir es!* (= Wenn du uns hilfst, schaffen wir es!)

c) Nominalisieren Sie die Sätze 1–5 und 11–12 mit den vorgegebenen Präpositionen und verbalisieren Sie die Sätze 6–10 mit den vorgegebenen Konjunktionen bzw. Strukturen.

Hinweise zu unserer Smarthome-Software

1 Wenn die Smarthome-Software in Betrieb genommen wird, muss eine stabile Internetverbindung gewährleistet sein.

(bei) Bei (der) _____

2 Die Software kann nicht gestartet werden, wenn es keine stabile Internetverbindung gibt.

(ohne) _____

3 Falls man die Software falsch installiert, wird eine Fehlermeldung angezeigt.

(bei) _____

4 Man kann die Software nur starten, wenn man einen Aktivierungscode hat.*

(mit) _____

*Konditionalsätze mit *haben* → nominal: *haben* fällt weg, Präposition meist *mit / ohne*

5 Wird von der Software ein Einbruch registriert, wird ein Alarm bei der Polizei ausgelöst.

(im Falle) _____

6 Beim Betreten eines Zimmers wird automatisch das Licht eingeschaltet.

(wenn) Wenn ein Zimmer

7 Mit Unterschreitung einer bestimmten Temperatur aktiviert die Software automatisch die Heizung.

(sofern) Die Software

8 Bei Regen werden automatisch die Fenster geschlossen.

(uneingeleitet)

9 Bei Problemen können Sie sich jederzeit an unsere kostenlose 24-Stunden-Hotline wenden.

(uneingeleitet)

10 Im Falle eines Stromausfalls wird Ihr Smarthome noch 24 Stunden über die eingebauten Akkus versorgt.

(falls)

11 Wenn man den Sicherheitscode nicht eingibt, kann das Haus nicht betreten werden.

(ohne)

12 Auch ein Smarthome-Mitarbeiter kann Ihr Haus nicht betreten, wenn er Ihre Zustimmung nicht hat.

(ohne)

7 KONDITIONALSÄTZE MIT *SOLLTE-*

a) Lesen Sie die Regeln und bilden Sie aus den Stichworten Konditionalsätze mit *sollte-*. Manchmal müssen Sie Artikel ergänzen.

	„normaler" Konditionalsatz	Konditionalsatz mit *sollte-*
eingeleitet:	*Wenn Sie kein Internet haben, …*	*Wenn Sie kein Internet* ***haben sollten****, …*
uneingeleitet:	*Haben Sie kein Internet, …*	***Sollten*** *Sie kein Internet* ***haben****, …*

Alternativ zum klassischen Konditionalsatz kann auch ein Konditionalsatz mit *sollte-* gebildet werden. *Sollte-* hat hier eine rein grammatische Funktion und nicht die Grundbedeutung des Modalverbs *sollen*. Der Konditionalsatz mit *sollte-* steht häufig uneingeleitet. Bei der Nominalisierung fällt *sollte-* weg.

1 Hacker greifen auf Ihre Daten zu – das System wird gesperrt

Sollten Hacker auf Ihre Daten zugreifen, wird das System gesperrt.

2 System hängt sich auf – System neu starten

3 Aktivierungscode vergessen – beim Kundenservice einen neuen beantragen können

4 ein Gerät ist nicht systemkompatibel – Kundenservice hilft Ihnen weiter

5 es gibt noch Probleme – sich an unsere Hotline wenden können

b) Nominalisieren Sie die Sätze 1 und 5 aus a).

1 Bei

5

8 TEXTBEZÜGE

a) Vergleichen Sie die Abschnitte 1 und 2. Was ist anders? Welcher Abschnitt klingt besser? Warum?

SPEZIELLER SCHUTZ FÜR SMOMBIES

(1) Das erste Smartphone wurde Mitte der 1990er-Jahre in den USA entwickelt. Dort wurde es damals noch als *Personal Communicator* verkauft. Parallel dazu kamen in den 2000ern immer mehr neue Betriebssysteme auf den Markt. Diese konnten per Touchscreens bedient werden und eroberten nach und nach in Smartphones die Welt. Heute ist das Smartphone das wohl beliebteste Gerät, welches aus unserem Alltag nicht mehr wegzudenken ist. Kaum jemand verlässt heute noch ohne sein Smartphone das Haus. Man kann darauf Apps mit den unterschiedlichsten Funktionen installieren. Damit macht es unseren Alltag erheblich leichter, so die Meinung vieler. Doch das gilt nicht in jedem Bereich. Es ist wichtig, auch die Risiken zu bedenken.

(2) Wenn ein *Smombie* (Smartphone-Zombie) halb blind und taub durch die Straßen läuft, weil der Smombie sich nur auf das Smartphone des Smombies konzentriert, dann wird das Smartphone zur tödlichen Gefahr. Immer häufiger passieren Unfälle mit Personen; der Blick dieser Personen ist nicht nach vorn, sondern nach unten auf das Smartphone der Personen gerichtet. Diese Personen sind sich nicht bewusst, dass diese Personen, indem sie den Blick dieser Personen nicht nach vorn, sondern nach unten auf das Smartphone dieser Personen richten, das Leben dieser Personen riskieren. Dass diese Personen das Leben dieser Personen riskieren, kommt besonders häufig an Straßenbahnhaltestellen vor. An Straßenbahnhaltestellen wurden bereits mehrere unachtsame Handynutzer von einfahrenden Bahnen überrollt. Mehrere Städte haben reagiert: In mehreren Städten wird die „eingerollte Generation“ durch spezielle Bodenampeln gewarnt. Bei den speziellen Bodenampeln handelt es sich um in den Boden eingebaute LED-Lichtleisten; die LED-Lichtleisten leuchten rot, wenn auch die Ampel rot ist. Seit der Reaktion mehrerer Städte ist die Zahl der Unfälle zurückgegangen.

b) Markieren Sie im ersten Abschnitt alle Textbezüge wie im Beispiel.

Das erste Smartphone wurde Mitte der 1990er-Jahre in den USA entwickelt. Dort wurde es damals noch als *Personal Communicator* verkauft. Parallel dazu kamen in den 2000ern immer mehr neue Betriebssysteme auf den Markt. Diese konnten per Touchscreens bedient werden und eroberten nach und nach in Smartphones die Welt. Heute ist das Smartphone das wohl beliebteste Gerät, welches aus unserem Alltag nicht mehr wegzudenken ist. Kaum jemand verlässt heute noch ohne sein Smartphone das Haus. Man kann darauf Apps mit den unterschiedlichsten Funktionen installieren. Damit macht es unseren Alltag erheblich leichter, so die Meinung vieler. Doch das gilt nicht in jedem Bereich. Es ist wichtig, auch die Risiken zu bedenken.

Textbezüge machen einen Text verständlich. Sie sind außerdem wichtig für den Stil eines Textes: Ein Text ohne Bezüge klingt unschön.
Textbezüge können hergestellt werden durch z. B. Personalpronomen, Demonstrativpronomen (*dies-*), Lokaladverbien (*dort, da*), Possessivartikel/-pronomen, Temporaladverbien (*damals*), Relativpronomen, Korrelate (*es*), Pronominaladverbien (*damit, dafür*).

c) Verbessern Sie nun den zweiten Abschnitt des Textes aus a), indem Sie Textbezüge verwenden. Manchmal gibt es mehrere Möglichkeiten.

Wenn ein Smombie (Smartphone-Zombie) halb blind und taub durch die Straßen läuft, weil ______ (1) sich nur auf ______ (2) Smartphone konzentriert, dann wird ______ (3) zur tödlichen Gefahr. Immer häufiger passieren Unfälle mit Personen, ______ (4) Blick nicht nach vorn, sondern nach unten auf ______ (5) Smartphone gerichtet ist. ______ (6) sind sich nicht bewusst, dass ______ (7) ______ (8) ______ (9) Leben riskieren. ______ (10) kommt besonders häufig an Straßenbahnhaltestellen vor. ______ (11) wurden bereits mehrere unachtsame Handynutzer von einfahrenden Bahnen überrollt. Mehrere Städte haben reagiert: ______ (12) wird die „eingerollte Generation" durch spezielle Bodenampeln gewarnt. ______ (13) handelt es sich um in den Boden eingebaute LED-Lichtleisten, ______ (14) rot leuchten, wenn auch die Ampel rot ist. ______ (15) ist die Zahl der Unfälle zurückgegangen.

9 TECHNIK UND MEDIZIN

a) 10 Personen aus Ihrem Freundes- und Bekanntenkreis haben je ein bestimmtes Problem oder Interesse. Dazu passend finden Sie in einer (nicht ganz seriösen) medizinischen Zeitschrift verschiedene Kurzmeldungen (A–H). Lesen Sie die Situationen der 10 Personen und die Kurzmeldungen und ordnen Sie zu, welche Meldung zu welcher Person passt. Verwenden Sie jede Kurzmeldung nur einmal. Für zwei Personen gibt es keine passende Kurzmeldung.

Lesen Sie zunächst genau die Informationen zu den 10 Personen und unterstreichen Sie die Schlüsselwörter. Lesen Sie dann die Kurzmeldungen. Lesen Sie schnell und ohne Wörterbuch. Sie müssen dort nicht alle Wörter verstehen. Achten Sie stattdessen auf passende Schlüsselwörter und lesen Sie diese Stellen dann noch einmal genau.

1 eine Studentin der Mikrobiologe, die schon mit verschiedenen Bakterien gearbeitet hat und sich für neue Entwicklungen auf diesem Gebiet interessiert
2 eine Bekannte, die sich mit der medizinischen Versorgung auf dem Land beschäftigt
3 ein Student, der sich gesund ernähren möchte, aber nicht kochen kann
4 eine Ärztin, die auf Verdauungsprobleme spezialisiert ist und in ihrer Praxis Zeit und Laborpersonal sparen möchte
5 eine Studentin der Zahnmedizin, die sich über neue Behandlungsmethoden informieren möchte
6 ein Chirurg, der neue Entwicklungen der Organtransplantation kennenlernen möchte
7 ein Freund, der sich einen 3-D-Drucker kaufen möchte
8 ein Medizinstudent, der gerne Science-Fiction-Filme sieht
9 ein Kollege, der eine Sehschwäche hat und zu eitel ist, eine Brille zu tragen
10 eine Studentin der Neurobiologie, die sich in einer wissenschaftlichen Arbeit mit dem Gehirn und Lerntheorien beschäftigt

1	2	3	4	5	6	7	8	9	10

A Sensation: Bakterien statt Operation

Amerikanische Forscher haben Mikroorganismen gezüchtet, die selbstständig bestimmte chirurgische Operationen durchführen können. So wird berichtet, dass durch den Einsatz bestimmter Bakterien bereits Blinddarm- und Krebs-Operationen überflüssig gemacht werden könnten. Die DNA der Organismen wird so programmiert, dass sie im Körper des Patienten selbst ihren Weg zu der betroffenen Stelle finden und dort kaputte Zellen und zerstörtes Gewebe entfernen können.

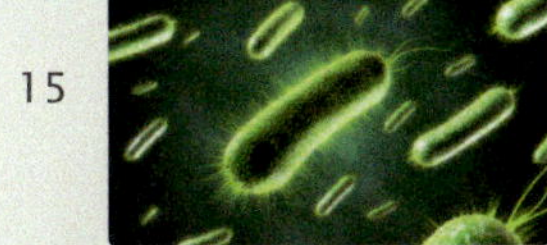

Diese besonderen Mikroorganismen gelangen über eine Injektion in den Körper, und der Patient kann ganz normal weiterleben, während die Bakterien seinen Körper reparieren. Wenn alles verheilt ist, sterben die kleinen Helfer einfach wieder ab.

B Wenn Mäuse tanzen lernen

Was man bisher nur aus Science-Fiction-Filmen kannte, könnte möglicherweise bald Realität werden: das menschliche Gehirn direkt an einen Computer anschließen! So könnte man Lerninhalte einfach und schnell ins Gehirn hochladen.

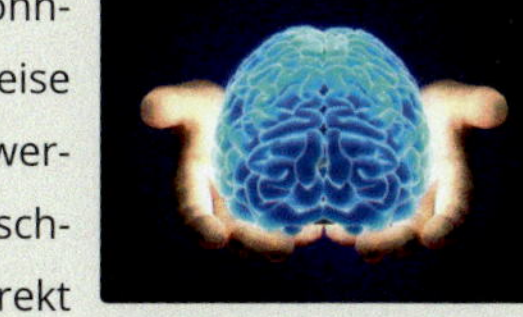

In Versuchen mit Labortieren wurden bereits erste Erfolge erzielt: In den Gehirnen von Mäusen wurden bestimmte Tanzschritte gespeichert, die von den Tieren dann getanzt werden konnten.

Der Vortrag handelt von den technischen und medizinischen Voraussetzungen, aktuellen Forschungsergebnissen und der Frage, ob es richtig ist, das Gehirn von außen zu manipulieren.

Anmeldung: Volkshochschule Solern, 0800 / 123 126, www.vhs-solern.de

C Lasertechnik in der Augenheilkunde

Fast zwei Drittel der Deutschen tragen eine

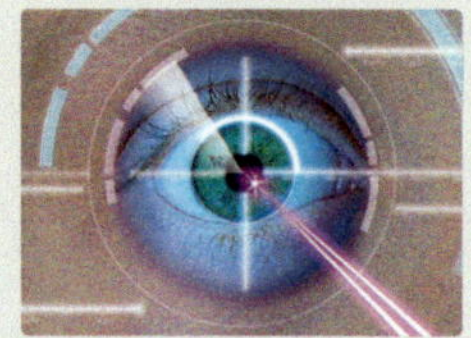

Brille, um so ihre Sehfehler oder andere Augenprobleme zu korrigieren. Doch Brillen sind ziemlich unpraktisch: Man kann sie verlieren, sie können kaputtgehen und sie sind ständig schmutzig.

Die Lösung: die Augen lasern lassen! Seit der Entwicklung der Lasertechnik ist das Tragen einer Brille nicht mehr nötig.

Haben auch Sie keine Lust mehr auf Ihre Brille? Dann kommen Sie zu unserer Informationsveranstaltung über die Korrektur von Sehfehlern durch moderne Lasertechnik.

Augenheilpraxis Müller
Donnerstag, 1.6., 18:00–20:00 Uhr
kostenlos

D Alles, was der Mensch braucht

Eine gute Ernährung ist die Grundlage eines gesunden Lebens. Man sollte ausreichend Vitamine und Ballaststoffe aufnehmen und auf eine Balance zwischen Kohlehydraten, Fetten und Proteinen achten. Das ist nicht leicht, zumal man Lebensmittel einkaufen, kochen und im Nachhinein Geschirr spülen muss.

Astrofood For You ist die Lösung: Die Nahrung der Astronauten kommt jetzt per Mausklick zu Ihnen nach Hause.

Sie wurde von Ernährungswissenschaftlern entwickelt, ist garantiert ausgewogen und gesund und wird in der praktischen Einwegverpackung für die Mikrowelle ausgeliefert. So spart der moderne Mensch Zeit, Geld und Energie für die wirklich wichtigen Dinge des Lebens. (www.astrofood-for-you.com)

E Das Herz aus dem Labor

Die erste Herztransplantation fand 1967 in Kapstadt statt. Hier setzte Christiaan Barnard einem Patienten in einer fünfstündigen Operation das Herz eines anderen Menschen ein – eine Sensation in der Medizingeschichte!

Heute ist die Medizin noch weiter: An einer schwedischen Universität ersetzten nun

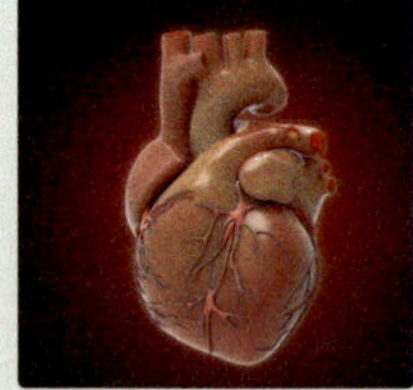

zwei Chirurgen das Herz einer jungen Frau durch ein Ersatzorgan, das zuvor im Labor gewachsen war.

Der Vorteil: Das Organ wächst aus eigenen Körperzellen eines Patienten. Der Körper nimmt das neue Organ deshalb nicht als fremd wahr und es kommt nicht zu Unverträglichkeiten.

F Implantate und Prothesen aus dem 3-D-Drucker

Die Technik des 3-D-Drucks ist mittlerweile weit fortgeschritten. Das ist auch für die Medizin interessant. Denn dadurch hat man die Möglichkeit, schnell und günstig medizinische Implantate und Prothesen herzustellen, zum Beispiel künstliche Knochen, Gelenke oder Zähne. Dieses Seminar beschäftigt sich mit den Chancen des 3-D-Drucks für die Zahnmedizin. Inhalte des Seminars sind unter anderem 3-D-Scans im Mundbereich,

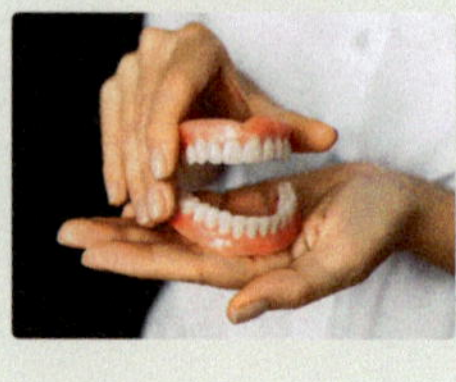

Herstellung und Design von Zahnimplantaten, die Materialkunde und die Zahnchirurgie.

Anmeldung: Prof. Dr. Klingbert, Institut für Zahnmedizin, klingbert@universitaet.de

G Telechirurgie

Die meisten medizinischen Spezialisten und Fachärzte sitzen in renommierten Universitätskliniken oder in hoch angesehenen Privatkliniken in den Großstädten. Für Patienten aus ländlichen Gebieten ist es deshalb oft schwierig, eine hochspezialisierte Behandlung zu bekommen.

Einen Ausweg bietet die Telechirurgie: Es werden voll ausgestattete Operationssäle eingerichtet, in denen aber kein Chirurg arbeitet, sondern ein hochspezialisierter Roboter. Dieser wird von einem Chirurgen ferngesteuert, der am anderen Ende der Welt sitzen kann. So kann auch eine komplizierte Herzoperation von einem Chirurgen in New York durchgeführt werden, während der Patient in einem Telechirurgie-Zentrum irgendwo in Deutschland liegt.

H Medizinische Toilette

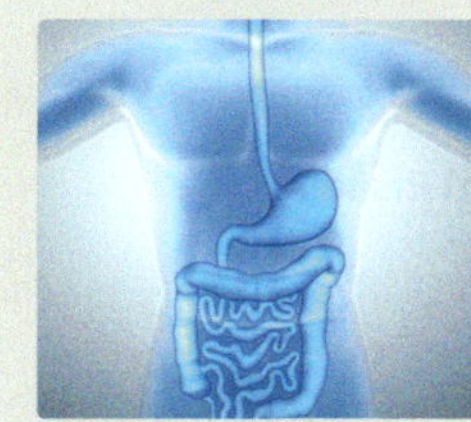

Krankheiten im Stoffwechselsystem, vor allem in Magen und Darm, müssen möglichst früh erkannt werden, damit sie geheilt werden können. Doch Laboranalysen von Urin und Stuhl kosten Zeit und Geld.

Deshalb hat die Firma *KK-Check* eine Toilette entwickelt, die den Stuhl und den Urin bereits während des Toilettengangs untersucht. Die medizinischen Sensoren in der Toilette analysieren die Konzentrationen von bestimmten Bakterien, Zucker sowie anderen Stoffen. Wenige Sekunden später erscheint auf einem Monitor entweder ein grüner Smiley, der dem Benutzer sagt, dass alles in Ordnung ist, oder eine Warnmeldung mit dem Hinweis, dass er zum Arzt gehen sollte.

b) Welche der Kurzmeldungen halten Sie für realistisch bzw. möglich, welche Meldungen sind wahrscheinlich frei erfunden? Finden Sie alle Neuerungen positiv? Welche ethisch-moralischen Bedenken könnte man haben? Sprechen Sie zu zweit.

10 TEXTSTRUKTUR

a) Lesen Sie den Merkkasten zur Textstruktur. Markieren Sie dann in den Texten „Medizinische Toilette“ und „Telechirurgie“ aus Aufgabe 9 alle Elemente, die den Text jeweils logisch zusammenhalten.

Textstruktur

Um einzelne Sätze logisch zu einem zusammenhängenden Text zu verbinden, nutzen Sie

- Textbezüge (z. B. Pronomen *er, das, dies, ...,* Adverbien *dabei, damit, dort, ...,* Korrelat *es*)
- Konjunktionen (*weil, denn, damit, aber, entweder ... oder, ...*)
- strukturierende Redemittel (*auf der einen Seite ... auf der anderen Seite, erstens, zweitens, ...*)
- inhaltliche Abschnitte
- Überleitungen zwischen Abschnitten

b) Lesen Sie den Text und ergänzen Sie die Überleitungen, Konjunktionen, strukturierenden Redemittel und Textbezüge in der vorgegebenen Form.

also | beispielsweise | ~~dabei~~ | damit | darüber | darüber hinaus | denn | die | dieses | doch | was | zum anderen | zum einen

3-D-Druck: Chancen und Risiken

3-D-Drucker werden bereits in den unterschiedlichsten Gebieten eingesetzt: von Industrie über Baugewerbe bis zur Raumfahrt. Die Vorteile ______ (1) Fertigungsverfahrens sind vielfältig. Einen besonders großen Nutzen bringt der 3-D-Druck dabei (2) der Medizintechnik. Seien es Kniegelenke, Beckenknochen oder Zahnersatzteile – zahlreiche Implantate und Prothesen können inzwischen passgenau und effizient mit einem 3-D-Drucker hergestellt werden. So gibt es ______ (3) bereits Geräte, die bis zu 400 individuell angefertigte Zahnersatzteile pro Tag drucken können. Vor dem Hintergrund der zunehmend alternden Bevölkerung und dem ______ (4) steigenden Bedarf an medizinischen Produkten ist die 3-D-Drucktechnik ______ (5) eine bedeutende Methode, um die medizinische Versorgung auch in Zukunft noch sichern zu können. ______ (6) das Potenzial des 3-D-Drucks geht noch ______ (7) hinaus. Eines der wichtigsten Argumente für das revolutionäre Druckverfahren ist die Nachhaltigkeit. Befürworter betrachten den 3-D-Druck als Chance auf ein umweltfreundlicheres Leben, ______ (8) ______ (9) entstehen beim 3-D-Druck aufgrund des genauen Druckprozesses so gut wie keine Abfälle, ______ (10) kann der 3-D-Druck mit recycelbaren Kunststoffabfällen arbeiten, ______ (11) auf dem Müll gelandet wären. ______ (12) kann die 3-D-Drucktechnik die Lebensdauer von Maschinen und Geräten durch die einfache Herstellung von Ersatzteilen erhöhen, ______ (13) wiederum zur Verringerung des Müllaufkommens führt.

andererseits | auch | beispielsweise | demgegenüber | denn | die (2x) | dies | dieses | einerseits | jedoch | was | zwar

Die Vorteile des 3-D-Drucks sind überzeugend. ______ (1) stehen ______ (2) nicht zu unterschätzende Einwände. Die größten Bedenken beziehen sich auf mögliche Gesundheitsrisiken. ______ (3) bei dem Druckverfahren entstehen nachweislich Schadstoffe wie Feinstaub, ______ (4) in kleinen, geschlossenen Räumen ohne Belüftung die Gesundheit gefährden können. Problematisch sind ______ (5) die noch nicht vollständig erfassten Sicherheitslücken des 3-D-Drucks. ______ (6) lassen sich mithilfe ______ (7) Verfahrens ______ (8) einfacher Einzelteile und Maschinen nachbauen, ______ (9) die Produktion maßgeblich vereinfacht. ______ (10) trägt ______ (11) gleichzeitig zu dem Risiko bei, dass gefährliche Geräte und Maschinen wie Schusswaffen unerlaubt von Privatpersonen nachgebaut und missbräuchlich genutzt werden. Man denke ______ (12) an die Bauanleitung für eine funktionsfähige Pistole aus dem 3-D-Drucker, ______ (13) in der Vergangenheit im Netz verbreitet wurde.

c) Wird die Technik der Zukunft der Menschheit Nutzen bringen? Schreiben Sie einen argumentativen Text (ca. 150–200 Wörter), in dem Sie sich mit den Chancen und Risiken moderner technischer Entwicklungen auseinandersetzen. Konzentrieren Sie sich dabei auf einen bestimmten Bereich, zum Beispiel:

- Kommunikationstechnologie
- Technik in der Medizin
- Smarte Technologien
- ...

Achten Sie dabei vor allem auf die Struktur des Gesamttextes, geeignete Verknüpfungen und gute Textbezüge.

d) Nehmen Sie nun farbige Stifte und korrigieren Sie Ihren Text aus c) mithilfe der folgenden Checkliste. Wurden alle Punkte bearbeitet? Kreuzen Sie an.

Struktur:

☐	1	Gibt es eine Einleitung, einen Hauptteil und einen Schluss? → Markieren Sie die Abschnitte am linken Rand.
☐	2	Endet die Einleitung mit der zentralen Frage? → Markieren Sie sie farbig.
☐	3	Wird die zentrale Frage im Schluss beantwortet? → Markieren Sie sie in derselben Farbe wie die zentrale Frage.
☐	4	Sind die Sätze gut miteinander verbunden? → Markieren Sie Satzverbindungen und Bezüge.
☐	5	Sind die Abschnitte und die Argumente innerhalb eines Abschnitts gut miteinander verbunden? → Markieren Sie Redemittel und Überleitungen.

Inhalt:

☐	6	Beschreibung technischer Entwicklungen in einem bestimmten Bereich
☐	7	Welche Chancen bieten diese technischen Entwicklungen für die Menschheit?
☐	8	Welche Risiken gibt es dabei?
☐	9	Wie ist Ihre Meinung? Überwiegen die Chancen oder die Risiken?

Wortschatz:

☐	10	Haben Sie Synonyme und Umschreibungen verwendet, statt immer dasselbe Wort zu wiederholen? → Markieren Sie Beispiele dafür im Text.
☐	11	Haben Sie aktuellen Wortschatz (z. B. aus dem aktuellen Kapitel) verwendet? → Markieren Sie Beispiele dafür im Text.

Grammatik:

☐	12	Stehen die Verben auf der richtigen Position?
☐	13	Passen die Verben zum Subjekt (Singular oder Plural)?
☐	14	Sind alle Objekte (Akkusativ-, Dativ-, Präpositionalobjekt) im richtigen Kasus?
☐	15	Stimmen die Adjektivendungen?
☐	16	Haben die Nomen Artikel, wenn nötig?

Orthografie und Zeichensetzung:

☐	17	Sind die Wörter am Satzanfang und alle Nomen großgeschrieben?
☐	18	Gibt es ein Komma zwischen Haupt- und Nebensätzen?
☐	19	Gibt es Kommas, die unnötig sind?
☐	20	Sind die Wörter richtig geschrieben?

11 GEDANKEN ZUR TECHNIK

Wählen Sie ein Zitat und sprechen Sie zu zweit über die folgenden Fragen:

- Was meint die Person mit dem Zitat?
- Stimmen Sie dem Zitat zu oder sind Sie anderer Meinung? Warum?
- Wie aktuell ist das Zitat? Lässt sich die Aussage auch auf die heutige Zeit übertragen?

Begründen Sie Ihre Meinung auch mit persönlichen Erfahrungen oder Beispielen aus Ihrem Umfeld.

1 *DIE MASCHINE IST DIE SOUVERÄNE BEHERRSCHERIN UNSERES GEGENWÄRTIGEN LEBENS.*
Egon Friedell (1878–1938)

2 *ICH HABE WOHL AUCH MEINE ZEIT AN DIE GROßARTIGKEIT UNSERER EPOCHE DER TECHNIK GEGLAUBT, ABER JETZT FÜHLE ICH NUR NOCH DAS EINE: DASS SIE DIE ERDE ENTZAUBERT, INDEM SIE ALLES ALLEN GEMEIN[1] MACHT.*
Christian Morgenstern (1871–1914)

3 *DENN ES IST ZULETZT DOCH NUR DER GEIST[2], DER JEDE TECHNIK LEBENDIG MACHT.*
Johann Wolfgang von Goethe (1749–1832)

4 *DIE GRÖßTE FÖRDERUNG VERDANKT DAS MENSCHLICHE GESCHLECHT DER TECHNIK [...].*
Thomas Hobbes (1588–1679)

5 *DIE TECHNISCHE ENTWICKLUNG WIRD NUR EIN PROBLEM ÜBRIG LASSEN: DIE HINFÄLLIGKEIT[3] DER MENSCHENNATUR.*
Karl Kraus (1874–1936)

6 *EINE MASCHINE KANN DIE ARBEIT VON FÜNFZIG GEWÖHNLICHEN MENSCHEN LEISTEN, ABER SIE KANN NICHT EINEN EINZIGEN AUßERGEWÖHNLICHEN ERSETZEN.*
Elbert Hubbard (1856–1915)

[1] gemein = hier: gleich/uninteressant, ohne besondere Merkmale
[2] der Geist, / = hier: Verstand des Menschen
[3] die Hinfälligkeit, / = nicht (mehr) notwendig sein

Nebensätze mit Konjunktion vs. Angaben mit Präposition

	verbal	nominal
1	***Wenn*** *man Schwierigkeiten mit dem Fremdsprachenlernen hat, hilft der ABC-X5900.*	***Bei*** *Schwierigkeiten mit dem Fremdsprachenlernen hilft der ABC-X5900.*
2	***Dadurch, dass*** *man den START-Knopf betätigt, wird die Sprachdatei ins Gehirn geladen.*	***Durch*** *die Betätigung des START-Knopfs wird die Sprachdatei ins Gehirn geladen.*
3	***Während*** *das Gerät die Sprache ins Gehirn uploadet, blinkt die Status-LED blau.*	*Die Status-LED blinkt* ***während*** *des Uploads der Sprache ins Gehirn blau.*
4	***Nachdem*** *die Übertragung abgeschlossen wurde, beherrscht man die Fremdsprache fast perfekt.*	***Nach*** *Abschluss der Übertragung beherrscht man die Fremdsprache fast perfekt.*
5	*Ich kann das Gerät nicht verwenden,* ***weil*** *meine ZNS-Schnittstelle defekt ist.*	*Ich kann das Gerät* ***wegen*** *eines Defekts meiner ZNS-Schnittstelle nicht verwenden.*

Nominalisierung und Verbalisierung – konditional

verbal	nominal
Wenn *man* ***müde ist****, ist die Inbetriebnahme zu verschieben.* ***Wenn*** *die Mindestanforderungen* ***nicht erfüllt werden****, kann das Gerät nicht betrieben werden.*	***Bei Müdigkeit*** *ist die Inbetriebnahme zu verschieben.* ***Ohne die Erfüllung*** *der Mindestanforderungen kann das Gerät nicht betrieben werden.*
mögliche Konjunktionen: • *wenn* • *falls* • *sofern* oder uneingeleiteter Konditionalsatz	mögliche Präpositionen: • *bei* (+ D) • *im Falle* (+ G) • *ohne* (+ A) (= Negation) • *mit* (+ D) (selten)

Konditionalsätze mit *sollte-*

	„normaler" Konditionalsatz	Konditionalsatz mit *sollte-*
eingeleitet:	*Wenn Sie kein Internet haben, …*	*Wenn Sie kein Internet* ***haben sollten****, …*
uneingeleitet:	*Haben Sie kein Internet, …*	***Sollten*** *Sie kein Internet* ***haben****, …*

Alternativ zum klassischen Konditionalsatz kann auch ein Konditionalsatz mit *sollte-* gebildet werden. *Sollte-* hat hier eine rein grammatische Funktion und nicht die Grundbedeutung des Modalverbs *sollen*. Der Konditionalsatz mit *sollte-* steht häufig uneingeleitet. Bei der Nominalisierung fällt *sollte-* weg.

Textstruktur

Um einzelne Sätze logisch zu einem zusammenhängenden Text zu verbinden, nutzen Sie

- Textbezüge (z. B. Pronomen *er, das, dies, …*, Adverbien *dabei, damit, dort, …*, Korrelat *es*)
- Konjunktionen (*weil, denn, damit, aber, entweder … oder, …*)
- strukturierende Redemittel (*auf der einen Seite … auf der anderen Seite, erstens, zweitens, …*)
- inhaltliche Abschnitte
- Überleitungen zwischen Abschnitten

1 ERFINDUNGEN

IN DIESEM KAPITEL LERNEN SIE:
- Wortschatz: Erfindungen / Technik
- sich einigen
- Relativsätze mit *wer*
- Handout
- Textproduktion: Fehlerkorrektur

a) Ergänzen Sie die Schlagzeilen. Recherchieren Sie die Informationen dazu im Internet.

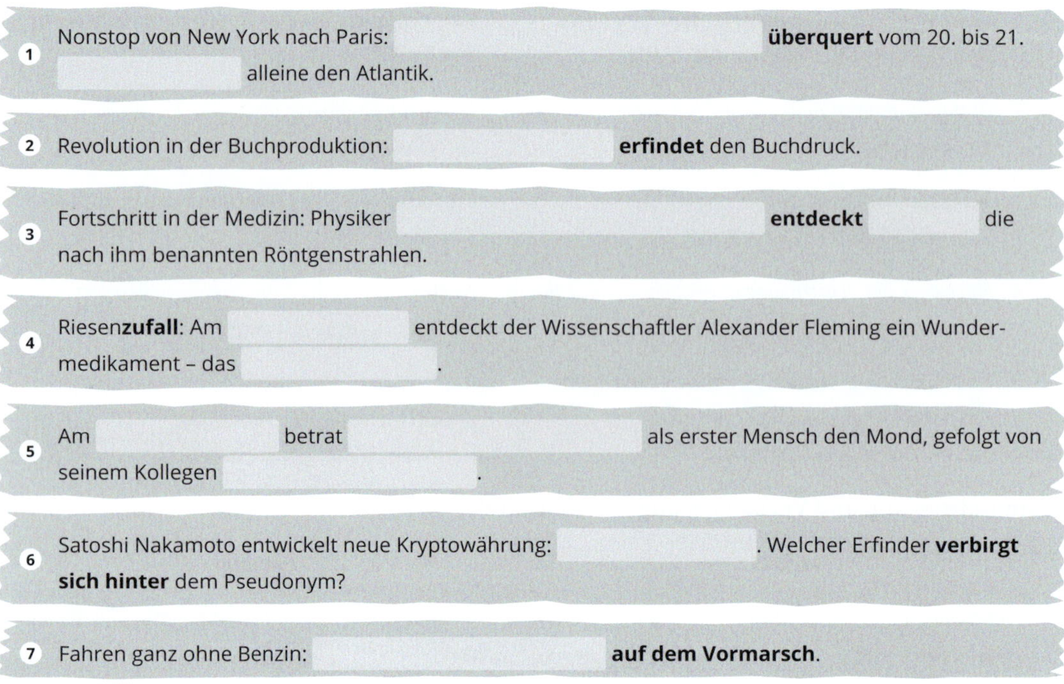

1 Nonstop von New York nach Paris: ______ **überquert** vom 20. bis 21. ______ alleine den Atlantik.

2 Revolution in der Buchproduktion: ______ **erfindet** den Buchdruck.

3 Fortschritt in der Medizin: Physiker ______ **entdeckt** ______ die nach ihm benannten Röntgenstrahlen.

4 Riesen**zufall**: Am ______ entdeckt der Wissenschaftler Alexander Fleming ein Wundermedikament – das ______.

5 Am ______ betrat ______ als erster Mensch den Mond, gefolgt von seinem Kollegen ______.

6 Satoshi Nakamoto entwickelt neue Kryptowährung: ______. Welcher Erfinder **verbirgt sich hinter** dem Pseudonym?

7 Fahren ganz ohne Benzin: ______ **auf dem Vormarsch**.

b) Ordnen Sie die Schlagzeilen den passenden Bildern zu. Es gibt nicht zu jedem Bild eine Schlagzeile.

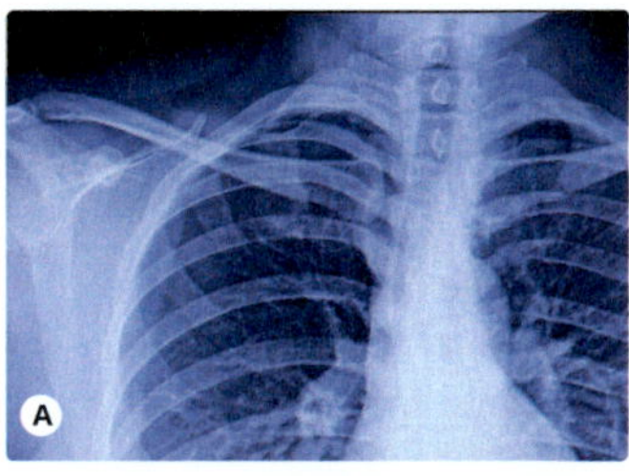
A

B

C

D

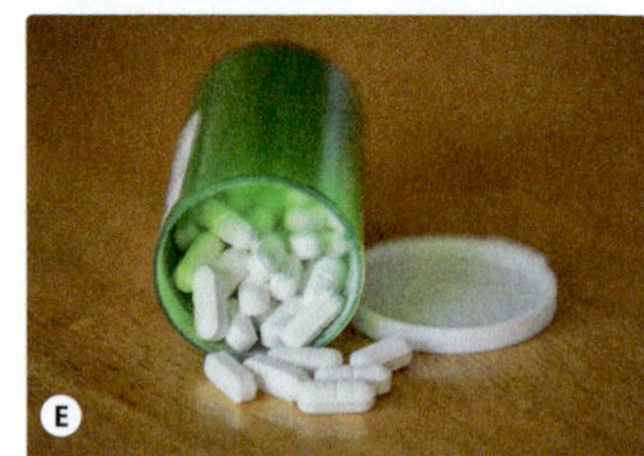
E

F

G

H

Wright Flyer, es war das Geistesprodukt der beiden Brüder Wright

I

1	2	3	4	5	6	7
H						

c) Ergänzen Sie die fehlenden Wörter wie im Beispiel. Notieren Sie dann Erklärungen oder Synonyme.

1 etw. erfinden ; die Erfindung, -en:

etw. Neues entwickeln

2 ; die Entdeckung, -en:

3 ; die Entwicklung, -en:

4 ; die Überquerung, -en:

5 auf dem Vormarsch sein:

6 sich hinter etw. verbergen:

7 der , ¨-e; zufällig:

2 DAS ERSTE ELEKTROAUTO

a) Welche Wörter werden hier gesucht? Ordnen Sie zu.

der Akkumulator, -en | der Anlasser, - | der Chauffeur, -e | fertigen | das Fließband, ¨-er | das Gefährt, -e | der Hybridantrieb, -e | die Reichweite, -n | sausen | der Verbrennungsmotor, -en

1 Synonym für *das Fahrzeug*:

2 umgangssprachlich für *schnell fahren oder laufen*:

3 Transportband in einer Fabrik:

4 Batterie:

5 Strecke, die man mit einer Tankfüllung/Aufladung zurücklegen kann:

6 kombinierter Antrieb aus Benzin und Strom:

7 Synonym für *herstellen*:

8 Person, die andere Personen in einem Auto fährt:

9 Starter von Motoren:

10 Motor, der mit Verbrennung von Kraftstoff arbeitet, z. B. Benzinmotor:

b) Lesen Sie die Kurzzusammenfassungen des folgenden Textes. Lesen Sie dann den Text einmal schnell. Welche Zusammenfassung trifft den Inhalt des Textes am besten? Kreuzen Sie an.

- [ ] 1 Der Text behandelt die Erfindung des Elektroautos als Neuheit. Er geht auf die Vor- und Nachteile von elektrisch vs. mit Benzin betriebenen Gefährten ein und stellt Prognosen hinsichtlich der weiteren Entwicklung des E-Autos an.
- [ ] 2 Der Text liefert technische Daten zum ersten Elektroautomobil. Daneben stellt er den Erfinder des E-Autos und seine Biografie in den Fokus.
- [ ] 3 Der Text beschreibt die Geschichte des Elektroautos und stellt seine Vorteile gegenüber anders betriebenen Automobilen dar. Daneben liefert der Text Erklärungsversuche zur Frage, weshalb sich das E-Auto gegenüber Benzinautos nicht durchsetzen konnte.

[1]sich durchsetzen = hier: auf dem Markt dominieren

DAS ERSTE ELEKTROAUTO: DER ANFANG WAR ELEKTRISCH

Schade, dass sich die Elektromobilität – die bekanntlich einige Vorteile hat – vor über hundert Jahren nicht durchgesetzt[1] hat. Moment mal, denken Sie jetzt vielleicht: Ist die Elektromobilität nicht eine ziemlich neue Erscheinung? Sind Autos nicht von Anfang an mit Benzin gefahren? Nein! Elektrisch angetriebene Gefährte waren schon vor dem berühmten mit Benzin betriebenen Benz-Motorwagen von 1886 auf der Straße.

1881 stellte der Franzose Gustave Trouvé ein dreirädriges, elektrisch angetriebenes Fahrzeug vor, das seine Energie aus sechs Bleiakkumulatoren bezog und es auf zwölf Stundenkilometer brachte. Und bereits zwischen 1832 und 1839 – also über vierzig Jahre früher – soll der Schotte Robert Anderson ein Elektrofahrzeug gebaut haben. Als erstes deutsches Elektroauto gilt der 1888 von Andreas Flocken gefertigte Elektrowagen, das vielleicht erste vierrädrige Elektroauto der Welt.

Die Vorteile des Elektromotors gegenüber mit Dampf oder Benzin betriebenen Fahrzeugen waren damals dieselben wie heute: einfach im Umgang, sauber und leise. Und trotz der begrenzten Batteriereichweite feierte das elektrische Fahren schnell Erfolge: Im Jahr 1900 gab es in den USA neben 1 688 Dampfautomobilen bereits 1 575 Elektrofahrzeuge (darunter fast alle New Yorker Taxis), aber nur 929 Fahrzeuge mit Benzinmotor.

Das Vertrauen in die Kraft des Stroms wuchs auch durch sportliche Heldentaten. Das erste Straßenfahrzeug, das die 100-Stundenkilometer-Grenze durchbrach (mit genau 105,882 km/h), war nämlich ein Elektroauto. Am 29. April 1899 sauste der belgische Ingenieur und Rennfahrer Camille Jenatzy mit einem selbst konstruierten Fahrzeug zu diesem Rekord, der gut drei Jahre Bestand hatte.

Ein anderer Pionier war Ferdinand Porsche. Um das Problem der geringen Reichweite von Elektrofahrzeugen zu lösen, kombinierte er den Elektro- mit dem Verbrennungsmotor – und gehörte damit zu den Erfindern des Hybridantriebs, an dem etwa zur selben Zeit auch in den USA, in Spanien und in Belgien gearbeitet wurde.

Bis in die Zehnerjahre des 20. Jahrhunderts war das Auto eine Angelegenheit für die Reichen. In gewisser Weise war es daher egal, dass Elektrofahrzeuge zu den teuren Automobilen gehörten. Vermögende[2] Männer schätzten die Elektroautos übrigens auch deshalb, weil ihre Ehefrauen sie selbst fahren konnten. Denn für Benzinautos brauchte es junge, kräftige Chauffeure, die den Motor mit der Kurbel[3] anwerfen konnten. Elektroautos lagen somit durchaus gut im Rennen.

Ford Modell T Roadster 1912

[2]vermögend = reich
[3]die Kurbel, -n =

Doch schließlich kam alles anders: Immer mehr Ölquellen sprudelten[4], Tankstellennetze entstanden, Benzin musste nicht mehr in Apotheken gekauft werden und Ford revolutionierte den Automobilbau. Sein T-Modell entstand ab 1914 am Fließband und kostete nur noch 370 Dollar, während für ein Elektrofahrzeug von der *Detroit Electric Car Company* gut 2.500 Dollar zu bezahlen waren. Der Massenmarkt begann mit Benzin. Dabei war es ausgerechnet ein Elektrobauteil, das die Elektromobilität endgültig ins Abseits drängte: 1911 entwickelte Charles Kettering den elektrischen Anlasser – womit die Kurbelei des Motoranwerfens ein Ende hatte.

Bis 2008, als das amerikanische Unternehmen Tesla die etablierten Hersteller weltweit wachrüttelte, führte die Elektromobilität ein Nischendasein. Von verschiedenen Herstellern gab es zwar ab und zu E-Autos in geringen Stückzahlen. Ein ernstzunehmendes Engagement war das jedoch nicht. Wie leistungsfähig die Elektromobilität war, zeigte sich allerdings immer wieder: Das erste Auto auf dem Mond fuhr elektrisch (1971). Wenn die Elektromobilität heute eine Renaissance erlebt, knüpfen die Befürworter also an eine lange Geschichte an[5]. Und mit moderner Technik werden die Elektroautos endgültig ins Zentrum der Aufmerksamkeit rollen.

Gekürzte Version des Originaltextes: „Das erste Elektroauto: Der Anfang war elektrisch" von Turnit GmbH, Autor: Boris Alexander Glawatsch, erschienen auf: https://www.smarter-fahren.de/erstes-elektroauto/, abgerufen am 27.11.2020

[4]Ölquellen sprudeln = hier: es gibt viel Erdöl

[5]an etwas anknüpfen = an etwas anschließen

c) Lesen Sie den Text erneut. Richtig oder falsch? Kreuzen Sie an. Geben Sie außerdem an, in welchen Zeilen Sie die entsprechenden Informationen gefunden haben.

R	F	1	In Schottland wurden schon in den 1830er-Jahren Elektrofahrzeuge entwickelt. Z.
R	F	2	Das erste deutsche Elektroauto wurde von Andreas Flocken konstruiert. Z.
R	F	3	Das erste deutsche Elektroauto hatte weniger Räder als das erste Elektroauto von Gustave Trouvé. Z.
R	F	4	Elektrofahrzeuge waren Benzinautos in jeder Hinsicht überlegen. Z.
R	F	5	Im 19. Jahrhundert gab es in den USA knapp 1 700 Dampfautomobile. Z.
R	F	6	Der Benz-Motorwagen fuhr langsamer als 100 km/h. Z.
R	F	7	Bei einem Hybridauto ist die Reichweite nicht so begrenzt wie bei einem reinen Elektrofahrzeug. Z.
R	F	8	Ferdinand Porsche war der erste, der an der Entwicklung eines Hybridantriebs arbeitete. Z.
R	F	9	Frauen waren nicht stark genug, um Benzinautos lenken zu können. Z.
R	F	10	Bevor es normale Tankstellen gab, kauften Autofahrer ihr Benzin in Apotheken. Z.
R	F	11	Vor gut einhundert Jahren kosteten manche Elektrofahrzeuge mehr als 2.500 Dollar. Z.
R	F	12	Durch die Erfindung des elektrischen Anlassers verloren Elektroautos einen ihrer Vorteile gegenüber Benzinautos. Z.
R	F	13	Erst 2008 wurde der Elektromobilität wieder größere Aufmerksamkeit geschenkt. Z.

d) Bearbeiten Sie die Aufgaben zum Text.

1 Welche (möglichen) Antriebe für Automobile werden im Text genannt?

2 Listen Sie die Vorteile und die Nachteile von Elektroautos gegenüber Benzinfahrzeugen auf.

a Vorteile:

b Nachteile:

3 Warum waren Elektroautos im Umgang einfacher als Benzinautos?

4 Wie konnte der Reichweiten-Nachteil des Elektroautos ausgeglichen werden?

5 Wie beurteilt der Text die Zukunft der Elektromobilität?

A positiv  negativ  unklar

3 REFERAT UND HANDOUT – ERFINDUNGEN

a) Arbeiten Sie zu zweit. Lesen Sie erneut Ihre Definitionen der Begriffe *Erfindung* und *Entdeckung* in Aufgabe 1c). Bei welchen der in der Tabelle aufgeführten Beispiele handelt es sich eher um Erfindungen, bei welchen um Entdeckungen?

1866	Dynamit (Alfred Nobel, Schweden)	1945	Atombombe (Robert Oppenheimer u.a., USA)
1876	Telefon (Alexander Graham Bell, USA)	1953	DNA (Francis Crick, Großbritannien / James Watson, USA)
1876	Viertakt-Motor/Otto-Motor (Nicolaus Otto, Deutschland)	1954	Solarzelle (Forscher der Bell Laboratories, USA)
1879	Glühbirne (Thomas Alva Edison, USA)	1960	Antibabypille (Gregory Pincus u. a., USA)
1893	Dieselmotor (Rudolf Diesel, Deutschland)	1967	Herztransplantation (Christiaan Barnard, Südafrika)
1896	Radioaktivität (Henri Becquerel u. a., Frankreich)	1973	Genmanipulation (Stanley Cohen / Annie Chang / Herbert Boyer, USA)
1911	Klimaanlage (Willis Carrier, USA)	1979	Compact Disc (Joop Sinjou, Niederlande / Toshitada Doi, Japan)
1931	elektronisches Fernsehen (Manfred von Ardenne, Deutschland)	1983	AIDS-Virus (Luc Montagnier / Françoise Barré-Sinoussi, Frankreich)
1931	Elektronenmikroskop (Ernst Ruska, Deutschland)	1991	World Wide Web (Tim Berners-Lee, Großbritannien)
1935	Radar (Robert Watson-Watt, Großbritannien)	1996	Smartphone (Nokia, Finnland)
1938	künstliche Kernspaltung (Otto Hahn u. a., Deutschland)	2018	flüssiges Wasser auf dem Mars (Roberto Orosei u. a., Italien)

b) Welche Erfindung/Entdeckung kennen Sie? Halten Sie diese für sinnvoll oder wäre es Ihrer Meinung nach besser gewesen, wenn sie nicht erfunden bzw. entdeckt worden wäre? Warum? Sprechen Sie zu zweit.

c) Lesen Sie die folgenden Textschnipsel eines Handouts zum Thema Elektromobilität. Bringen Sie die Schnipsel in eine logische Abfolge, indem Sie sie nummerieren.

Elektromobilität (A)

(B)

Quellen:

- Glawatsch, Boris Alexander: „Das erste Elektroauto. Der Anfang war elektrisch." Internet-Publikation: https://www.smarter-fahren.de/erstes-elektroauto. Erstellt: 05.04.2018. Eingesehen: 02.10.2020.
- Malik, Fatima: „Konzepte der Elektromobilität und deren Chancen für Gesellschaft und Umwelt." In: „Elektromobilität. Chancen und Risiken.", hg. von Christoph Lorenz und Melike Yildirim. Stuttgart: Blue House Verlag 2017.

Vor- und Nachteile des Elektromotors (C)

pro	kontra
• einfacher Umgang	• begrenzte Batteriereichweite
• sauber und leise	• Anschaffung teuer

Rückkehr der Elektroautos 

- 1971: erstes Mondfahrzeug fährt elektrisch
- verschiedene Hersteller produzieren E-Autos in geringer Stückzahl
- 2008: Tesla nimmt die Produktion von Elektroautos auf

Verdrängung durch Benzinmotoren (E)

- 1886: Benz-Motorwagen, Antrieb mit Benzin
- 1911: Erfindung des elektrischen Anlassers durch Charles Kettering → Kurbel zum Start des Motors nicht mehr nötig
- 20. Jhd.: steigende Erdölgewinnung, Verbreitung von Tankstellen
- 1914: Ford T-Modell, erstes am Fließband hergestelltes Modell, relativ günstiger Preis

Geschichte des Elektroautos (F)

- 1832–39: angeblich erstes Elektrofahrzeug, Robert Anderson (Schottland)
- 1881: Elektrowagen mit 3 Rädern, Gustave Trouvé (Frankreich)
- 1888: Elektrowagen mit 4 Rädern, Andreas Flocken (Deutschland)
- 1899: erstes Elektroauto mit über 100 km/h, Camille Jenatzy (Belgien)
- 1902: erster Wagen mit Hybridantrieb, Ferdinand Porsche (Deutschland)

(G)

TH Düren, Fachbereich Elektrotechnik
Seminar: Elektromobilität, Prof. Müller
Referent: Maximilian Schulz
05.10.2020

ein Handout erstellen

Ein Handout hilft den Zuhörerinnen und Zuhörern, dem Vortrag zu folgen. Zudem können sie auf dem Handout Notizen machen und das Papier mitnehmen, um die wichtigsten Informationen auch später noch zur Verfügung zu haben. Befolgen Sie bei der Erstellung folgende Tipps:

1. Angaben zum Kurs, persönliche Angaben und Datum nennen
2. Übersichtlichkeit: Überschrift und Gliederungspunkte optisch hervorheben, einheitliche Aufzählungspunkte
3. nur die wichtigsten Informationen (in Stichwortform): meist Nominalstil, möglichst wenige Verben, keine ganzen Sätze, Artikel weglassen (v. a. am Anfang, und wenn der Kasus eindeutig ist)
4. Quellen korrekt angeben (Autor, Erscheinungsjahr, Titel, Verlag bzw. Link)

d) Arbeiten Sie in Kleingruppen. Wählen Sie eine Erfindung bzw. Entdeckung aus Aufgabe a) oder eine andere Erfindung/Entdeckung aus und bereiten Sie eine Kurspräsentation (maximal 5 Minuten) vor. Der Hauptteil der Präsentation sollte ca. 3 Unterthemen haben, zum Beispiel: Schritte bis zur Erfindung/Entdeckung, Definition/Erklärung, Vor- und Nachteile, Folgen/Auswirkungen, Bedeutung für die heutige Zeit etc. Erstellen Sie für Ihre Präsentation auch ein Handout (maximal 1 Seite).

e) Halten Sie nun Ihre Präsentationen im Kurs. Nutzen Sie dabei auch die Redemittel für Präsentationen aus Kapitel 33. Die anderen hören zu und geben Feedback zur Präsentation und zum Handout.

4 FEHLERKORREKTUR

Lesen Sie einen Schülertext zur untenstehenden Aufgabenstellung und bearbeiten Sie die Aufgaben abschnittsweise.

> Durch die Erfindung digitaler Klassenräume wird der klassische Präsenzunterricht zunehmend durch digitalen Unterricht ersetzt. Schreiben Sie einen argumentativen Text über die Vor- und Nachteile beider Unterrichtsformen und nehmen Sie Stellung zur Frage, welche Form des Unterrichts die bessere ist.

1 Korrigieren Sie die unterstrichenen Textstellen. Wie muss der Text korrigiert werden? Kreuzen Sie an.

> Als ein Student, wer (1) in Deutschland studiert, musste ich auch Deutsch lernen. Und musste ich (2) mich entscheiden, welchen (3) Kurs ich teilnehme: an ein (4) Präsenzkurs oder an ein (4) Onlinekurs. Die Entscheidung war nicht einfach, weil beides Kurs (5) Vorteile und Nachteile haben. In mein folgend (6) Text werde ich beschreiben, was sind Präsenz- und Onlinekurse? (7) Und ich diskutiere, welche Vor- und Nachteile gibt es (8). Endlich (9) spreche ich über die Situation in mein (10) Heimat.

1	**A**	der	**B**	den	**C**	wo
2	**A**	Und muss ich	**B**	Und ich muss	**C**	Und ich musste
3	**A**	welcher	**B**	an welchem	**C**	welches
4	**A**	einen	**B**	einem	**C**	eines
5	**A**	beide Kurse	**B**	beiden Kurse	**C**	beiden Kurs
6	**A**	mein folgender	**B**	meinen folgenden	**C**	meinem folgenden
7	**A**	was ist ein Präsenz- und Onlinekurs.	**B**	was Präsenz- und Onlinekurse sind?	**C**	was Präsenz- und Onlinekurse sind.
8	**A**	geben	**B**	es gibt	**C**	geben es
9	**A**	Eigentlich	**B**	Schluss	**C**	Schließlich
10	**A**	meine	**B**	meiner	**C**	meinem

2 Korrigieren Sie im nächsten Abschnitt die Groß- und Kleinschreibung und setzen Sie die passenden Satzzeichen ein.

> zuerst musste ich überlegen was beim deutschlernen wichtig ist man muss vokabeln und grammatik lernen man muss aber auch gut lesen und hören und man muss natürlich auch kommunizieren welche art deutsch zu lernen ist die beste gut ist am präsenzkurs dass man direkten kontakt mit dem lehrer und anderen studierenden hat auf diese weise kann man die sprache gut lernen

3 Korrigieren bzw. ergänzen Sie die Präpositionen! Achten Sie auch auf die Artikel.

Ein weiterer Vorteil für einen Präsenzkurs ist, dass der Lehrer direkt an eine Frage antworten kann. Wenn man ein Problem stößt und deswegen eine Frage stellt, muss man nicht eine Antwort warten. An einem Kurs auf dem Internet kann es sein, dass man seine Frage per E-Mail stellen muss. Danach verliert man Zeit. Und wenn man zu den anderen Studierenden diskutieren will, ist der direkte Kontakt jeden Fall hilfreich. Auf diesem Grund habe ich mich einen Präsenzkurs entschieden.

4 Korrigieren Sie die markierten Fehler! Das Symbol √ bedeutet, dass ein Wort fehlt.

Aber war die Entscheidung nicht einfach, denn einen Onlinekurs natürlich auch Vorteil hat. Wenn man Online lernt, kann er bequem von Zuhause aus lernen. Bei einem Präsenzkurs braucht man zum Kurs zu gehen, das bei √ Onlinekurs nicht nötig ist. Das ist auch ein Vorteil, wann man krank ist. Man kann deutsch lernen, trotzdem man krank zu Hause bleiben muss. Ebenfalls ist dass lernen von zu Hause aus ein Vorteil, wenn man nicht in Deutschland reisen kann, zum Beispiel wenn es die Problem mit √ Visum gibt und er dafür lange warten muss. Ein weiter Vorteil ein Onlinekurs ist das die Gebühren oft nicht so hohe ist und man das sparende Geld für andere Dinge spenden kann.

5 Finden Sie nun selbstständig so viele Fehler wie möglich und korrigieren Sie sie! Arbeiten Sie in Gruppen.

Aber gibt es natürlich auch Nachteil. Man braucht ein Computer und stabil Internet dass heißt das man sehr die Technik abhängt. Das bedeut, dass wenn die Technik funktioniert nicht, man kann den Unterricht nicht teilnehmen. Vor ein paar Tagen, ich hatte ein Meeting im Internet. Mein Mikrofon wurde aber aufgefallen, deshalb ich nicht mit anderer Teilnehmer sprechen kann. Meiner Meinung nach ist, dass einen Präsenzkurs mehrere Vorteile als Nachteile haben. Aber Online-Unterricht kann sein ein gut Alternativ, so fern ein Präsenzkurs nicht Möglichkeit ist. Aber es stimmt auch, dass Internetverbindungen oft nicht stabile sind. Die Infrastructure muss verbessert. Dann in Zukunft kann Online ein echt Alternativ sein. Bis dahin kann sein ein Mischung von sowohl Präsenz- sondern auch Online-Unterricht ein guten Idee. Wie ich schon gesagt habe, dass Deutschkurs zu Hause ist günstig bei Zeitprobleme. So vielleicht kann man mehr Verbindung anbieten von beide: Online- und Präsenzkurs. Das ware eine gute Idee.

5 SICH EINIGEN – ERFINDERIN/ERFINDER SEIN

Im Rahmen eines Seminars sollen Sie sich zu zweit als Erfinderinnen und Erfinder ausprobieren. In welchem Bereich Sie etwas Neues erfinden, ist Ihnen überlassen. Setzen Sie sich zusammen und besprechen Sie das Projekt. Sammeln Sie gemeinsam einige Ideen für mögliche Erfindungen und einigen Sie sich anschließend auf eine davon. Nutzen Sie die unten aufgeführten Redemittel für Ihr Gespräch.
Bedenken Sie vorab die folgenden Punkte:

- Welche Erfindung lässt sich leicht umsetzen und ist in der Entwicklung am günstigsten?
- Für welche Erfindung bringen Sie die meisten Kompetenzen mit?
- Welche Erfindung braucht die Menschheit am dringendsten?
- Welche Erfindung ließe sich am ehesten verkaufen?

Sie können auch aus den folgenden Erfindungen wählen.

1 Stimmungsarmband, das Emotionen misst

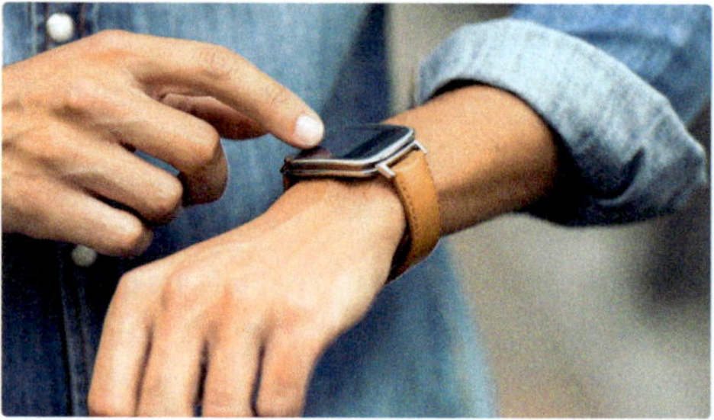

2 Fitnessgerät, das Energie erzeugt

3 App für nachhaltigen Konsum

4 Pizza, die schlank macht

5 Brille, mit der man Viren und Bakterien sehen kann

6 Superfood, das ohne den Einsatz von Rohstoffen hergestellt werden kann

SICH EINIGEN

etwas vorschlagen

- *Ich finde / denke / meine / glaube, dass ...*
- *Meiner Meinung / Ansicht nach sollten wir ...*
- *Es wäre gut, wenn ...*
- *Meine Idee wäre, dass wir ...*
- *Wie wäre es, wenn...?*

auf den Partner / die Partnerin eingehen

- *Was meinst / sagst du dazu?*
- *Was schlägst du vor?*
- *Hast du einen (anderen) Vorschlag / eine (andere) Idee?*
- *Aber in diesem Punkt sind wir einer Meinung, oder?*
- *Sind wir uns darin einig, dass ...?*

zustimmen

- *Das ist eine gute Idee / ein guter Vorschlag / ein guter Plan.*
- *Ich bin ganz deiner Meinung.*
- *Du hast recht.*
- *Das sehe ich auch so.*

widersprechen

- *Nein, ich halte das für keine gute Idee.*
- *Ich bin nicht deiner Meinung.*
- *Ich habe einen besseren Vorschlag.*
- *Es wäre (vielleicht) besser, wenn wir ...*

eine Lösung finden

- *Vielleicht könnten wir uns darauf einigen, dass ...*
- *Einigen wir uns darauf, dass ...*
- *Wäre folgende Lösung für dich akzeptabel?*
- *Wärst du damit einverstanden, wenn wir ...?*
- *Dann könnten wir also festhalten, dass ...*
- *Wärst du damit einverstanden, wenn ...?*
- *Gut, so machen wir es.*

6 VON DER FLÜSTERTÜTE ZUM SMARTPHONE I

a) Ordnen Sie den folgenden Begriffen ihre Bedeutungen zu.

1	das Megafon, -e	A	die Entfernung, -en
2	der Apparat, -e	B	Gerät, das die Stimme verstärkt
3	die Distanz, -en	C	Rohre, die etwas übertragen
4	der Vorgänger, - / der Vorläufer, -	D	die Maschine, -n / das Gerät, -e
5	die Rohrleitung, -en	E	hier: kleiner Stromstoß
6	der Prototyp, -en	F	eine ältere Version von etwas, Vorversion
7	der Impuls, -e	G	Urform eines Produkts/Geräts etc.

1	2	3	4	5	6	7

b) Was ist was? Ordnen Sie zu.

das Dosentelefon, -e | das Megafon, -e | der Morsetelegraf, -en | der Telefonapparat, -e

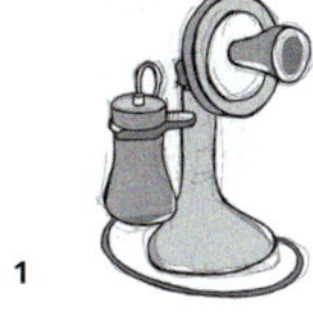

1

2

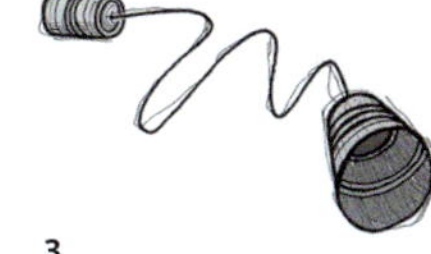

3

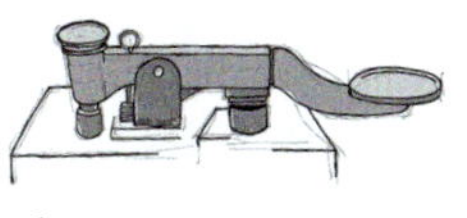

4

c) Hören Sie den Text zum ersten Mal und ergänzen Sie die Informationen im Zeitstrahl.

d) Hören Sie den Text nun ein zweites Mal und beantworten Sie folgende Fragen.

1 Welche Frage ist hinsichtlich der Erfindung des Telefons nicht eindeutig zu beantworten?

2 Welchen Effekt erzielt die Erfindung von Samuel Moreland?

3 Richtig oder falsch? Kreuzen Sie an.

R	F		
R	F	1	1783 entstand ein Kommunikationssystem aus Rohrleitungen.
R	F	2	Die Rohrleitungen dienten zur schriftlichen Kommunikation.
R	F	3	Die Distanz zwischen Sender und Empfänger betrug 4 km.
R	F	4	Bei dem Kommunikationssystem über Rohre gab es oft Störungen.
R	F	5	Auf Schiffen war die Entfernung, über die kommuniziert wurde, länger.

4 Wie entsteht ein Morse-Code?

Durch ______ werden ______ auf ein Blatt Papier ______.

5 Wie entwickelte Alfred Vail den Morsetelegrafen weiter?

______

6 Nennen Sie zwei Gründe, warum der Entwurf von Philipp Reis scheiterte.

a ______

b ______

7 Ergänzen Sie die Sätze.

Ein Prototyp von Bells Telefon ______ 1876 in Boston ______.

Auch in Deutschland ______ ab 1877 Versuche ______.

Man ______ die Distanz von 6 auf 61 km. Von der Firma Siemens ______ erste verkaufsfertige Apparate ______.

7 DIE SCHATTENSEITEN DER ELEKTROBATTERIE

Lesen Sie den Text und ergänzen Sie die fehlenden Wörter. Setzen Sie sie ein, ohne die Form zu verändern.

Batterien | Bedarf | dass | dazu | entsorgen | Gebieten | hat | Herstellung | Lösung | Recycling | Rohstoff | verschiedenen

Elektroautos werden, da sind sich Experten einig, eine große Rolle in der Verminderung der CO_2-Emissionen spielen. Wissenschaftler prognostizieren, ______ (1) der Anteil von Elektroautos auf deutschen Straßen bis 2030 bereits bei 20–30 Prozent liegen wird. Doch bei allen Vorteilen, welche die Umstellung auf Elektromobilität mit sich bringt, ______ (2) die Technologie auch Nachteile.

Zum einen laufen die Elektrofahrzeuge zum größten Teil mit Lithium-Ionen-Batterien. Das Lithium, welches für die ______ (3) der Batterien benötigt wird, wird aus künstlichen Salzseen in Südamerika gefördert. Beim Anlegen dieser großen Seen wird viel Wasser verbraucht. Das führt ______ (4), dass die Regionen, in denen Lithium gefördert wird, meist unter einer Wasserknappheit leiden, was die Viehzucht und Landwirtschaft in den ______ (5) erschwert und in manchen Regionen sogar fast unmöglich macht. In den nächsten Jahren wird der ______ (6) an Lithium weiter ansteigen. Experten gehen davon aus, dass bis zum Jahr 2030 jährlich weitere 240 000 Tonnen Lithium zur Herstellung von Elektrofahrzeugen benötigt werden. Einen weiteren Nachteil stellt das ______ (7) der Elektrobatterien dar. Lithium-Ionen-Batterien haben viele verschiedene Inhaltsstoffe, was ihre Demontage erschwert. Außerdem sind die Batterien der ______ (8) Hersteller nicht baugleich. Das führt ebenfalls zu Problemen bei der Wiederaufbereitung. Der Preis für das Auseinanderbauen der ______ (9) ist deshalb höher als der Preis, den die recycelten Materialien auf dem Markt erzielen. Schätzungen zufolge werden 25–30 Prozent der Elektrobatterien illegal ins Ausland exportiert, anstatt sie sachgemäß zu ______ (10).

Es müssen also Lösungen gefunden werden, um den Problemen bei der Herstellung und Wiederaufbereitung der E-Auto-Batterien zu entgehen. Verschiedene Ansätze zur ________ (11) dieser Probleme gibt es bereits. Einerseits entstehen neue Batterietypen, die nicht mehr auf Lithium als ________ (12) angewiesen sind. Andererseits haben sich bereits einige Autohersteller verpflichtet, die Baupläne ihrer Batterien zu vereinheitlichen, um deren Demontage zu erleichtern.

8 COOLE ERFINDUNGEN

a) Lesen Sie den Text einmal schnell (in max. 4 Minuten!) und ordnen Sie die Themen den einzelnen Abschnitten zu. Für die Zuordnung haben Sie 5 Minuten Zeit. Drei Themen passen nicht.

A Klimaanlagen in Autos
B Einfluss der Raumtemperatur auf das Arbeiten
C Klimaanlagen und Stadtplanung
D Methoden zur Haltbarmachung von Lebensmitteln
E Methoden zur Kühlung des Körpers
F Optimale Klimabedingungen
G Vermarktung des Kühlschranks
H Kühlung von Medikamenten

1	2	3	4	5

KALT, KÄLTER, AM KÄLTESTEN

(1) In den meisten Regionen der Welt stellt das Klima eine große Herausforderung für die Menschen dar. Optimal wären eigentlich Temperaturen von ca. 10 bis 20 Grad Celsius, und das ganzjährig. Diese Bedingungen findet man aber nur in wenigen subtropischen Gebieten, z. B. auf den Kanarischen Inseln oder an hochgelegenen Orten in den Tropen, wie Quito in Ecuador oder Bogotá in Kolumbien. Im Rest der Welt musste der Mensch erfinderisch werden. Um mit der Kälte leben zu können, hat er schon früh effektive Maßnahmen gefunden, beispielsweise geeignete Kleidung und eine Feuerstelle im Haus. Doch die Hitze hat es dem Menschen deutlich schwieriger gemacht.

(2) Der erste Nachteil von hohen Temperaturen ist, dass Lebensmittel schnell verderben. Man kann sie also nur direkt essen. **Wer** sie länger lagern will, muss einen Weg finden, sie haltbar zu machen. Lange Zeit waren einige der wenigen Möglichkeiten dazu, die Lebensmittel mit Salz oder Essig einzulegen, sie mit Zucker einzukochen (z. B. Marmelade) oder sie zu trocknen oder zu räuchern. In Regionen mit heißen Sommern und kalten Wintern waren diese Formen der Konservierung überlebenswichtig, um im Winter genug zu essen zu haben. Daneben versuchten die Menschen zudem, Wege zu finden, um Lebensmittel zu kühlen. Im Keller kann man viele Lebensmittel wie z. B. Kartoffeln länger frisch halten. Noch besser kann man Lebensmittel in ca. 15 Metern Tiefe lagern. Während die Außentemperaturen in Deutschland zwischen minus 20 Grad im Winter und plus 40 Grad im Sommer schwanken können, ist der Erdboden in dieser Tiefe das ganze Jahr ungefähr 10 Grad kühl. Viele Lebensmittel halten bei dieser Temperatur mehrere Wochen oder sogar Monate anstatt weniger Tage. In vielen Ländern wurden deshalb Lebensmittel in Tongefäßen in bzw. unter der Erde vergraben. Eine andere Möglichkeit der Kühlung war es, im Winter Eis aus den Bergen oder aus zugefrorenen Seen zu holen und dies dann in gut isolierten Holzkisten aufzubewahren. Von dieser Idee war es jedoch noch ein langer Weg bis zum Kühlschrank, wie wir ihn heute kennen. Der Kühlschrank hat als Massenprodukt seit den 1930er-Jahren weltweit seinen Weg in fast jeden Haushalt mit Stromanschluss gefunden. Dadurch können wir nun auch schnell verderbliche Lebensmittel wie Milch und Fleisch tagelang frisch lagern,

eingefroren sogar mehrere Monate. In großen Kühlhäusern werden Obst und Gemüse monatelang eingelagert, sodass es auch im Frühjahr noch die Äpfel zu kaufen gibt, die im Herbst geerntet wurden.

(3) Der zweite Nachteil von hohen Temperaturen sind die Einschränkungen, die diese für das tägliche Leben mit sich bringen. Bei sehr hohen Temperaturen wird alles anstrengender für den Körper und man beginnt zu schwitzen. Dies ist sozusagen unser natürliches Kühlsystem. Früher versuchte man außerdem, sich mit Fächern* kühlere Luft zu verschaffen. Das funktioniert aber nicht optimal, da man Energie aufwenden muss, um den Fächer zu bewegen. Mitte des 19. Jahrhunderts wurde dann der elektrische Ventilator erfunden, aber eine wirkliche Revolution hat erst die Erfindung der Klimaanlage Anfang des 20. Jahrhunderts gebracht. Im Gegensatz zum Ventilator, der die Luft nur durch den Raum bewegt und dabei selbst Wärme produziert, kühlt eine Klimaanlage die Zimmertemperatur tatsächlich herunter. Außerdem kann eine Klimaanlage die Luftfeuchtigkeit optimieren. Dadurch kann man ganzjährig bequem bei 20 Grad arbeiten, und die Luft ist im besten Fall nicht zu feucht oder zu trocken.

*der Fächer, - =

(4) Für die moderne Arbeitswelt ist Temperatur ein enorm wichtiger Faktor. **Wem** zu heiß ist, der kann sich nur schlecht konzentrieren. Einer Studie zufolge verringert sich die Leistungsfähigkeit bei einer Raumtemperatur von 28 Grad im Büro um 30 Prozent und sogar um 50 Prozent, wenn die Temperatur über 33 Grad steigt. Diese Angaben gelten interessanterweise aber nicht unbedingt für beide Geschlechter. Einer anderen Untersuchung zufolge sind Frauen bei ca. 30 Grad am produktivsten, Männer hingegen bei 20 Grad. Idealerweise müsste man also die Temperaturen in jedem Büro individuell anpassen.

(5) So wundert es nicht, dass es immer mehr Büroräume mit Klimaanlagen gibt. Dies hat aber auch dazu geführt, dass Stadtplaner und Architekten keine Rücksicht mehr auf die geographischen Gegebenheiten nehmen. An vielen Orten der Welt sind in den letzten 50 Jahren Millionenmetropolen mit engen Straßen und hohen Häusern entstanden, die sich bei hohen Temperaturen sehr stark aufheizen. So hat sich die Menschheit abhängig von der Technik gemacht, und wenn einmal die Stromversorgung zusammenbricht, werden das Arbeiten und Leben plötzlich unerträglich. Einen negativen Effekt auf die Umwelt haben die Klimaanlagen außerdem durch einen Teufelskreis: Je mehr Klimaanlagen laufen, desto mehr Hitze wird in einer Stadt produziert und umso mehr müssen die Klimaanlagen arbeiten, um Gebäude auf die gewünschte Temperatur herunterzukühlen. Laut Schätzungen sind Klimaanlagen und Ventilatoren für ein Zehntel des weltweiten Stromverbrauchs verantwortlich. In Anbetracht des Klimawandels ist es also höchste Zeit, die Strategien für die Kühlung zu überdenken.

b) Bearbeiten Sie die Aufgaben zum Text.

1 Richtig oder falsch? Kreuzen Sie an.

R	F		
R	F	1	Für den Menschen sind große jahreszeitenabhängige Temperaturschwankungen nicht ideal.
R	F	2	In Mitteleuropa sind die Klimabedingungen ausgezeichnet.
R	F	3	Kälte ist ein größeres Problem als Hitze.
R	F	4	Viele Nahrungsmittel halten sich nicht lange, wenn es warm ist.

2 Ergänzen Sie drei traditionelle Methoden, Lebensmittel zu konservieren.

-
-
-

3 Warum halten sich Lebensmittel länger, wenn man sie unterirdisch lagert?

4 Wozu dient Schweiß bei hohen Temperaturen?

Schweiß dient dazu, ______.

5 Warum hilft es nicht sehr, einen Fächer zu benutzen?

______, denn ______, um ihn ______.

6 Kreuzen Sie die Aussage an, die am besten zum Text passt.

1
- **A** Der elektrische Ventilator war eine Revolution.
- **B** Ein Ventilator kühlt die Luft.
- **C** Ein Ventilator lässt die Luft im Raum zirkulieren.

2
- **A** Klimaanlagen regulieren den Anteil von Wasser in der Luft.
- **B** Klimaanlagen sind nicht in der Lage, die Luft zu erwärmen.
- **C** Klimaanlagen lassen die Luft trockener werden.

3
- **A** Bei Temperaturen unter 20 Grad kann man sich schlecht konzentrieren.
- **B** Bei Temperaturen über 33 Grad halbiert sich die Leistungsfähigkeit.
- **C** Frauen sind bei kühleren Temperaturen leistungsfähiger als Männer.

7 Ergänzen Sie die Lücken mit Hilfe des Lesetextes mit den Wörtern in der passenden Form.

achten | beitragen | betragen | die Erhitzung, / | flach | geographisch | die Klimaanlage, -n | der Nachteil, -e | notwendig | das Prozent, - | die Stadt, ¨-e | der Stromverbrauch, / | der Ventilator, -en | weit

Bei der Planung von ______ (1) sollte man auf die ______ (2) Bedingungen ______ (3). Die Häuser sollten ______ (4) voneinander entfernt stehen und relativ ______ (5) sein. Es sollte so gebaut werden, dass eine ______ (6) nicht unbedingt ______ (7) ist. Ein ______ (8) von Klimaanlagen ist, dass sie zur ______ (9) der Stadt ______ (10). Weltweit ______ (11) der Anteil des ______ (12) durch Klimaanlagen und ______ (13) ungefähr zehn ______ (14).

8 Auf welche Wörter bzw. Textstellen beziehen sich die folgenden Wörter aus dem Lesetext?

1 Diese (Z. 4) ______
2 dazu (Z. 13) ______
3 dieser (Z. 20) ______
4 diese (Z. 30) ______
5 dabei (Z. 37) ______

6 Dadurch (Z. 38) ______

7 dazu (Z. 48) ______

c) Sie hören nun ein Radiointerview zum Thema Klimaanlagen. Bearbeiten Sie die Aufgaben dazu. Sie hören das Interview zweimal.

1 Richtig oder falsch? Kreuzen Sie an.

R	F		
R	F	1	Die Radiosendung wurde in den Tropen aufgenommen.
R	F	2	Ein Fächer kühlt, weil er Feuchtigkeit auf der Haut erzeugt.
R	F	3	Bei der Verdunstung von Schweiß wird dem Körper Wärme entzogen.
R	F	4	Das Prinzip „Kühlung durch Verdunstung" war bereits in der Antike bekannt.
R	F	5	Seit wann es Klimaanlagen gibt, ist unumstritten.

2 Ergänzen Sie die Lücken zum „Linde-Verfahren".

Der ganze Prozess ist ein thermodynamischer ______ (1) in einem geschlossenen ______ (2). Eine Flüssigkeit benötigt ______ (3) bzw. ______ (4), um zu verdampfen. Die Siedetemperatur des Kühlmittels darf nicht ______ (5) sein als die Temperatur der ______ (6). Dann kann das ______ (7) Wärme aus der zu ______ (8) Luft ______ (9) und dabei verdampfen. Die Raumluft wird dadurch abgekühlt. Ein Kompressor sorgt dafür, dass das Kühlmittel wieder ______ (10) wird und Wärme an die Umgebung ______ (11) des zu kühlenden Raums abgibt. Danach beginnt der Kreislauf von vorne.

3 Nennen Sie die vier Funktionen einer Klimaanlage.

a ______

b ______

c ______

d ______

4 Nennen Sie drei Nachteile der Klimaanlage.

a ______

b ______

c ______

5 Nennen Sie zwei Möglichkeiten, wie man beim Hausbau Kühlung erreichen kann.

a ______

b ______

6 Welchen Nebeneffekt hat die Begrünung von Gebäuden?

Die Qualität ______.

9 RELATIVSÄTZE MIT *WER*

a) Sehen Sie sich die Sätze mit den fett gedruckten Wörtern aus dem Lesetext in Aufgabe 8 an und lesen Sie die folgenden Regeln. Ergänzen Sie dann das Relativ- und das Demonstrativpronomen in den Sätzen 1–6 in der passenden Form. Klammern Sie das Demonstrativpronomen ein, wenn beide denselben Kasus haben.

Jemand, der *etwas völlig Neues erschafft, wird Erfinder genannt. =*
Wer *etwas völlig Neues erschafft,* ***(der)*** *wird Erfinder genannt.*

Jemanden, der *sich für Technik interessiert, freut der rasante technische Fortschritt. =*
Wer *sich für Technik interessiert,* ***den*** *freut der rasante technische Fortschritt.*

Jemand, den *die Bedienung technischer Geräte nicht abschreckt, kann vom Fortschritt profitieren. =*
Wen *die Bedienung technischer Geräte nicht abschreckt,* ***der*** *kann vom Fortschritt profitieren.*

Jemand, dem *die Bedienung technischer Geräte keine Probleme bereitet, kann ... =*
Wem *die Bedienung technischer Geräte keine Probleme bereitet,* ***der*** *kann ...*

Relativsätze mit *wer* beziehen sich auf unbestimmte Personen. Sie stehen vor dem Hauptsatz. Der Kasus von *wer* richtet sich nach seiner Funktion im Relativsatz.
Häufig wird zur besseren Verständlichkeit zwischen Relativsatz und Hauptsatz noch ein Demonstrativpronomen eingefügt. Dies ist nötig, wenn der Kasus der Person im Relativsatz und im Hauptsatz unterschiedlich ist.

1 ______ nicht mit technischen Geräten umgehen kann, ______ sollte dieses Gerät hier besser nicht bedienen.

2 ______ gern mit neuen Geräten experimentiert, ______ sollte geeignetes Werkzeug nicht fehlen.

3 ______ die Online-Bezahlung stört, ______ sollte nicht im Internet einkaufen.

4 ______ nur einheimische Produkte konsumiert, ______ betreffen Zölle auf Importware nicht.

5 ______ ausländische Produkte interessieren, ______ treffen Strafzölle auf Importware besonders.

6 ______ Online-Banking Probleme bereitet, ______ kann auch in die Bankfiliale gehen.

b) Helfen Sie Tom, seinen Flyer schöner zu formulieren. Formen Sie die Sätze 1–6 in Relativsätze mit *wer* um.

Hallo liebe Nachbarn!
Ich habe eine kleine Werkstatt angemietet, in der ich an meinen Erfindungen bastle und herumexperimentiere. Da das alleine wenig Freude macht, suche ich nach einem Erfinderfreund, der mir in meiner Werkstatt Gesellschaft leisten will.

1 Jemand, der sich für Experimente jeder Art begeistert, ist in meiner Werkstatt herzlich willkommen!
2 Jemanden, dem technische Tüfteleien Spaß machen, nehme ich gern bei mir auf!
3 Jemandem, der den Austausch mit Gleichgesinnten sucht, zeige ich gerne meine neusten Erfindungen!
4 Jemand, den ich mit meiner Begeisterung für technische Neuheiten anstecken darf, soll sich bei mir melden!
5 Jemand, dem zu Hause der Platz für eine Werkstatt fehlt, kann einfach mal bei mir vorbeischauen!
6 Jemanden, den meine Vorliebe für laute Musik während der Arbeit nicht stört, würde ich gerne kennenlernen!

Euer Tom

10 GRAMMATIK-MIX – KÜHLEN

a) Ergänzen Sie den Text. Kreuzen Sie an, welche Alternative passt.

Das Wort Temperatur bedeutet ursprünglich „richtige Mischung" oder „ 1 Verhältnis" und stammt vom lateinischen Wort *temperatura*. Einerseits ist es häufig erforderlich, die Temperatur zu erhöhen, etwa 2 Wohnung im Winter oder in kalten Gebieten. Und auch Lebensmittel 3 oft vor Verzehr zu erhitzen. Andererseits muss die Temperatur oft 4 . Zahlreiche Nahrungsmittel 5 man kühlen, um sie länger haltbar zu machen. Gebäude und Fahrzeuge lassen sich 6 Klimaanlagen kühlen, 7 den Aufenthalt angenehmer zu machen. Und auch hohes Fieber ist 8 , sei es durch 9 Medikamente oder 10 Wickeln von kalten Umschlägen. Ebenso ist bei bestimmten Wunden ein kühlendes Gel ein oft 11 Mittel, um Schmerzen zu lindern.

1	A	richtige	B	richtiger	X	richtiges
2	A	in	B	im der	C	die der
3	A	ist	B	sind	C	um
4	A	verringert werden	B	verringern	C	sich verringern
5	A	müssen	B	muss	C	lassen sich
6	A	zu	B	dadurch, dass	C	mittels
7	A	die	B	dass	C	um
8	A	zu behandeln	B	behandelt	C	behandelt worden
9	A	Fieber gesenkte	B	fiebersenkende	C	Fieber zu senkende
10	A	bei dem	B	indem	C	durch das
11	A	verwendetes	B	verwendendes	C	zu verwenden

b) Setzen Sie folgende Wörter in den Text ein. Ändern Sie nur die Groß- und Kleinschreibung, wo nötig. Fünf Wörter passen nicht.

als | auf | bei | bis | bis zum | dadurch | den | der | es | für | in | in denen | sich | sodass | über | um | was | wenn | wer | zu

Kühlung ist also in verschiedensten Situationen erforderlich bzw. von Vorteil. Dazu lassen sich einerseits natürliche, andererseits künstliche Mittel nutzen. _____ (1), dass Keller angelegt, Schattenspender angebaut und Hauswände dick gemauert werden, können Räume gekühlt werden. Eine zweite Möglichkeit ist, _____ (2) Effekt der Verdunstung zu nutzen. _____ (3) Wasser vom flüssigen _____ (4) den gasförmigen Zustand übertritt, entzieht _____ (5) der Umgebung Wärme. _____ (6) also

_______ (7) Hause nicht _______ (8) eine Klimaanlage verfügt, sollte nasse Vorhänge an die Fenster hängen. Der Effekt ist durchaus wahrnehmbar. _______ (9) heute wird natürlich auch Eis genutzt, _______ (10) Lebensmittel zu kühlen. _______ (11) Beginn des 18. Jahrhunderts wurden meist in der Nähe von Wirtshäusern sog. Eiskeller angelegt, _______ (12) Natureis gelagert wurde. _______ (13) diese Weise wurden verderbliche Lebensmittel und Getränke kühl gehalten. Heute lässt _______ (14) Eis glücklicherweise künstlich herstellen, _______ (15) diese aufwendige Form der Lagerung in Eiskellern nicht mehr notwendig ist.

c) Formen Sie die folgenden Sätze so um, dass sich der Sinn nicht verändert.

1 Durch die Ende des 19. Jahrhunderts entstandene Kältetechnik ist es heute nicht mehr nötig, Lebensmittel mühsam mit natürlichem Eis zu kühlen.

Durch die Kältetechnik, _______ (1) Ende des 19. Jahrhunderts _______ (2), _______ (3) Lebensmittel heute nicht mehr mühsam mit natürlichem Eis _______ (4).

2 Im Kühlschrank kommt ein dem Kühlraum und den Lebensmitteln Wärme entziehendes Arbeitsmittel zum Einsatz.

Im Kühlschrank kommt ein Arbeitsmittel zum Einsatz, _______ (5) dem Kühlraum und den Lebensmitteln Wärme _______ (6).

3 Und auch in der Klimaanlage kühlt ein Gas die Luft.

Und auch in der Klimaanlage _______ (7) die Luft _______ (8) ein Gas _______ (9).

4 Sowohl beim Kühlschrank als auch bei der Klimaanlage ist aber ein Entweichen des Kühlmittels in die Umwelt zu vermeiden.

Sowohl beim Kühlschrank als auch bei der Klimaanlage _______ (10) aber _______ (11), _______ (12) das Kühlmittel in die Umwelt _______ (13).

5 Aufgrund des hohen Energieverbrauchs sind Klimaanlagen allerdings schädlich für das Klima.

_______ (14) Klimaanlagen _______ (15), sind sie allerdings schädlich für das Klima.

11 SCHWITZEN FÜR DIE UMWELT?

Diskutieren Sie die folgenden Ideen zu zweit.

- Wie könnte man die Arbeitszeiten anpassen, damit im Büro die Klimaanlagen möglichst wenig laufen müssen?
- Sollte es verboten werden, Großstädte in zu heißen Regionen zu bauen bzw. die Städte dort immer größer werden zu lassen?
- Wie finden Sie die Idee, in Städten Pflanzen an Fassaden und auf Dächer von Hochhäusern zu pflanzen?
- Was denken Sie über Klimaanlagen in Autos, Bussen oder Bahnen?
- Welches Obst und Gemüse sollte man zu welcher Jahreszeit essen, um lange Kühlzeiten der Lebensmittel zu vermeiden?
- Sollte man Obst um die halbe Welt transportieren, z. B. Kiwis aus Neuseeland nach Deutschland?

Relativsätze mit *wer*

Jemand, der *etwas völlig Neues erschafft, wird Erfinder genannt.* =
Wer *etwas völlig Neues erschafft,* ***(der)*** *wird Erfinder genannt.*

Jemanden, der *sich für Technik interessiert, freut der rasante technische Fortschritt.* =
Wer *sich für Technik interessiert,* ***den*** *freut der rasante technische Fortschritt.*

Jemand, den *die Bedienung technischer Geräte nicht abschreckt, kann vom Fortschritt profitieren.* =
Wen *die Bedienung technischer Geräte nicht abschreckt,* ***der*** *kann vom Fortschritt profitieren.*

Jemand, dem *die Bedienung technischer Geräte keine Probleme bereitet, kann …* =
Wem *die Bedienung technischer Geräte keine Probleme bereitet,* ***der*** *kann …*

Relativsätze mit *wer* beziehen sich auf unbestimmte Personen. Sie stehen vor dem Hauptsatz. Der Kasus von *wer* richtet sich nach seiner Funktion im Relativsatz.
Häufig wird zur besseren Verständlichkeit zwischen Relativsatz und Hauptsatz noch ein Demonstrativpronomen eingefügt. Dies ist nötig, wenn der Kasus der Person im Relativsatz und im Hauptsatz unterschiedlich ist.

sich einigen

etwas vorschlagen

- *Ich finde / denke / meine / glaube, dass …*
- *Meiner Meinung / Ansicht nach sollten wir …*
- *Es wäre gut, wenn …*
- *Meine Idee wäre, dass wir …*
- *Wie wäre es, wenn…?*

auf den Partner / die Partnerin eingehen

- *Was meinst / sagst du dazu?*
- *Was schlägst du vor?*
- *Hast du einen (anderen) Vorschlag / eine (andere) Idee?*
- *Aber in diesem Punkt sind wir einer Meinung, oder?*
- *Sind wir uns darin einig, dass …?*

zustimmen

- *Das ist eine gute Idee / ein guter Vorschlag / ein guter Plan.*
- *Ich bin ganz deiner Meinung.*
- *Du hast recht.*
- *Das sehe ich auch so.*

widersprechen

- *Nein, ich halte das für keine gute Idee.*
- *Ich bin nicht deiner Meinung.*
- *Ich habe einen besseren Vorschlag.*
- *Es wäre (vielleicht) besser, wenn wir …*

eine Lösung finden

- *Vielleicht könnten wir uns darauf einigen, dass …*
- *Einigen wir uns darauf, dass …*
- *Wäre folgende Lösung für dich akzeptabel?*
- *Wärst du damit einverstanden, wenn wir …?*
- *Dann könnten wir also festhalten, dass …*
- *Wärst du damit einverstanden, wenn …?*
- *Gut, so machen wir es.*

Audios zum Intensivlehrwerk

Sprecherinnen und Sprecher: Sandra Bleiner, Coralie Heilmann, Thorsten Heinz, Christina Kirschbaum, Sara Morrhad, Ingrid Schäfermeier, Yuting Shi, Kevin Sodekamp, Helmut Sosnitza, Michael Stetter et al.

Produktion: Tonstudio 42 signals GmbH, Aachen

Die Audiodateien finden Sie in der *Hueber Media*-App und unter:
www.hueber.de/akademie-deutsch

Der Verlag weist ausdrücklich darauf hin, dass im Text enthaltene externe Links vom Verlag nur bis zum Zeitpunkt der Buchveröffentlichung eingesehen werden konnten. Auf spätere Veränderungen hat der Verlag keinerlei Einfluss. Eine Haftung des Verlags ist daher ausgeschlossen.

Eingetragene Warenzeichen oder Marken sind Eigentum des jeweiligen Zeichen- bzw. Markeninhabers, auch dann, wenn diese nicht gekennzeichnet sind. Es ist jedoch zu beachten, dass weder das Vorhandensein noch das Fehlen derartiger Kennzeichnungen die Rechtslage hinsichtlich dieser gewerblichen Schutzrechte berührt.

6. 5. 4. | Die letzten Ziffern
2029 28 27 26 25 | bezeichnen Zahl und Jahr des Druckes.
Alle Drucke dieser Auflage können, da unverändert, nebeneinander benutzt werden.
1. Auflage

Design: ka:en (Tina Nordhausen), Aachen; Daniela Vrbanovic, D.A.N.dock, Aachen
Umschlaggestaltung: Daniela Vrbanovic, D.A.N.dock, Aachen;
Sieveking Agentur, München
Layout und Satz: Patryk Szafron; 42 signals GmbH, Aachen; Sieveking Agentur, München
Redaktion: Sabrina Schmohl, Britta Schenk, Sara Morrhad, alle 42 signals GmbH, Aachen
GPSR-Kontakt: Hueber Verlag GmbH & Co. KG, Baubergerstraße 30,
80992 München, kundenservice@hueber.de
Druck und Bindung: PASSAVIA – Druckservice GmbH & Co. KG, Medienstraße 5b,
94036 Passau, info@passavia.de
Printed in Germany
ISBN 978-3-19-161650-2

Art. 530_27620_001_04

Cover: Collage © Daniela Vrbanovic, D.A.N.dock, Aachen; fließende Form © Shutterstock/ ConnectVector; Füllung fließende Form © Shutterstock/bestber; Konturen Personen © Shutterstock/Billion Photos

U2: © Digital Wisdom

Ganzes Buch: Tabletrahmen © fotolia/ mpfphotography

S. 4: 1 © Getty Images/iStock/KoliadzynskaIryna; 2 © Getty Images/E+/sturti; 3 © Getty Images/iStock/ PeopleImages.com; 4 © Getty Images/iStock/SolStock
S. 7: © Getty Images/iStock/fmajor
S. 12: Ü7 links © Robert Kneschke – stock.adobe.com
S. 16: © Prostock-studio – stock.adobe.com
S. 34: 1 © Getty Images/iStock/fizkes; 2 © Getty Images/iStock/LightFieldStudios; 3 © Getty Images/ iStock/valentinrussanov; 4 © Getty Images/iStock/ www.PeopleImages.com; 5 © Getty Images/iStock/ PeopleImages.com; 6 © Getty Images/iStock/ metamorworks
S. 40: Zitat: „Man kann nicht nicht kommunizieren" © Watzlawick, Paul. Man kann nicht nicht kommunizieren. Das Lesebuch, hg. von Trude Trunk. 1. Auflage. Bern: Hans Huber Verlag 2011.
S. 41: 1 © Getty Images/iStock/Gajus; 2 © Getty Images/iStock/SOL STOCK LTD; 3 © Getty Images/ E+/skynesher; 4 © Getty Images/iStock/Nikada; 5 © Getty Images/E+/NicolasMcComber; 6 © Getty Images/iStock/Nicolas Hansen
S. 44: Ü10a © Getty Images/E+/PeopleImages; Ü10b: 1 © Getty Images/E+/Tempura; 2 © Getty Images/iStock/shironosov; 3 © Getty Images/E+/ PeopleImages; 4 © Getty Images/iStock/GaudiLab
S. 46: 1. Spalte von oben: © Getty Images/iStock/ DragonImages; © Getty Images/iStock/ AntonioGuillem; © Getty Images/E+/alvarez; 2. Spalte von oben: © Getty Images/iStock/ stevanovicigor; © Getty Images/iStock/SVETIKD; © Getty Images/iStock/simpson33
S. 47: oben © Getty Images/iStock/ipopba; unten © Herb – stock.adobe.com
S. 52: Fairphone © Getty Images/iStock/ Simon Zenger
S. 54: © Getty Images/iStock/xijian
S. 61: © Getty Images/iStock/Orla
S. 64: 1 © Getty Images/iStock/sakkmesterke; 2 © Getty Images/iStock/Lin Shao-hua; 3 © Getty Images/E+/golero; 4 © Getty Images/ iStock/Ominodicarta
S. 66: © Getty Images/iStock/Maria Pavlova
S. 67: Demo © Getty Images/iStock/amriphoto; Gletscher © Getty Images/iStock/Geert Smet
S. 68: Gewächshaus © Getty Images/iStock/kieferpix
S. 69: © Getty Images/E+/apomares; Zitat: „Jedes noch so kleine Stückchen Plastik, das in den letzten 50 Jahren produziert wurde und in den Ozean gelangte, ist immer noch irgendwo dort draußen." © https://www.independent.co.uk/environment/ greenliving/the-worldsrubbish-dump-atip-that-stretchesfrom-hawaii-to-japan-778016.html
S. 70: von links: © Getty Images/iStock/ rclassenlayouts; © Getty Images/E+/Amax Photo; © mobilise248 – stock.adobe.com; © Getty Images/ iStock/Daisy-Daisy
S. 72: 1 © Getty Images/iStock/themacx; 2 © Getty Images/iStock/VIKTOR FEDORENKO; 3 © Getty Images/iStock/Jon Faulknor 2012; 4 © Getty Images/ iStock/Alberto Masnovo; 5 © Getty Images/iStock/ stevanovic igor; 6 © Getty Images/iStock/Wicki58; 7 © Getty Images/iStock/PeterPhoto; 8 © Getty Images/iStock/narongcp
S. 73: bestäuben © Getty Images/iStock/ Mykhailo Hladchenko
S. 84: 1 © Getty Images/iStock/Andreas O.; 2 © Getty Images/iStock/wojciech kaczkowski; 3 © Getty Images/iStock/rikukankaro.net; 4 © Getty Images/iStock/ Jeanette Fellows
S. 85: © Getty Images/iStock/GROGL
S. 86: © Getty Images/iStock/seb_ra
S. 88: Grafik: Lebensmittelverschwendung © https://www.bmel.de/DE/themen/ernaehrung/ lebensmittelverschwendung/studie-lebensmittel-abfaelle-deutschland.html#:~:text=Der%20 Studie%20zufolge%20betr%C3%A4gt%20 die,Prozent%20(1%2C4%20Mio , abgerufen am 17.03.2021
S. 90: links © Getty Images/iStock/Ohotnik; rechts © Getty Images/iStock/marefoto
S. 93: Mateo © Getty Images/E+/Juanmonino; Katrin © Getty Images/iStock/IHAR ULASHCHYK; Hans © Getty Images/iStock/francescoridolfi.com
S. 96: Pastete© Getty Images/iStock/IAN STENHOUSE; Kohlrabi © Getty Image/iStock/Inna Reznik
S. 97: Mirabelle © Getty Images/iStock/EtiAmmos
S. 99: Alle Gerichte © Getty Images/iStock/nitrub
S. 100: © Getty Images/iStock/Ihor Biliavskyi
S. 102: Ü2 © Getty Images/iStock/Inside Creative House
S. 104: © Getty Images/iStock/animaflora
S. 105: oben © Getty Images/iStock/Georgijevic; unten © Getty Images/iStock/contrastwerkstatt
S. 106: oben © Getty Images/iStock/fizkes; unten © Getty Images/E+/MStudioImages
S. 111: © Getty Images/E+/Jirapong Manustrong
S. 122: 1. Spalte von oben: © Getty Images/iStock/ Pgiam; © Getty Images/iStock/Yamko; © Getty Images/iStock/Michael Haul; © Getty Images/ iStock/Danilin; 2. Spalte von oben: © Getty Images/ iStock/Kwangmoozaa; © Getty Images/iStock/ StephanieFreyPhoto; © Getty Images/iStock/ valtron84; © Getty Images/iStock/pixinoo
S. 125: Frachthafen © Getty Images/iStock/Fabian Wentzel; Zopf © Getty Images/iStock/Christian Horz
S. 126: © Getty Images/iStock/imaginima
S. 134: 1 © Getty Images/iStock/marchmeena29; 2 © Getty Images/iStock/eric1513; 3 © Getty Images/ iStock/Ziga Plahutar; 4 © Getty Images/iStock/ Wolfgang Filser
S. 136: 1 © Getty Images/iStock/Annette Birkenfeld; 2 © Dilok – stock.adobe.com; 3 © Getty Images/ iStock/Ingvar Bjork
S. 137: 4 © Wolfilser – stock.adobe.com; 5 © Getty Images/iStock/zhaojiankang

S. 145: © Getty Images/iStock/onurdongel
S. 147: Ü3a: 1 © Getty Images/iStock/miriam-doerr; 2 © Getty Images/iStock/Mehmet Selim Aksan; 3 © Getty Images/iStock/PhonlamaiPhoto; 4 © Getty Images/iStock/miriam-doerr; Ü3c: 1 © Getty Images/iStock/AAUB; 2 © Getty Images/iStock/WENBIN PHOTO; 3 © Getty Images/iStock/piranka; 4 © Getty Images/iStock/Besjunior
S. 148: Gehirn © Getty Images/iStock/ktsimage
S. 153: © Getty Images/iStock/JONGHO SHIN
S. 155: A © Getty Images/iStock/Henrik5000; B © Getty Images/iStock/Henrik5000
S. 156: C © Getty Images/iStock/kaptnali; D © Getty Images/iStock/forplayday; E © Getty Images/iStock/Jolygon; F © Getty Images/iStock/Mikhail Sotnikov
S. 157: G © Getty Images/iStock/Ekkasit919; H © Getty Images/iStock/iLexx
S. 162: A © Getty Images/iStock/kool99; B © Getty Images/iStock/2018 Mark's Photo; C © PAOLO – stock.adobe.com; D © Getty Images/iStock/nrqemi; E © Getty Images/iStock/Sharon Dominick Photography 2018; F © Getty Images/iStock/jgorzynik; G © Getty Images/iStock/MicroStockHub; H © pict rider – stock.adobe.com; I © Getty Images/iStock/choness
S. 164: Text: Das erste Elektroauto © www.smarterfahren.de/ Trurnit GmbH; Kurbel © Getty Images/iStock/PeteMuller; Elektroauto © Bildwerk – stock.adobe.com; Ford © Getty Images/iStock Editorial/baileystock – Essex, CT, USA – 24. Mai 2011: Ein Oldtimer Ford Model T Roadster von 1912 bei einer abendlichen Autoshow. Diese Tradition lockt viele Enthusiasten auf Dorfplätze, um die Restaurierungen ihrer Arbeiten vom vergangenen Winter auszustellen.
S. 165: Text: Das erste Elektroauto, abgerufen am 27.11.2020 © www.smarterfahren.de/ Trurnit GmbH
S. 170: 1 © Getty Images/iStock/LDProd; 2 © Getty Images/iStock/Nithid; 3 © Getty Images/E+/PeopleImages.com; 4 © Getty Images/iStock/Vima; 5 © Getty Images/iStock/mediaphotos; 6 © Getty Images/iStock/vovashevchuk
S. 174: Thermometer © Getty Images/iStock/samarets1984
S. 175: Fächer © Getty Images/iStock/PeterHermesFurian
S. 180: © Getty Images/iStock/fizkes

Zeichnungen:
Michael Stetter, Aachen;
Joleen Boemer, Aachen

Alle weiteren Fotos und Illustrationen:
Sprachenakademie Aachen

Bildredaktion:
Nina Metzger, Hueber Verlag, München